农村老人权益保障案例解析

杨志琼　主编

东南大学出版社
·南京·

图书在版编目(CIP)数据

农村老人权益保障案例解析/杨志琼主编. —南京：东南大学出版社,2018.12(2021.10重印)
ISBN 978-7-5641-8219-9

Ⅰ.①农… Ⅱ.①杨… Ⅲ.①农村－老年人权益保护－案例－中国 Ⅳ.①D923.85

中国版本图书馆 CIP 数据核字(2018)第 300679 号

农村老人权益保障案例解析

出版发行：	东南大学出版社
社　　址：	南京四牌楼 2 号　邮编：210096
出 版 人：	江建中
网　　址：	http://www.seupress.com
照　　排：	南京星光测绘科技有限公司
经　　销：	全国各地新华书店
印　　刷：	兴化印刷有限责任公司
开　　本：	787mm×1092mm　1/16
印　　张：	10.75
字　　数：	268 千字
版　　次：	2018 年 12 月第 1 版
印　　次：	2021 年 10 月第 3 次印刷
书　　号：	ISBN 978-7-5641-8219-9
定　　价：	36.00 元

本社图书若有印装质量问题，请直接与营销部联系。电话(传真)：025-83791830

目 录

上编 农村老人权益的政府保障

　一、农村老人社会保障权益维护　/ 3

　二、农村老人医疗卫生、交通通行、子女虐待等人身安全的维护　/ 17

　三、农村老人婚姻自由、受教育权以及宗教信仰的维护　/ 31

　四、农村老人土地承包、土地征收与宅基地权益维护　/ 41

中编 农村老人人身、财产的民事纠纷

　一、农村老人要求子女履行赡养义务的相关问题　/ 59

　二、农村老人再婚的财产分配问题　/ 70

　三、农村老人遗嘱及遗产分配问题　/ 84

　四、农村老人土地承包与宅基地权益保护问题　/ 97

下编 农村老人犯罪与预防

　一、涉及农村老人生命权、健康权的犯罪　/ 111

　二、与农村老人人身自由、性自由相关的犯罪　/ 117

　三、侵犯农村老人婚姻家庭关系的犯罪　/ 126

　四、与农村老人财产权相关的犯罪与预防　/ 134

上 编

农村老人权益的政府保障

一、农村老人社会保障权益维护

参保新型农村养老保险,农村老年人养老有出路!

相对于城市,农村老年人面临着更加严峻的养老问题。据统计,农村老龄化比例比城市还要高。很多家庭还保持着家庭养老的理念,这给本来就收入不高还要抚养下一代的家庭带来了巨大压力。加上,很多地方都在推行土地大户承包制度,有些老人的土地被征收了,这更加剧了农村老年人养老的压力。为此,国家早在20世纪就开始推行了农村养老保险;然而,保险费完全由个人掏腰包,到一定年龄后才领取,这和把钱存在银行吃利息没多大的区别,农村老年人养老问题依然没有改观。因此,为了解决这一问题,2009年,国务院出台了《国务院关于开展新型农村社会养老保险试点的指导意见》,就农村养老保险制度的改革作了部署,这就是人们所熟知的新型农村养老保险,而以前的养老保险制度,人们习惯称之为旧农村养老保险制度。

2014年11月27日,湖北省十堰市郧西县夹河镇兵马铺村70岁的村民吴某,从该县人社局领到社保卡后高兴地说:"以后可以按月刷卡领养老金了。"据悉,郧西已有7万老人持社保卡领取养老金,养老金按月发放率达100%。今年以来,郧西积极推行农村养老保险制度,加快建设覆盖城乡居民的社会保障体系。该县今年10月启动新社保卡换发工作,换发对象为60周岁以上、未享受城镇职工基本养老保险待遇的人员。此次发放的社保卡与普通银行卡相似,具有银行借记卡和社会保险结算、社会保险信息查询等功能,持卡人可在各对应银行的ATM机或自助柜员机上使用。目前,郧西县共有25万人参加城乡居民社会养老保险。①

国家之所以发展农村养老保险制度,一方面是因为要保障农村老年人的基本生活,另一方面则是因为农村老年人作为我国的公民,享有我国《宪法》规定的从国家和社会"获得物质帮助的权利",这是现代国家应尽的责任和义务。因为老年人在年轻时候为国家作了很大的贡献,即使是农民,干的是种田的事,也是对国家作了贡献,纳税和为国家提供粮食是最主要的贡献方式。他们老了,国家当然要保障其基本的生活。而国家发展农村养老保险就是向农村老年人提供物质帮助的形式之一。《宪法》明确规定,"中华人民共和国公民在年老、疾病或者丧失劳动能力的情况下,有从国家和社会获得物质帮助

---

① 《郧西7万老人持卡领取养老金》,《十堰日报》2014年12月5日第4版。

的权利。国家发展为公民享受这些权利所需要的社会保险、社会救济和医疗卫生事业"。因此,农村农民应当改变观念,不能死守着光靠自己养老的观念,要和国家的发展齐头并进。

而对于老年人权益的维护,国家专门制定了《老年人权益保障法》,里面也明确指出,"老年人有从国家和社会获得物质帮助的权利",而作为国家,也应当"保障老年人依法享有的权益"。为实现这一目标,"国家建立多层次的社会保障体系,逐步提高对老年人的保障水平",农村养老保险就是其中的社会保障体系的内容。上面也提到过,为开展农村老年人养老工作,20世纪我国就开展了农村养老保险制度的推广。然而,由于保险费用全部由个人承担,到期后老年人可以定期享用,这其实等同于说将老年人的钱存到银行一样,到时再予以返还。因此,农村老年人的养老压力并未减少。为解决这样的问题,国家在2009年专门出台了《国务院关于开展新型农村社会养老保险试点的指导意见》,创建了一套新的农村养老保险体系,提出"新农保基金由个人缴费、集体补助、政府补贴构成"。这说明,与以前的农村养老制度相比,保险费用不再由个人一个人承担,而是由个人缴费、集体补助和政府补贴三个部分组成,从而大大减轻了农村老年人养老费用缴纳的压力。

这里不免产生疑问,既然国家有向农村老年人提供物质帮助的权利,那为什么以前的养老制度和新的农村养老保险制度有这么大的区别呢?这是正常的,因为国家向农村老年人提供物质帮助是需要大量资金的,以前国家发展相对落后,积累的财富还不足以有能力向农民提供养老基金。现在不同了,国家发展了,有钱了,也有一定的能力为农村老年人的养老提供金钱支持了。当然,这也是一步一步来的,毕竟国家还在发展之中,相信随着国家发展得越来越好,国家会向农村农民提供更多的养老资金支持。这也是为什么《老年人权益保障法》规定"国家建立多层次的社会保障体系,逐步提高对老年人的保障水平"的原因。当然,这也能够解释为什么现在有的经济发展好的地方农村老年人领取的养老金比其他地方高一点的现象。

那么,新型农村养老制度中,个人是如何缴费的呢?要交多长时间才能拿到养老金呢?能拿多少养老金呢?这些问题,主要被规定在《国务院关于开展新型农村社会养老保险试点的指导意见》之中。

首先,对于农村养老费中个人应当缴多少,《国务院关于开展新型农村社会养老保险试点的指导意见》指出,"缴费标准目前设为每年100元、200元、300元、400元、500元五个档次",具体缴多少,个人随意选择,当然,多缴的人以后的养老金也会多得,"地方可以根据实际情况增设缴费档次"。对于其他部分,则由村集体或者社会公益组织等和国家来缴纳。同时,"地方政府应当对参保人缴费给予补贴,补贴标准不低于每人每年30元",而对于那些"农村重度残疾人等缴费困难群体,地方政府为其代缴部分或全部最低标准的养老保险费"。"国家为每个新农保参保人建立终身记录的养老保险个人账户。个人缴费、集体补助及其他经济组织、社会公益组织、个人对参保人缴费的资助,地方政府对参保人的缴费补贴,全部记入个人账户。个人账户储存额目前每年参考中国人民银行公布的金融机构人民币一年期存款利率计息。"

其次,老人们到期能拿多少养老金呢?首先需要明白的是,《国务院关于开展新型农村社会养老保险试点的指导意见》将能够领取的养老金分为基础养老金和个人账户养老金两种。基础养老金就是由国家缴纳的那一部分。对于基础养老金,"政府对符合领取条件的参保人全额支付",每个人每月最低可以领取55元,不管你有没有缴纳个人部分。当然,地方政府也可以根据经济等实际情况提高基础养老金标准,而对于那些长期缴费的农村居民,"可适当加发基础养老金,提高和加发部分的资金由地方政府支出"。而个人账户养老金包括除国家缴纳的部分之外的"个人缴费,集体补助及其他经济组织、社会公益组织、个人对参保人缴费的资助,地方政府对参保人的缴费补贴",并打入上面提及的个人账户。农村老年人到期每月可以领取"个人账户全部储存额除以139"数额的金钱。也就是说,农村老年人到期可以领取两部分的钱,一部分是国家缴纳而建立的基础养老金,每个月最低55元,地方政府可以提高标准;另一部分就是老年人个人缴纳以及村集体、社会公益组织等缴纳而建立的个人账户养老金。

再次,要交多长时间才能拿到养老金呢?《国务院关于开展新型农村社会养老保险试点的指导意见》指出,"年满60周岁、未享受城镇职工基本养老保险待遇的农村有户籍的老年人,可以按月领取养老金"。也就是说,农村老年人只有到60岁才能领取养老金。那么,那些已经满60岁的如何领取呢?对于这类老人,他们不用缴费,可直接领取,但只能领取基础养老金,因为个人账户养老金没有钱。对于那些距领取年龄不足15年的,应该按年缴费。当然,也允许他们补缴,累计缴费不超过15年。如果距领取养老金的年龄超过15年的,则应当按年缴费,累计缴费不少于15年。

最后,一个值得关注的问题是,那些在新型农村养老保险实施之前就已经参保的,该如何处理呢?对此,《国务院关于开展新型农村社会养老保险试点的指导意见》要求政府,"在妥善处理老农保基金债权问题的基础上,做好与新农保制度衔接。在新农保试点地区,凡已参加了老农保、年满60周岁且已领取老农保养老金的参保人,可直接享受新农保基础养老金"。而对于那些"已参加老农保、未满60周岁且没有领取养老金的参保人",则将他们的老农保个人账户资金直接并入新农保个人账户,因为老农保本来就是完全由农民自己交钱。同时,"按新农保的缴费标准继续缴费,待符合规定条件时享受相应待遇"。

当然,现实中,可能由政府给予的最低55元基础养老金,对于很多农村老年人来说是杯水车薪。对此,我们在上文也提及,国家向农村老年人提供养老的资金是和国家的经济状况紧密相关的,随着经济的发展,这方面的数额肯定会提高,而且,《国务院关于开展新型农村社会养老保险试点的指导意见》也提出,"地方政府可以根据实际情况提高基础养老金标准,对于长期缴费的农村居民,可适当加发基础养老金,提高和加发部分的资金由地方政府支出",这就意味着,当地政府是可以提高基础养老金数额的。况且,农村老年人养老金毕竟还有个人账户,为解决自己老了以后的基本生活,农民个人可以尽早缴纳个人部分,从而保障自己到期也可以领取个人账户养老金。

法条链接:

《**宪法**》第四十五条　中华人民共和国公民在年老、疾病或者丧失劳动能力的情况下,有从国家和社会获得物质帮助的权利。国家发展为公民享受这些权利所需要的社会保险、社会救济和医疗卫生事业。

国家和社会保障残废军人的生活,抚恤烈士家属,优待军人家属。

国家和社会帮助安排盲、聋、哑和其他有残疾的公民的劳动、生活和教育。

《**老年人权益保障法**》第三条　国家保障老年人依法享有的权益。

老年人有从国家和社会获得物质帮助的权利,有享受社会服务和社会优待的权利,有参与社会发展和共享发展成果的权利。

禁止歧视、侮辱、虐待或者遗弃老年人。

第五条　国家建立多层次的社会保障体系,逐步提高对老年人的保障水平。

国家建立和完善以居家为基础、社区为依托、机构为支撑的社会养老服务体系。

倡导全社会优待老年人。

第十三条　老年人养老以居家为基础,家庭成员应当尊重、关心和照料老年人。

第二十八条　国家通过基本养老保险制度,保障老年人的基本生活。

农村困难老人的社会救济

上面所说的农村老年人社会保险制度,只是国家向农村老年人提供物质帮助方式中的一个。除此之外,国家还向农村五保户等生活困难的老年人提供各种补贴和救济,其一般统称为社会救济,是和作为农村老年人养老之一的社会保险并列的一种制度。

"过去羡慕别人吃得饱穿得暖,现如今俺们五保户也摊上这好事了。有了这钱,今年春节比往年肥得多啦。"2015年1月11日,山东省滕州市67岁的五保供养对象张老头拿着政府发放的补助金高兴地说。2014年,枣庄市全面调整了农村五保供养标准,集中供养标准调整为每人每年4 230元,分散供养调整为每人每年3 100元,确保了8 237名五保人员的基本生活,使其基本达到当地居民平均生活水平。据了解,2014年共拨付市级以上五保供养补助资金1 996.12万元,同时全力支持建立以居家养老为基础、社区养老为依托、机构养老为支撑的多层次的养老服务体系,全市机构养老总床位达到9 400张,在全省县级市中排行较前。①

相比于农村老年人养老保险制度,国家对农村贫困老年人的救济,更多的是一种救助,而这种救助也属于《宪法》所规定的国家向老年人提供物质帮助的方式之一。同时,《老年人权益保障法》也规定,"国家对经济困难的老年人给予基本生活、医疗、居住或者其他救助。老年人无劳动能力、无生活来源、无赡养人和扶养人,或者其赡养人和扶养人确无赡养能力或者扶养能力的,由地方各级人民政府依照有关规定给予供养或者救助。对流浪乞讨、遭受遗弃等生活无着的老年人,由地方各级人民政府依照有关规定给予救助"。因此,这种国家对农村老年人的救助也属于法律规定的国家的义务之一。而其中,最重要的制度就是"五保户"救助制度。

我们都知道,在农村,还有很多生活苦难的老人,他们没有劳动能力和生活来源,也没有赡养他们的子女,或者是子女贫困,没有能力赡养老人。对于这样的农村老人,国家有专门的经济救助制度,那就是五保供养制度。对于这类老人,只要符合"无劳动能力、无生活来源又无法定赡养、抚养、扶养义务人,或者其法定赡养、抚养、扶养义务人无赡养、抚养、扶养能力的"条件,就可以向村民委员会申请,由乡镇审核,最终由县政府批准成为"五保户",从而享受国家所基于的在"吃、穿、住、医、葬"五个方面的生活照顾和物质帮助。当然,不仅是老人,老年、残疾或者未满16周岁的村民,只要满足上述条件都可以成为"五保户",享受五保救助。而老人,则属于国家五保救助体系里面重要的部分,被习惯成为"五保老人"。这些全部都规定在国务院颁布的《农村五保供养工作条例》之中。

按照《农村五保供养工作条例》规定的方式和程序,申请成为"五保老人"后,就可以享受国家提供的"粮油、副食品和生活用燃料、服装、被褥等生活用品和零用钱,符合基本居住条件的住房、疾病治疗,对生活不能自理的给予照料以及妥善办理丧葬事宜"。同时,《农村五保供养工作条例》还规定,"农村五保供养标准不得低于当地村民的平均生活水平,并根据当地村民平均生活水平的提高适时调整",而这些标准"可以由省、自治区、直辖市人民政府制定,在本行政区域内公布执行,也可以由设区的市级或者县级人民政府制定,报所在的省、自治区、直辖市人民政府备案后公布执行"。其实,就老年人权益的保护,国家在2013年还颁布了《关于进一步加强老年人优待工作的意见》,这部法律也适用于对农村老年人的救助。里面提到,国家"鼓励地方建立八十周岁以上低收入老年人高龄津贴制度",这在《老年人权益保障法》里面也有相同的规定。除此之外,《关于进一步加强老年人优待工作的意见》还规定,"各地对经济困难的老年人要逐步给予养老服务补贴。对生活长期不能自理、经济困难的老年人,要根据其失能程度等情况给予护理补贴"。这些都是除了五保制度外,国家给予老年人的又一类的救助方式。这也在很多地方得到了实施,比如,河北万全县2015年上半年共发放80周岁以上高龄老年人高龄补贴67.878万元。这要根据各个地方政府的具体规定,因为很多地方关于农村老年人的

---

① 《8 237名五保老人喜领补助资金1 996.12万元》,《枣庄日报》2015年1月12日第9版。

补贴政策是不一样的。

在现实中,有很多的地方干部有克扣农村老年人的低保、补贴不发,据为己有的现象,这是违法的。对于这类情况,受到损失的农村老年人或者其代理人可以向有关部门反映,或者依法向人民法院提起诉讼。"人民法院和有关部门,对侵犯老年人合法权益的申诉、控告和检举,应当依法及时受理,不得推诿、拖延。"对于不按规定发放农村老年人补贴的,其上级主管部门应当给予批评教育,责令改正。

法条链接:

《老年人权益保障法》第三十一条 国家对经济困难的老年人给予基本生活、医疗、居住或者其他救助。

老年人无劳动能力、无生活来源、无赡养人和扶养人,或者其赡养人和扶养人确无赡养能力或者扶养能力的,由地方各级人民政府依照有关规定给予供养或者救助。

对流浪乞讨、遭受遗弃等生活无着的老年人,由地方各级人民政府依照有关规定给予救助。

第三十三条 国家建立和完善老年人福利制度,根据经济社会发展水平和老年人的实际需要,增加老年人的社会福利。

国家鼓励地方建立八十周岁以上低收入老年人高龄津贴制度。

国家建立和完善计划生育家庭老年人扶助制度。

农村可以将未承包的集体所有的部分土地、山林、水面、滩涂等作为养老基地,收益供老年人养老。

《农村五保供养工作条例》第六条 老年、残疾或者未满16周岁的村民,无劳动能力、无生活来源又无法定赡养、抚养、扶养义务人,或者其法定赡养、抚养、扶养义务人无赡养、抚养、扶养能力的,享受农村五保供养待遇。

第七条 享受农村五保供养待遇,应当由村民本人向村民委员会提出申请;因年幼或者智力残疾无法表达意愿的,由村民小组或者其他村民代为提出申请。经村民委员会民主评议,对符合本条例第六条规定条件的,在本村范围内公告;无重大异议的,由村民委员会将评议意见和有关材料报送乡、民族乡、镇人民政府审核。乡、民族乡、镇人民政府应当自收到评议意见之日起20日内提出审核意见,并将审核意见和有关材料报送县级人民政府民政部门审批。县级人民政府民政部门应当自收到审核意见和有关材料之日起20日内作出审批决定。对批准给予农村五保供养待遇的,发给《农村五保供养证书》;对不符合条件不予批准的,应当书面说明理由。乡、民族乡、镇人民政府应当对申请人的家庭状况和经济条件进行调查核实;必要时,县级人民政府民政部门可以进行复核。申请人、有关组织或者个人应当配合、接受调查,如实提供有关情况。

第九条 农村五保供养包括下列供养内容:

（一）供给粮油、副食品和生活用燃料；

（二）供给服装、被褥等生活用品和零用钱；

（三）提供符合基本居住条件的住房；

（四）提供疾病治疗，对生活不能自理的给予照料；

（五）妥善办理丧葬事宜。

农村五保供养对象未满16周岁或者已满16周岁仍在接受义务教育的，应当保障他们依法接受义务教育所需费用。

农村五保供养对象的疾病治疗，应当与当地农村合作医疗和农村医疗救助制度相衔接。

第十条　农村五保供养标准不得低于当地村民的平均生活水平，并根据当地村民平均生活水平的提高适时调整。

农村五保供养标准，可以由省、自治区、直辖市人民政府制定，在本行政区域内公布执行，也可以由设区的市级或者县级人民政府制定，报所在的省、自治区、直辖市人民政府备案后公布执行。

国务院民政部门、国务院财政部门应当加强对农村五保供养标准制定工作的指导。

农村老年人同样享有社会福利

社会福利，是和老年人社会养老保险、社会救助、社会优抚相并列的一种国家照顾我国公民的制度。也就是说，作为我国公民，都享有国家提供的一定的社会福利，只是不同的人群享有不同的社会福利而已。作为老年人，他们也享有着国家提供的社会福利。当然，这里所说的农村老年人的社会福利，是面向所有老年人的，而无论老年人的经济状况如何。因此，这是一种有别于养老保险、社会救助、社会优抚的由国家向农村老年人提供物质帮助的制度，其目的是为了改善农村老年人的生活质量。可以说，它是老年人能够保障基本生活之外的从国家获得物质等帮助的制度，比如，老年人坐公交车免费，等等。而作为学生，他们在坐公交车时也有相应的减免，这就是国家对特定学生群体提供的社会福利。

"我们这把年纪每月还能享受50元的国家补贴，这在以前想都不敢想。如今都是赶上了党的好政策，政府不忘咱们老百姓啊！"2015年3月19日，河南省商水县练集镇河涯村11组91岁的老人杨某领到高龄补贴后说。近年来，商水县练集镇认真落实高龄老人优待政策，建立健全了高龄老人个人台账，全面掌握高龄老人信息，并于2014年10月将符合条件的高龄老人登记与申报信息在镇、村公开栏内进行了公示，确认无异议后上报市县民政部门。高龄老人补贴款到位后，该镇及时进行了社会化发放，组织民政、财政等部门组成工作组，深入各村为90岁以上老人发放高龄补贴存折。据了解，目前全镇有

93位老人享受到高龄补贴,共发放补贴资金47 350元。①

"听说以后坐公交车进城,咱们老年人不花钱了。"2014年2月17日,山东省莱芜市莱城区大王庄镇65岁的李老汉逢人便讲。据悉,莱芜市今后所有60岁以上的老年人,不管乘坐城乡公交,还是乘坐城市公交,一律享受免费。从2003年起,莱芜市就出台政策,规定65—69周岁老年人乘坐城市公交车享受半价,70周岁以上老年人方可享受全免政策。为方便全市老人乘车,市委、市政府将60周岁以上老年人免费乘坐公交车列入2014年为民办的十件实事。为尽快将这一政策惠及于民,市交通运输局与市老龄委积极对接,经过紧张的前期准备工作,决定自本月20日起,开始为老年人办理免费乘车卡,3月1日正式使用。届时,占全市总人口六分之一的60岁以上老人将坐上免费公交,这在全国还是第一家。②

和农村老年人养老保险、社会救助一样,农村老年人社会福利也是法律规定的国家给予农村老年人的物质帮助。国家建立和完善老年人福利制度,根据经济社会发展水平和老年人的实际需要,增加老年人的社会福利。具体内容主要规定在《老年人权益保障法》和《关于进一步加强老年人优待工作的意见》中,包括以下几点:

1. 农村老年人的福利津贴。农村老年人的福利津贴就是国家给予的一种物质性的帮助,主要是指农村老年人的高龄津贴。关于这一点,《老年人权益保障法》和《关于进一步加强老年人优待工作的意见》都指明,"国家鼓励地方建立八十周岁以上低收入老年人高龄津贴制度"。之所以是鼓励而不是强制,主要还是因为各地的经济状况的原因,不能一味地强制各个地方都采取这样的补贴措施。因为有的地方还没有这样的经济实力,对于可以达到的地方,国家则鼓励向老年人提供高龄津贴。所以,农村老年人是否有这样的福利还是要根据各个地方的规定。

80岁及以上高龄老年人口可分为三个年龄段:80—89岁、90—99岁、100岁以上,对100岁以上老年人全国各地普遍发放了标准不等的高龄津贴,且补贴标准不断提高;大多数地区对90岁以上老年人发放了高龄津贴,有条件的地区对80岁以上老年人发放高龄津贴。一些经济欠发达地区也出台了80岁以上老年人津贴政策,如青海省海西州规定,县级人民政府对持有本地户口的80—89岁的高龄老人每人每年发放生活补贴600元,90—99岁的高龄老人每人每年发放高龄补贴800元,百岁老年人每人每年按1 200元发放高龄补贴。其实在上面的社会救助里也提到过高龄津贴,这与社会福利里提及的高龄津贴是不矛盾的。因为,在农村,高龄老年人的经济状况是不同的,而高龄津贴的发放是不区分高龄老年人的经济状况的,因此,对于经济贫困的农村高龄老人,高龄

---

① 《商水耄耋老人喜领高龄补贴》,《河南日报》(农村版)2015年3月20日第2版。
② 《我市20余万60岁以上老人将免费乘公交》,莱芜新闻网2014年2月19日,http://www.laiwunews.cn/html/2014/0219/112534.html。

津贴也是一种国家提供的救助。而对于经济状况较好的农村高龄老人,高龄津贴则更多属于一种社会福利。

2. 交通出行方面的福利。《老年人权益保障法》和《关于进一步加强老年人优待工作的意见》规定,"城市公共交通、公路、铁路、水路和航空客运,应当为老年人提供优待和照顾"。在这一原则的框架下,《关于进一步加强老年人优待工作的意见》强调,各地方的"城市公共交通工具应为老年人提供票价优惠,鼓励对65周岁以上老年人实行免费,有条件的地方可逐步覆盖全体老年人"。所以,坐车时很多老人刷的都是老人卡,享受这样的福利。当然,"各地可根据实际情况制定具体的优惠办法,对落实老年优待任务的公交企业要给予相应经济补偿"。同时,在坐公交车的时候,我们也可以看到,很多公交车都设置了"老幼病残孕"专座,其实,这也是《关于进一步加强老年人优待工作的意见》的规定,它明确要求"公共交通工具要设立不低于坐席数10%的'老幼病残孕'专座"。对于坐火车的老年人,"铁路部门要为列车配备无障碍车厢和座位,对有特殊需要的老年人订票和选座位提供便利服务"。不仅如此,《关于进一步加强老年人优待工作的意见》也规定,在交通设施方面也要照顾老年人,比如一些公共场所建设的无障碍设施等等。

3. 文体休闲方面的福利。对于这一点,《老年人权益保障法》强制性地规定了"博物馆、美术馆、科技馆、纪念馆、公共图书馆、文化馆、影剧院、体育场馆、公园、旅游景点等场所,应当对老年人免费或者优惠开放"。《关于进一步加强老年人优待工作的意见》对此作了具体的说明,比如,各地要"减免老年人参观文物建筑及遗址类博物馆的门票""公共文化体育部门应对老年人优惠开放,免费为老年人提供影视放映、文艺演出、体育赛事、图片展览、科技宣传等公益性流动文化体育服务""公共文化体育场所应为老年人健身活动提供方便和优惠服务,安排一定时段向老年人减免费用开放,有条件的可适当增加面向老年人的特色文化体育服务项目。提倡体育机构每年为老年人进行体质测定,为老年人体育健身提供咨询、服务和指导,提高老年人科学健身水平"。而对于公园、旅游景点,则"应对老年人实行门票减免,鼓励景区内的观光车、缆车等代步工具对老年人给予优惠"。同时,国家也会鼓励一些盈利的影剧院、体育场馆为老年人提供优惠票价,为老年文艺体育团体优惠提供场地。对于老年人办理存款和取款业务的,金融机构应为老年人办理业务提供便捷服务,设置老年人取款优先窗口,并提供导银服务。对有特殊困难、行动不便的老年人提供特需服务或上门服务。鼓励对养老金客户实施减费让利,对异地领取养老金的客户减免手续费。对办理转账、汇款业务或购买金融产品的老年人,应提示相应风险等。这个还是要根据当地的实际情况而定。

4. 维权服务的福利。很多农村的老年人遇到纠纷想寻求法律等方面的帮助,可苦于经济原因,无法到法院提起诉讼,当然,其中也有其他原因,比如向子女索要赡养费等。对此,国家也是有着很多福利措施,帮助这类老年人通过法律渠道解决问题。比如,对于老年人打官司要交钱,如果"确有困难的,可以缓交、减交或者免交"。想请律师帮忙,又请不起的,可以获得法律援助。国家也"鼓励律师事务所、公证处、基层法律服务所和其他法律服务机构为经济困难的老年人提供免费或者优惠服务"。而老人遇到问题,报案不方便的,"司法机关应开通电话和网络服务、上门服务等形式",为老年人报案、参与诉讼等提供便利。同时,"各级人民法院对侵犯老年人合法权益的案件,要依法及时立案受理、及时审判和执行"。

5. 医疗福利。相信很多农村老年人看到过医院提供免费或者优惠诊疗服务的场景,这也是国家向老年人提供的社会福利。《老年人权益保障法》就规定,"医疗机构应当为老年人就医提供方便,对老年人就医予以优先。有条件的地方,可以为老年人设立家庭病床,开展巡回医疗、护理、康复、免费体检等服务",同时提倡医疗机构为老年人开展义诊。《关于进一步加强老年人优待工作的意见》也指出,"医疗卫生机构应为老年人就医提供方便和优先优惠服务。通过完善挂号、诊疗系统管理,开设专用窗口或快速通道、提供导医服务等方式,为老年人特别是高龄、重病、失能老年人挂号(退换号)、就诊、转诊、综合诊疗提供便利条件"。同时,"鼓励各地医疗机构减免老年人普通门诊挂号费和贫困老年人诊疗费。提倡为老年人义诊"等,可见,国家考虑得还是很全面的。

以上就是国家为包括农村老年人在内的所有我国老年人提供的社会福利的种类,当然,各个地方的情况会有很大的不同,这是由各个地方的政策、经济发展水平所决定的。具体情况,农村老年人可以向当地政府部门询问。

法条链接:

《老年人权益保障法》第三十三条 国家建立和完善老年人福利制度,根据经济社会发展水平和老年人的实际需要,增加老年人的社会福利。

国家鼓励地方建立八十周岁以上低收入老年人高龄津贴制度。

国家建立和完善计划生育家庭老年人扶助制度。

农村可以将未承包的集体所有的部分土地、山林、水面、滩涂等作为养老基地,收益供老年人养老。

第三十八条 地方各级人民政府和有关部门、基层群众性自治组织,应当将养老服务设施纳入城乡社区配套设施建设规划,建立适应老年人需要的生活服务、文化体育活动、日间照料、疾病护理与康复等服务设施和网点,就近为老年人提供服务。

发扬邻里互助的传统,提倡邻里间关心、帮助有困难的老年人。

鼓励慈善组织、志愿者为老年人服务。倡导老年人互助服务。

第五十五条 老年人因其合法权益受侵害提起诉讼交纳诉讼费确有困难的,可以缓交、减交或者免交;需要获得律师帮助,但无力支付律师费用的,可以获得法律援助。

鼓励律师事务所、公证处、基层法律服务所和其他法律服务机构为经济困难的老年人提供免费或者优惠服务。

第五十六条 医疗机构应当为老年人就医提供方便,对老年人就医予以优先。有条件的地方,可以为老年人设立家庭病床,开展巡回医疗、护理、康复、免费体检等服务。

提倡为老年人义诊。

第五十七条　提倡与老年人日常生活密切相关的服务行业为老年人提供优先、优惠服务。

城市公共交通、公路、铁路、水路和航空客运，应当为老年人提供优待和照顾。

第五十八条　博物馆、美术馆、科技馆、纪念馆、公共图书馆、文化馆、影剧院、体育场馆、公园、旅游景点等场所，应当对老年人免费或者优惠开放。

第五十九条　农村老年人不承担兴办公益事业的筹劳义务。

第七十一条　国家和社会采取措施，开展适合老年人的群众性文化、体育、娱乐活动，丰富老年人的精神文化生活。

养老机构助农村老年人养老

在农村，大家应该都知道有个叫养老院或者敬老院的地方。它们属于农村的养老机构，是国家为保障农村老年人养老而设立的，主要供养农村所谓的没有子女，或者虽有子女但没有扶养能力的、无劳动能力的、无生活来源的"三无"老人以及"五保"老人养老。同时，这些机构也接待社会上的老年人安度晚年。这些机构一般设有生活起居、文化娱乐、康复训练、医疗保健等多项服务设施。总的来说，养老院或者敬老院是农村老年人养老的又一种国家保障形式。

2015年新年第一天，重庆市忠县黄金镇金银村6组的老人孙老汉高高兴兴住进了该镇新开的福满堂养老院，开始新的生活。

孙老汉今年74岁，因患高血压引起半身不遂。他和老伴儿膝下有一女儿，常年在上海务工。他们一有三病两痛的，身边一个送水喂药的人都没有。因此，他和老伴儿央求女儿送他们到养老院生活，一来有人照顾，二来有众多老人为伴，不孤独。

去年12月，孙老汉听说离家4公里外有一家民办的福满堂养老院，将于2015年新年开业。他前往了解情况后，觉得各方面条件都不错，每月只需650元就能入住。回家后，在电话里做通了女儿的工作，他和老伴儿便决定搬到养老院。

"这里环境不错!"福满堂养老院位于黄金镇凉泉村4组，建筑面积1000余平方米，有床位70个，周围有万亩柑橘园、瀑布等生态景观，孙老汉很满意。①

首先需要说明的是，《老年人权益保障法》规定，"老年人养老以居家为基础"，所以说养老院也只是农村老年人养老形式的补充而已。这也是农村的普遍现象，因为很多农村老年人由于思想观念上的原因，不愿意住进养老院，而想和子女住在一起。

---

① 《新年住进养老院　忠县老人孙绩仁安度晚年》，忠州新闻网2015年1月5日，http://www.zzxw.net/2015/0105/680.shtml。

既然敬老院也属于农村老年人养老的保障之一,那么,怎么样才能进去呢?收不收费呢?如何收费呢?法律又是怎么规定的呢?下面,我们一一来看。

根据不同的运行主体,我国的养老院可以分为公办养老院和民办养老院。公办养老院是国家自己建设的养老院。而民办养老院,是在国家"鼓励、支持企业事业单位、社会组织或者个人兴办、运营养老机构"政策下产生的养老院,对民办养老院,国家一般都会有补助。国家兴办的养老院是公益性质的,而民办的养老院则分为两类,一类是营利性的,一类则是非营利性。这是我国养老院的基本分类。

那么,在农村,什么样的老年人能够进养老院呢?其实一开始已经说得很清楚了,养老院供养农村"三无"老人以及"五保"老人,同时也接待社会上的老年人安度晚年。可见,农村养老院是接受一切农村老年人的,只不过,《老年人权益保障法》规定,"政府投资兴办的养老机构,应当优先保障经济困难的孤寡、失能、高龄等老年人的服务需求"。也就是说,公办的养老院原则上接收农村所有的老人,只不过优先保障经济困难的孤寡、失能、高龄等老年人,尤其是"三无"老人以及"五保"老人,而且公办的养老院对农村"三无"老人、"五保"老人一般是不收费的。而国家对于民办养老院一般没有这个要求,尤其是营利性的民办养老院,因为,他们毕竟是营利性质的,具有商业属性,由市场决定,具体事宜由老年人和养老院自行协商,国家不会过多参与。当然,虽然不同种类的养老院有以上诸多不同,但无论哪种养老院,只要是"为老年人提供服务",就"应当与接受服务的老年人或者其代理人签订服务协议"。

至于农村养老院收不收费,还要看养老院的具体情况。对于民办养老院,它属于市场的产物,肯定是要收费的。一般来说,收费还比较高。只有经济不错的家庭,出于不方便照顾老人的原因,有时会把老年人送到这种民办养老院。案例中,孙老汉夫妇入住的民办养老院就是这样的。而对于农村公办养老院,由于它属于国家向农村老年人提供的养老保障,而且以"三无"老人以及"五保"老人优先,所以一般是不收费的。但这并不代表全国所有的农村公办养老院都不收钱,因为,《养老机构管理办法》里规定,"养老机构为老年人提供服务,应当与接受服务的老年人或者其代理人签订服务协议",而且《养老机构管理办法》规定协议里要包含的内容就包括"收费标准以及费用支付方式"。可见,公办养老院也是可以收费的,只不过因为是国家办的,相对来说所收的费用也比较低。总之,具体收不收费、如何收费,还是要看当地的政府规定和养老院的管理。

为了保障养老院里老年人能够享受高质量的服务,保障安全,国家也制定了相应的法律和国家标准。比如,《养老机构管理办法》就对养老院的管理、向老人提供的养老服务内容和要求等做了详细规定,其中包括老人的餐饮、住宿等问题。而且,如果养老院出现"未与老年人或者其代理人签订服务协议,或者协议不符合规定的,未按照国家有关标准和规定开展服务的,配备人员的资格不符合规定的,向负责监督检查的民政部门隐瞒有关情况、提供虚假材料或者拒绝提供反映其活动情况真实材料的,利用养老机构的房屋、场地、设施开展与养老服务宗旨无关的活动的,歧视、侮辱、虐待或遗弃老年人以及其他侵犯老年人合法权益行为的,擅自暂停或者终止服务的"等情况,则"由实施许可的民政部门责令改正;情节严重的,处以 3 万元以下的罚款;构成犯罪的,依法追究刑事责任"。

为更详细地明确养老院对老人的日常护理内容,民政部还特别制定了《社会福利机构管理暂行办法》《老年人社会福利机构基本规范》等法律规范,专门就养老院膳食等服务、管理以及房间大小、床位等设备设施做出规定,为更好地规范养老院,更好地保障农村老年人养老提供了法律基础。

法条链接:

《老年人权益保障法》第十三条　老年人养老以居家为基础,家庭成员应当尊重、关心和照料老年人。

第三十七条　地方各级人民政府和有关部门应当采取措施,发展城乡社区养老服务,鼓励、扶持专业服务机构及其他组织和个人,为居家的老年人提供生活照料、紧急救援、医疗护理、精神慰藉、心理咨询等多种形式的服务。

对经济困难的老年人,地方各级人民政府应当逐步给予养老服务补贴。

第三十八条　地方各级人民政府和有关部门、基层群众性自治组织,应当将养老服务设施纳入城乡社区配套设施建设规划,建立适应老年人需要的生活服务、文化体育活动、日间照料、疾病护理与康复等服务设施和网点,就近为老年人提供服务。

发扬邻里互助的传统,提倡邻里间关心、帮助有困难的老年人。

鼓励慈善组织、志愿者为老年人服务。倡导老年人互助服务。

第四十一条　政府投资兴办的养老机构,应当优先保障经济困难的孤寡、失能、高龄等老年人的服务需求。

第四十七条　养老机构应当与接受服务的老年人或者其代理人签订服务协议,明确双方的权利、义务。

养老机构及其工作人员不得以任何方式侵害老年人的权益。

第五十一条　国家采取措施,发展老龄产业,将老龄产业列入国家扶持行业目录。扶持和引导企业开发、生产、经营适应老年人需要的用品和提供相关的服务。

《养老机构管理办法》第六条　政府投资兴办的养老机构,应当优先保障孤老优抚对象和经济困难的孤寡、失能、高龄等老年人的服务需求。

第七条　民政部门应当会同有关部门采取措施,鼓励、支持企业事业单位、社会组织或者个人兴办、运营养老机构。

鼓励公民、法人或者其他组织为养老机构提供捐赠和志愿服务。

第三十三条　养老机构有下列行为之一的,由实施许可的民政部门责令改正;情节严重的,处以 3 万元以下的罚款;构成犯罪的,依法追究刑事责任:

（一）未与老年人或者其代理人签订服务协议，或者协议不符合规定的；

（二）未按照国家有关标准和规定开展服务的；

（三）配备人员的资格不符合规定的；

（四）向负责监督检查的民政部门隐瞒有关情况、提供虚假材料或者拒绝提供反映其活动情况真实材料的；

（五）利用养老机构的房屋、场地、设施开展与养老服务宗旨无关的活动的；

（六）歧视、侮辱、虐待或遗弃老年人以及其他侵犯老年人合法权益行为的；

（七）擅自暂停或者终止服务的；

（八）法律、法规、规章规定的其他违法行为。

第三十四条　民政部门及其工作人员违反本办法有关规定，由上级行政机关责令改正；情节严重的，对直接负责的主管人员和其他责任人员依法给予行政处分；构成犯罪的，依法追究刑事责任。

二、农村老人医疗卫生、交通通行、子女虐待等人身安全的维护

参保新农合,农村老年人看病有保障

在农村,老年人除了生存,最重要的莫过于治病了。老年人因为年老而身体素质下降,得点病是正常的。然而,有很多老人患有大病和慢性病,治疗起来需要很大一笔钱。因为经济原因,很多老人都放弃了治疗,或者采取低成本的治疗方法。为了解决农村看病难、看病贵的问题,国家创设了新型农村合作医疗保险制度,简称新农合,是一种"由政府组织、引导、支持,农民自愿参加,个人、集体和政府多方筹资,以大病统筹为主的农民医疗互助共济制度",它是一种由国家和集体帮助支付医疗费用的制度。这在很大程度上减轻了农村老年人看病的成本,得到了农村老年人的赞誉。

2012年1月3日凌晨3点多,山东省德州市平原县63岁的马延军突发心肌梗死,心跳加快,心痛急剧,呼吸困难,家人赶紧拨打120将他送到当地的平原县人民医院进行抢救。经过20多天的住院治疗,老人的病情得到了控制,身体渐渐康复。除夕这天,马延军决定出院,回家过年。出院前,老伴和孩子揣着借来的几万块钱来到医院出院部结账,工作人员告知他们:总共7 329元。"才7 000多块钱?不可能吧?"马某的老伴当时心里就犯起了嘀咕,"以前他也犯病住过院,哪次都没下过一万块钱,这次怎么一下降了这么多?"医院工作人员给她解释:"全部住院费用应该是1.9万多元,但是马延军老人参加了新农合,按照要求可以报销70%,除了部分药物不在报销范围之内,你们只交剩下的7 000多元就可以了。""老人能一下报销这么多医疗费,实在离不开新农合补偿政策。"平原县桃园街道办事处新农合管理办公室主任裴传秀告诉记者,2011年,县级定点医疗机构住院报销比例是65%,今年又提高到70%,"老人这次住院正好赶上了报销政策调整,今年比去年又能多报将近1 000块钱"。[①]

农村医疗保险属于农村社会保障的一方面,是和农村养老保险、社会救助等并列的一项国家基本公共卫生服务项目,而新农合就是这样的农村医疗保险制度。国家是高度重视老年人的医疗卫生服务的,对农村老年人也不例外。《老年人权益保障法》也将新农合制度规定了下来。《老年人权益保障法》规定,"国家通过基本医疗保险制度,保障老年

[①] 《百万农民普享"新农合"阳光》,《德州晚报》2012年2月2日第5版。

人的基本医疗需要。享受最低生活保障的老年人和符合条件的低收入家庭中的老年人参加新型农村合作医疗和城镇居民基本医疗保险所需个人缴费部分，由政府给予补贴"。而对于老人，"有关部门制定医疗保险办法，应当对老年人给予照顾""各级人民政府和有关部门应当将老年医疗卫生服务纳入城乡医疗卫生服务规划"，并且"将老年人健康管理和常见病预防等纳入国家基本公共卫生服务项目"。当然，《老年人权益保障法》只是从宏观上就老年人的医疗卫生工作对政府部门提了要求，事实上，新农合就是国家为贯彻执行《老年人权益保障法》的规定而采取的改善农村医疗卫生状况的具体措施。

早在2000年发布的《中共中央、国务院关于加强老龄工作的决定》，就要求各级政府部门要"不断完善农村合作医疗制度，积极探索多种形式的农村医疗保障制度，加快农村医疗卫生组织建设，完善农村基层卫生服务网络，切实解决贫困地区老年人缺医少药问题"。在国家的这一推动下，2002年10月，《中共中央、国务院关于进一步加强农村卫生工作的决定》出台，并明确指出，要"逐步建立以大病统筹为主的新型农村合作医疗制度。各级政府要积极组织引导农民建立以大病统筹为主的新型农村合作医疗制度，重点解决农民因患传染病、地方病等大病而出现的因病致贫、返贫问题。农村合作医疗制度应与当地经济社会发展水平、农民经济承受能力和医疗费用需要相适应，坚持自愿原则，反对强迫命令，实行农民个人缴费、集体扶持和政府资助相结合的筹资机制。农民为参加合作医疗、抵御疾病风险而履行缴费义务不能视为增加农民负担"。新农合初具雏形。2003年，卫生部、财政部、农业部专门就新农合发布了《关于建立新型农村合作医疗制度的意见》，对新农合的成本框架、管理、资金筹措等作了具体的规定。那么，如何才能参保新农合呢？交多少钱？怎么保险呢？

首先，只要你是农业户口就可以参保新农合。但这里有一个条件，那就是《关于建立新型农村合作医疗制度的意见》明确指出"农民以家庭为单位自愿参加新型农村合作医疗"，也就是说必须以家庭为单位参保新农合，不能以个人名义单独参保。而且每年参保一次，当年就能报销。这是自愿的，国家不强制，农民可以参保也可以不参保。

对于如何交钱，交多少钱，《关于建立新型农村合作医疗制度的意见》也作了规定。首先，新农合实行的是"个人缴费、集体扶持和政府资助相结合的筹资机制"，也就是说由农民个人、集体、政府三方来缴费。对于个人，"每年的缴费标准不应低于10元"，当然，"经济条件好的地区可相应提高缴费标准"，所以说各个地方，农民个人要交多少要看地方的规定，但最低不会少于10元。对于集体扶持的部分，《关于建立新型农村合作医疗制度的意见》指出，"有条件的乡村集体经济组织应对本地新型农村合作医疗制度给予适当扶持。扶持新型农村合作医疗的乡村集体经济组织类型、出资标准由县级人民政府确定，但集体出资部分不得向农民摊派"。因此，有些集体组织以参保新农合为借口分摊集体缴纳的部分，这是不符合规定的。同时，国家也"鼓励社会团体和个人资助新型农村合作医疗制度"。而对于政府缴费的部分，《关于建立新型农村合作医疗制度的意见》规定，"地方财政每年对参加新型农村合作医疗农民的资助不低于人均10元，具体补助标准和分级负担比例由省级人民政府确定""经济较发达的东部地区,地方各级财政可适当增加投入",而且,"从 2003 年起,中央财政每年通过专项转移支付对中西部地区除市区以外的参加新型农村合作医疗的农民按人均 10 元安排补助资金"。随着经济的发展,各级政府对新农合财政支持在不断提高,比如,2006 年卫生部等 7 部委颁布了《关于加快推进新型农村合作医疗试点工作的通知》规定,"从 2006 年起,中央财政对中西部地区除市区以外的参加新型农村合作医疗的农民由每人每年补助 10 元提高到 20 元,地方财政也要相应增加 10 元。财政确实有困难的省(区、市),可 2006 年、2007 年分别增加 5 元,在两年内落实到位"。2011 年 2 月 17 日中国政府网发布了《医药卫生体制五项重点改革 2011 年度主要工作安排》,明确 2011 年政府对新农合和城镇居民医保补助标准均由上一年每人每年 120 元提高到 200 元。而从 2012 年起,各级财政对新农合的补助标准从每人每年 200 元提高到了每人每年 240 元。其中,原有 200 元部分,中央财政继续按照原有补助标准给予补助,新增 40 元部分,中央财政对西部地区补助 80%,对中部地区补助 60%,对东部地区按一定比例补助。而农民个人缴费则原则上提高到每人每年 60 元,有困难的地区,个人缴费部分可分两年到位。《关于做好 2013 年新型农村合作医疗工作的通知》,要求自 2013 年起,各级财政对新农合的补助标准从每人每年 240 元提高到每人每年 280 元。2014 年,有关部门发布了《关于提高 2014 年新型农村合作医疗和城镇居民基本医疗保险筹资标准的通知》,要求各级财政对新农合和居民医保人均补助标准在 2013 年的基础上提高 40 元,达到 320 元。其中:中央财政对原有 120 元的补助标准不变,对 200 元部分按照西部地区 80% 和中部地区 60% 的比例安排补助,对东部地区各省份分别按一定比例补助。农民个人缴费标准在 2013 年的基础上提高 20 元,全国平均个人缴费标准达到每人每年 90 元左右。

关于新农合报销,《关于建立新型农村合作医疗制度的意见》指出,农民、集体和国家缴纳的"农村合作医疗基金主要补助参加新型农村合作医疗农民的大额医疗费用或住院医疗费用"。而对于农民的那些小病,"有条件的地方,可实行大额医疗费用补助与小额医疗费用补助结合的办法,既提高抗风险能力又兼顾农民受益面"。如果参加新农合的农民"年内没有动用农村合作医疗基金的",地方政府部门则要安排他们进行一次常规性体检。至于哪些药可以报销、可以报销多少,则由各省、自治区、直辖市制订农村合作医疗报销基本药物目录,同时"各县(市)要根据筹资总额,结合当地实际,科学合理地确定农村合作医疗基金的支付范围、支付标准和额度,确定常规性体检的具体检查项目和方式,防止农村合作医疗基金超支或过多结余"。因此,对于哪些药可以报、能报多少,各个地方的规定是不一样的,经济发达的地方可能报的药的范围广,而且报销得多,而经济较差的地方可能报的药的范围小,报销的比例也低,这要根据各个地方的具体规定,农民可以做相应的查询,进行报销。

那么,参保新农合的农民报销流程又是什么呢?一般来说,参保者出院后,将经患者本人签字或盖章的住院发票、出院记录、费用清单、转诊证明及本人身份证复印件或户籍证明交本乡镇合管所,经审核后集中统一送交市(县)农保业务管理中心。

法条链接:

《老年人权益保障法》第二十九条　国家通过基本医疗保险制度,保障老年人的基本医疗需要。享受最低生活保障的老年人和符合条件的低收入家庭中的老年人参加新型农村合作医疗和城镇居民基本医疗保险所需个人缴费部分,由政府给予补贴。

有关部门制定医疗保险办法,应当对老年人给予照顾。

第四十九条　各级人民政府和有关部门应当将老年医疗卫生服务纳入城乡医疗卫生服务规划,将老年人健康管理和常见病预防等纳入国家基本公共卫生服务项目。鼓励为老年人提供保健、护理、临终关怀等服务。

国家鼓励医疗机构开设针对老年病的专科或者门诊。

医疗卫生机构应当开展老年人的健康服务和疾病防治工作。

第五十条　国家采取措施,加强老年医学的研究和人才培养,提高老年病的预防、治疗、科研水平,促进老年病的早期发现、诊断和治疗。

国家和社会采取措施,开展各种形式的健康教育,普及老年保健知识,增强老年人自我保健意识。

健全医疗救助制度,保障农村贫困老年人享受医疗服务

为了保障农村农民享受医疗服务,国家除了推广新农合制度外,还采取了一种重要的农村医疗制度,即农村医疗救助,它和新农合、商业医疗保险共同构成了国家对农村的基本医疗辅助制度。

在金寨,五保户入院不需要交押金,看病不用垫付费用,凭一本"五保证"就能及时便捷地住院、转院和报销。去年5月投入运行的大病救助"一站式"即时结算系统,使五保户出院后不需要自己办理报销手续,由医疗机构、新农合与县民政局通过网络平台直接结算,快捷之余避免了"人情救助、关系救助"等不公平现象。安徽省金寨县梅山镇徐冲村69岁的五保老人徐华芝,丈夫、儿子都去世多年,儿媳弃家而去,只留下她和多病的孙子相依为命,祖孙两人均被认定为五保供养对象。今年上半年,徐华芝的孙子十几次住院都得到了及时的医疗救助,中秋节期间还得以转到合肥住院,接受更好的治疗,给这个不幸的特殊家庭带来了希望。今年前9个月,金寨已救助因病住院的五保户2 218人次,救助金额188.5万元。金寨县民政局局长陈在职说,五保供养费和养老金只能解决五保老人的基本生活,政府有责任为他们的"看病难"提供更多的保障和服务。作为国家级贫

困县,金寨的财政支出非常紧张,"但我们认为,再穷也不能从这里省"。①

早在 2002 年发布的《进一步加强农村卫生工作的决定》就提出要"对农村贫困家庭实行医疗救助"。农村医疗救助制度是政府拨款和社会各界自愿捐助等多渠道筹资,对患大病农村五保户和贫困农民家庭实行医疗救助制度。农村老年人是农村医疗救助制度救助的重要对象,"医疗救助形式可以是对救助对象患大病给予一定的医疗费用补助,也可以是资助其参加当地合作医疗"。医疗救助的资金则来源于地方政府、中央政府以及社会捐赠。那么,在法律规定上,哪些人符合申请条件呢?申请程序是什么呢?国家又是怎么救助呢?这些都统一规定在了 2003 年民政部、卫生部、财政部发布的《关于实施农村医疗救助的意见》。具体说来,包括如下内容:

1. 哪些农村老年人能够申请?这其实就是农村医疗救助的对象是谁的问题。对于这一点,《关于实施农村医疗救助的意见》规定,有两类人符合,一类是农村五保户、农村贫困户家庭成员,另一类是地方政府规定的其他符合条件的农村贫困农民。而救助对象的具体条件则"由地方民政部门会同财政、卫生部门制定,报同级人民政府批准"。也就是说,农村医疗救助对象以农村五保户、农村贫困户家庭成员为主,地方也可以纳入其他人,具体由各个地方确定。可见,老年人自己有没有资格向当地申请医疗救助,还要看所在地政府部门的规定。

2. 国家如何提供医疗救助?对于这一点,《关于实施农村医疗救助的意见》主要规定在"救助办法"和"医疗救助服务"部分。就救助办法而言,主要可以分为三种情况。一种是开展新型农村合作医疗的地区,对此,《关于实施农村医疗救助的意见》指出,"资助医疗救助对象缴纳个人应负担的全部或部分资金,参加当地合作医疗,享受合作医疗待遇。因患大病经合作医疗补助后个人负担医疗费用过高,影响家庭基本生活的,再给予适当的医疗救助"。一种是尚未开展新型农村合作医疗的地区。对这样的地区,《关于实施农村医疗救助的意见》要求"对因患大病个人负担费用难以承担,影响家庭基本生活的,给予适当医疗救助"。最后一种是国家规定的特种传染病救治费用。这一部分按有关规定给予补助,《传染病防治法》就有规定,"国家对患有特定传染病的困难人群实行医疗救助,减免医疗费用。具体办法由国务院卫生行政部门会同国务院财政部门等部门制定"。如今各个地方基本都有了相应的减免规定,比如,安徽马鞍山就制定了《马鞍山市重大传染病病人医疗救治实施办法》。除此之外,对于以上三种医疗救助情况,《关于实施农村医疗救助的意见》还特别规定,"医疗救助对象全年个人累计享受医疗救助金额原则上不超过当地规定的医疗救助标准。对于特殊困难人员,可适当提高医疗救助水平"。

就医疗救助服务部分,《关于实施农村医疗救助的意见》分为以下四个部分内容:第一,已开展新型农村合作医疗的地区,"由农村合作医疗定点卫生医疗机构提供医疗救助

---

① 《走基层听民声:安徽大别山里的五保老人医疗费用全报销》,新华网 2011 年 10 月 08 日,http://news.xinhuanet.com/2011-10/08/c_122127419.htm.

服务;未开展新型农村合作医疗的地区,由救助对象户口所在地乡(镇)卫生院和县级医院等提供医疗救助服务"。第二,提供医疗救助服务的医疗卫生机构等应在规定范围内,按照本地合作医疗或医疗保险用药目录、诊疗项目目录及医疗服务设施目录,为医疗救助对象提供医疗服务。第三,遇到疑难重症需转到非指定医疗卫生机构就诊时,要按当地医疗救助的有关规定办理转院手续。第四,承担医疗救助的医疗卫生机构要完善并落实各种诊疗规范和管理制度,保证服务质量,控制医疗费用。

3. 如何申请?《关于实施农村医疗救助的意见》指出,"医疗救助实行属地化管理原则,由申请人(户主)向村民委员会提出书面申请,填写申请表,如实提供医疗诊断书、医疗费用收据、必要的病史材料、已参加合作医疗按规定领取的合作医疗补助凭证、社会互助帮困情况证明等,经村民代表会议评议同意后报乡镇人民政府审核",然后由"乡镇人民政府对上报的申请表和有关材料进行逐项审核,对符合医疗救助条件的上报县(市、区)民政局审批"。当然,"乡镇人民政府根据需要,可以采取入户调查、邻里访问以及信函索证等方式对申请人的医疗支出和家庭经济状况等有关材料进行调查核实"。最后,由县级人民政府民政局对材料进行审核,并及时地作出批准或者不批准的决定,如果符合医疗救助条件,则批准其享受医疗救助金额,如果不符合条件,县级人民政府民政局应当书面通知申请人,并且要说明没有批准的理由。我们可以将整个申请和批准的过程,简称为"个人申请→村民代表会议评议→民政部门审核批准→医疗机构提供服务的管理体制"。

法条链接:

《老年人权益保障法》第二十九条 国家通过基本医疗保险制度,保障老年人的基本医疗需要。享受最低生活保障的老年人和符合条件的低收入家庭中的老年人参加新型农村合作医疗和城镇居民基本医疗保险所需个人缴费部分,由政府给予补贴。

有关部门制定医疗保险办法,应当对老年人给予照顾。

第三十一条 国家对经济困难的老年人给予基本生活、医疗、居住或者其他救助。

老年人无劳动能力、无生活来源、无赡养人和扶养人,或者其赡养人和扶养人确无赡养能力或者扶养能力的,由地方各级人民政府依照有关规定给予供养或者救助。

对流浪乞讨、遭受遗弃等生活无着的老年人,由地方各级人民政府依照有关规定给予救助。

《传染病防治法》第六十二条 国家对患有特定传染病的困难人群实行医疗救助,减免医疗费用。具体办法由国务院卫生行政部门会同国务院财政部门等部门制定。

民政部、卫生部、财政部**《关于实施农村医疗救助的意见》**(部分):
二、救助对象
(一)农村五保户,农村贫困户家庭成员。

(二)地方政府规定的其他符合条件的农村贫困农民。

救助对象的具体条件由地方民政部门会同财政、卫生部门制定,报同级人民政府批准。

三、救助办法

(一)开展新型农村合作医疗的地区,资助医疗救助对象缴纳个人应负担的全部或部分资金,参加当地合作医疗,享受合作医疗待遇。因患大病经合作医疗补助后个人负担医疗费用过高,影响家庭基本生活的,再给予适当的医疗救助。

(二)尚未开展新型农村合作医疗的地区,对因患大病个人负担费用难以承担,影响家庭基本生活的,给予适当医疗救助。

(三)国家规定的特种传染病救治费用,按有关规定给予补助。

医疗救助对象全年个人累计享受医疗救助金额原则上不超过当地规定的医疗救助标准。对于特殊困难人员,可适当提高医疗救助水平。

四、申请、审批程序

(一)医疗救助实行属地化管理原则,申请人(户主)向村民委员会提出书面申请,填写申请表,如实提供医疗诊断书、医疗费用收据、必要的病史材料、已参加合作医疗按规定领取的合作医疗补助凭证、社会互助帮困情况证明等,经村民代表会议评议同意后报乡镇人民政府审核。

(二)乡镇人民政府对上报的申请表和有关材料进行逐项审核,对符合医疗救助条件的上报县(市、区)民政局审批。

乡镇人民政府根据需要,可以采取入户调查、邻里访问以及信函索证等方式对申请人的医疗支出和家庭经济状况等有关材料进行调查核实。

(三)县级人民政府民政部门对乡镇上报的有关材料进行复审核实,并及时签署审批意见。对符合医疗救助条件的家庭核准其享受医疗救助金额,对不符合享受医疗救助条件的,应当书面通知申请人,并说明理由。

(四)医疗救助金由乡镇人民政府发放,也可以采取社会化发放或其他发放办法。

五、医疗救助服务

(一)已开展新型农村合作医疗的地区,由农村合作医疗定点卫生医疗机构提供医疗救助服务;未开展新型农村合作医疗的地区,由救助对象户口所在地乡(镇)卫生院和县级医院等提供医疗救助服务。

(二)提供医疗救助服务的医疗卫生机构等应在规定范围内,按照本地合作医疗或医疗保险用药目录、诊疗项目目录及医疗服务设施目录,为医疗救助对象提供医疗服务。

(三)遇到疑难重症需转到非指定医疗卫生机构就诊时,要按当地医疗救助的有关规定办理转院手续。

(四)承担医疗救助的医疗卫生机构要完善并落实各种诊疗规范和管理制度,保证服务质量,控制医疗费用。

农村交通事故多,老年人要遵守交通规则

如今,交通越来越发达,机动车也越来越多。这一方面方便了人们的出行,但另一方面也引发了很多的交通事故。农村地区交通安全教育又不足,农村老年人的交通意识淡薄,再加上农村交通工具性能落后、缺乏交通管理力量、安全设施投入不足、公路技术等级偏低等原因,农村老年人遭遇交通事故的发生率不断上升。

2014年11月23日,江苏省常熟市梅李镇华联东路与福支线路口发生一起交通事故,一辆外地牌照危险品运输车辆在从华联东路向福支线右转弯时,与一位骑三轮车的本地老年妇女发生碰撞。老人70多岁,送医后不治身亡。据相关部门统计,在常熟近年发生的重大交通事故中,87.7%发生于农村地区,而且老年人是事故受害高发群体,60岁以上老年人占事故死亡人数的60%以上。常熟海虞镇迎宾路尽管已设置了机非隔离,但还是有老年人骑着三轮车旁若无人地在机动车道内疾驰。在不断发展的交通形势下,农村地区面临诸多交通管理难题,特别是农村的老龄人群,几十年的传统农村劳作方式、村道出行方式已养成,面对现代而复杂的道路交通环境,农村地区老年人在参与道路交通过程中处于弱势地位,交通事故频发,亟须全社会高度关注并采取有力举措。①

农村老年人之所以容易发生交通事故,很大一部分原因在于他们自身不遵守交通规则。实际上,法律就老年人在交通领域的行为,已经作了很多规定,以防止老年人发生交通事故。

法律首要的就是对老年人有没有资格开车,以及开什么车、要遵循什么样的申请驾驶资格作了规定,以从源头上防控老年人发生交通事故。关于这一点,主要是规定在了公安部发布的《机动车驾驶证申领和使用规定》中。《机动车驾驶证申领和使用规定》中规定,"年龄在60周岁以上的,不得驾驶大型客车、牵引车、城市公交车、中型客车、大型货车、无轨电车和有轨电车",这是对60岁以上老年人不能驾驶哪些车作了规定。如果,60岁以上老年人"持有大型客车、牵引车、城市公交车、中型客车、大型货车驾驶证的",则"应当到机动车驾驶证核发地或者核发地以外的车辆管理所换领准驾车型为小型汽车或者小型自动挡汽车的机动车驾驶证"。当然,不是说60岁以上的所有老人都能驾驶"大型客车、牵引车、城市公交车、中型客车、大型货车、无轨电车和有轨电车"之外的车辆。因为,《机动车驾驶证申领和使用规定》还规定,"年龄在70周岁以上的,不得驾驶低速载货汽车、三轮汽车、普通三轮摩托车、普通二轮摩托车和轮式自行机械车",那些"持有普通三轮摩托车、普通二轮摩托车驾驶证的"70岁以上老人,"应当到机动车驾驶证核

---

① 《近9成重大交通事故事发农村》,光明网2014年11月27日,http://difang.gmw.cn/newspaper/2014-11/27/content_102322444.htm。

发地或者核发地以外的车辆管理所换领准驾车型为轻便摩托车的机动车驾驶证"。对于以上申请换证的,"申请时应当填写申请表,并提交驾驶人身份证明、机动车驾驶证以及县级或者部队团级以上医疗机构出具的有关身体条件的证明"。如果"属于申请残疾人专用小型自动挡载客汽车的,应当提交经省级卫生主管部门指定的专门医疗机构出具的有关身体条件的证明"。

为了保障学生乘坐校车的安全,《机动车驾驶证申领和使用规定》还规定,校车驾驶人年龄超过60周岁的,"公安机关交通管理部门应当注销其校车驾驶资格,通知机动车驾驶人换领机动车驾驶证,并通报教育行政部门和学校"。因为随着年龄的增长,老年人身体素质也会下降很多,为保障老年人的行车安全,《机动车驾驶证申领和使用规定》中特别规定,"年龄在70周岁以上的机动车驾驶人,应当每年进行一次身体检查,在记分周期结束后三十日内,提交县级或者部队团级以上医疗机构出具的有关身体条件的证明"。除了以上的规定外,开机动车的农村老年人当然还必须遵循《道路交通安全法》《道路交通安全法实施条例》以及上面所说的各种国家标准规定的交通规则,因为内容复杂,读者可以查看相应的法律或者国家标准,这里不做详细介绍。

以上主要是法律对老年人驾驶机动车的规定。然而,农村老年人交通事故频发更多是因为老年人不遵守交通规则。现在,很多农村老年人喜欢骑电动三轮车,这就更要遵守交通规则了。其实,法律对此也做了规定,当然,这个规定是针对所有的道路上通行的人。一般来说,为保障交通安全,国家在道路上会设置很多的交通信号之类的东西,主要包括树在地上的交通标志、画在地面的交通标线,以及发光的交通信号灯,还包括交警的指挥。对于这些,国家特出台了《道路交通安全法》以及《道路交通安全法实施条例》,就行人如何遵循交通规则作了规定,比如行人要靠右行走,不要闯红灯等。不仅如此,为明确各个交通信号的设置标准以及具体的含义,国家还特别发布了《道路交通信号灯(GB14887-2011)》《道路交通信息服务——道路编码规则(GB/T 29744-2013)》《道路交通标志和标线(GB5768-2009)》等国家标准,专门用于解释道路交通信号的含义和设置规则。农村老年人应当遵守这些国家法律和国家标准,不能乱闯红灯、横穿马路,这是对自己和他人负责任的表现。当然,毕竟农村老年人的交通规则意识是薄弱的,各地方应加强对老年人交通安全的教育和宣传。

除了督促农村老年人自觉遵守交通规则外,交通执法者也要严格执法,规范道路秩序,防止老年人发生交通事故。发现老年人有违反交通规则的行为要及时纠正,指出其违法行为,并给予口头警告。如果老年人的行为妨碍了交通秩序,交警还可以处以罚款。不仅如此,很多农村的交通事故是因为道路上的交通信号没有及时安装和维修、模糊或者被遮蔽所导致的。为避免此类事故,"交通信号灯、交通标志、交通标线的设置应当符合道路交通安全、畅通的要求和国家标准,并保持清晰、醒目、准确、完好",而且,要"根据通行需要,应当及时增设、调换、更新道路交通信号。增设、调换、更新限制性的道路交通信号,应当提前向社会公告,广泛进行宣传""任何单位和个人不得擅自设置、移动、占用、损毁交通信号灯、交通标志、交通标线";如果公安机关交通管理部门发现上述情形,"危及交通安全,尚未设置警示标志的,应当及时采取安全措施,疏导交通,并通知道路、交通设施的养护部门或者管理部门";"道路交通标志、标线不规范,机动车驾驶人容易发生辨认错误的,交通标志、标线的主管部门应当及时予以改善。道路照明设施应当符合道路建设技术规范,保持照明功能完好"。

对于那些喜欢骑电动三轮车的农村老年人,《道路交通安全法实施条例》要求"不得醉酒驾驶、转弯前应当减速慢行,伸手示意,不得突然猛拐,超越前车时不得妨碍被超越的车辆行驶;不得牵引、攀扶车辆或者被其他车辆牵引,不得双手离把或者手中持物;不得扶身并行、互相追逐或者曲折竞驶;不得在道路上骑独轮自行车或者2人以上骑行的自行车;非下肢残疾的人不得驾驶残疾人机动轮椅车;自行车、三轮车不得加装动力装置;不得在道路上学习驾驶非机动车"。不仅如此,《道路交通安全法实施条例》还要求,老年人"驾驶自行车、电动自行车、三轮车在路段上横过机动车道,应当下车推行,有人行横道或者行人过街设施的,应当从人行横道或者行人过街设施通过;没有人行横道、没有行人过街设施或者不便使用行人过街设施的,在确认安全后直行通过"。如果是"因非机动车道被占用无法在本车道内行驶的非机动车,可以在受阻的路段借用相邻的机动车道行驶,并在驶过被占用路段后迅速驶回非机动车道"。很多农村老年人还喜欢在骑行的自行车、电动三轮车上载物,为保障安全,《道路交通安全法实施条例》规定,自行车载物,"高度从地面起不得超过1.5米,宽度左右各不得超出车把0.15米,长度前端不得超出车轮,后端不得超出车身0.3米",对于"三轮车、人力车载物",则更要求"高度从地面起不得超过2米,宽度左右各不得超出车身0.2米,长度不得超出车身1米"。如果老年人是开着拖拉机上道路,则要严格按照《道路交通安全法实施条例》的规定遵守交通规则,比如《道路交通安全法实施条例》就要求拖拉机每年要检验一次。

其实,上面所说的只是交通规则的一部分,还有很多的交通规则规定在《道路交通安全法》《道路交通安全法实施条例》以及上面所说的各种国家标准之中。为自己也为他人的安全,农村老年人对这些规则都要加深了解,认真遵守。

法条链接:

《机动车驾驶证申领和使用规定》第五十九条 年龄在60周岁以上的,不得驾驶大型客车、牵引车、城市公交车、中型客车、大型货车、无轨电车和有轨电车;持有大型客车、牵引车、城市公交车、中型客车、大型货车驾驶证的,应当到机动车驾驶证核发地车辆管理所换领准驾车型为小型汽车或者小型自动挡汽车的机动车驾驶证。

年龄在70周岁以上的,不得驾驶低速载货汽车、三轮汽车、普通三轮摩托车、普通二轮摩托车和轮式自行机械车;持有普通三轮摩托车、普通二轮摩托车驾驶证的,应当到机动车驾驶证核发地车辆管理所换领准驾车型为轻便摩托车的机动车驾驶证。

申请时应当填写申请表,并提交第五十七条规定的证明、凭证。

机动车驾驶人自愿降低准驾车型的,应当填写申请表,并提交机动车驾驶人的身份证明和机动车驾驶证。

第七十二条 年龄在70周岁以上的机动车驾驶人,应当每年进行一次身体检查,在记分周期结束后三十日内,提交县级或者部队团级以上医疗机构出具的有关身体条件的证明。

持有残疾人专用小型自动挡载客汽车驾驶证的机动车驾驶人,应当每三年进行一次身体检查,在记分周期结束后三十日内,提交经省级卫生主管部门指定的专门医疗机构出具的有关身体条件的证明。

机动车驾驶人按照本规定第七十条第三款、第四款规定参加审验时,应当申报身体条件情况。

第八十七条 校车驾驶人具有下列情形之一的,公安机关交通管理部门应当注销其校车驾驶资格,通知机动车驾驶人换领机动车驾驶证,并通报教育行政部门和学校:

(一)提出注销申请的;

(二)年龄超过60周岁的;

(三)在致人死亡或者重伤的交通事故负有责任的;

(四)有酒后驾驶或者醉酒驾驶机动车,以及驾驶客运车辆超员、超速等严重交通违法行为的;

(五)有记满12分或者犯罪记录的;

(六)有传染性疾病,癫痫病、精神病等可能危及行车安全的疾病,有酗酒、吸毒行为记录的。未收回签注校车驾驶许可的机动车驾驶证的,应当公告其校车驾驶资格作废。

农村老年人受虐待,如何寻求帮助

在农村,人们对子女殴打、虐待老人的事司空见惯了。老人们碍于家庭关系,又受"家丑不可外扬"等传统观念的影响,常常是自己承受着。再加上农村老年人很多没有受过教育,骨子里就没有维护自己权益的意识,这更加剧了子女虐待老年人的状况。其实,何止是子女,很多住在养老院的老人也经常受到养老院职工的虐待。那么,老年人应该怎样维护自己的权益呢?国家对农村老年人受虐待又是怎么处理的呢?

2011年5月,一段揭露郑州一家老年公寓护工残忍虐待老人的视频在网上被广泛转载,引起网民的极大愤怒。郑州市相关部门立刻介入调查,涉事老年公寓已经被取缔,相关责任人也已被公安部门拘留。从视频中可以看出,郑州市中原区畅乐园老年公寓一名护工在4点左右,进入房间将一名老人叫醒,不顾老人的哀求,对老人进行打骂,甚至对老人进行捆绑,强迫老人喝疑似尿液的东西。根据调查的结果和有关事实情况,公安部门已对畅乐园法人和参与虐待老人的护工实施治安拘留,对畅乐园老年公寓依法予以取缔。①

羊羔尚有跪乳之德,乌鸦亦存反哺之义,但江西省赣州市信丰县嘉定镇太平上村一男子却置伦理道德而不顾、背礼义廉耻而不羞,对家中的长辈老人动辄呵斥,甚而多次殴打致伤,行为令人发指,也触犯了法律,受到了治安行政拘留十五日的处罚。12月30日,信丰县公安局嘉定派出所教育警务区查处了一起虐待老人案件:家住嘉定镇太平上村的邱某金多次醉酒后对其87岁的老母亲唐某进行殴打,12月29日,邱某将母亲殴打后赶出家门,致使唐某被迫住到其家房屋一旁无充分防寒条件的原养猪舍内过夜,邱某中断对其母亲唐某的赡养义务并阻碍其他村民帮助唐某,周边邻居义愤填膺,村民们自发到村委会反映情况,要求公安机关对邱某进行处理。民警及时介入调查,后经公安机关法医鉴定,唐某的伤势构成轻微伤。②

其实,国家为保护老年人免收虐待,早在法律上作了"禁止虐待老年人"的规定。最高级别的就是《宪法》,在第四十九条里就明确规定了,"禁止虐待老人、妇女和儿童"。《老年人权益保障法》则进一步规定,"禁止歧视、侮辱、虐待或者遗弃老年人"。现实生活中,虐待老人有哪几种形式呢?一般有殴打、辱骂老人、逼迫老人住破房子、逼迫老人干不能承受的重活等等。针对此,《老年人权益保障法》就明确规定,子女们"不得强迫老年人居住或者迁居条件低劣的房屋""不得要求老年人承担力不能及的劳动""禁止对老年人实施家庭暴力"。而对于养老院,《老年人权益保障法》也规定了,"养老机构及其工作人员不得以任何方式侵害老年人的权益"。

那么,如果农村老年人受到虐待,法律又有哪些处理措施呢?

法律规定,如果子女有"虐待老年人或者对老年人实施家庭暴力的,由有关单位给予批评教育;构成违反治安管理行为的,依法给予治安管理处罚","侮辱、诽谤老年人,构成违反治安管理行为的,依法给予治安管理处罚"。这里的治安管理处罚又包括哪些呢?《治安管理处罚法》作了明确规定。如果家人"对近亲属进行威胁、侮辱、殴打或者打击报复的",公安部门可以"处5日以下拘留或者500元以下罚款",对于那些侮辱、殴打、虐待的情节较重的,"处5日以上10日以下拘留",并且,"可以并处500元以下罚款"。子女虐待老人,公安机关当然可以对实施虐待的子女进行上述的处罚,其实不仅仅是子女,只要是老人的家人、近亲属,虐待老人的都可以进行相应的处罚。当然,如果子女或者老人其他的近亲属有殴打、侮辱、虐待老人,而又手段残忍、经常殴打、虐待的,则属于情节严重,这是构成虐待罪的,老年人可以提起诉讼,要求追究虐待人的刑事责任,这样的话,虐

---

① 《郑州一老年公寓护工残忍虐待老人,涉事人员被拘留》,光明网2011年06月02日,http://news.xinhuanet.com/legal/2011-06/02/c_121486963.htm.
② 《虐待八旬老母,恶行法理难容》,光明网2015年1月26日,http://difang.gmw.cn/newspaper/2015-01/26/content_104051108.htm.

待老人的子女及其他近亲属要受到拘役,甚至有期徒刑等刑事处罚。

如果是养老院的职工虐待老年人,法律也作了处罚规定。《老年人权益保障法》就规定,"养老机构及其工作人员侵害老年人人身和财产权益"的,由"有关主管部门依法给予行政处罚"。这里包括哪些处罚呢?主要分成两类,一类是对实施殴打、虐待老年人的养老院的职工,另一类是针对虐待老年人的养老院。

对于殴打、虐待老年人的养老院的职工的处罚,主要规定在《治安管理处罚法》中:如果是社会上一般的殴打人的,《治安管理处罚法》规定,"处5日以上10日以下拘留,并处200元以上500元以下罚款;情节较轻的,处5日以下拘留或者500元以下罚款"。但是,为了体现法律对老人的特殊保护,《治安管理处罚法》特别规定,"殴打、伤害残疾人、孕妇、不满14周岁的人或者60周岁以上的人的","处10日以上15日以下拘留,并处500元以上1000元以下罚款"。这可比社会上一般的殴打人的处罚要严厉得多。当然,如果养老院的职工殴打、虐待老年人的情节恶劣,触犯了《刑法》,应承担刑事责任,面临拘役、徒刑等刑事处罚。

对于虐待老年人的养老机构,《养老机构管理办法》也作了相应的处罚规定:如果养老院有"歧视、侮辱、虐待或遗弃老年人以及其他侵犯老年人合法权益行为的",由当时批准其设立的民政部门责令改正,如果情节严重,影响恶劣的,则要对这样的养老院处以3万元以下的罚款。当然,和虐待老人的子女、养老院职工一样,养老院的情节足以构成犯罪的,也应依法追究刑事责任。

农村老年人受到虐待的时候,不能一味地忍气吞声。因为法律明确规定了,你们有权要求有关部门,比如民政部门、公安机关、村委会进行处理,也可以依法向人民法院提起诉讼。"人民法院和有关部门,对侵犯老年人合法权益的申诉、控告和检举,应当依法及时受理,不得推诿、拖延"。

法条链接:
《**老年人权益保障法**》第三条 国家保障老年人依法享有的权益。

老年人有从国家和社会获得物质帮助的权利,有享受社会服务和社会优待的权利,有参与社会发展和共享发展成果的权利。

禁止歧视、侮辱、虐待或者遗弃老年人。

第十六条 赡养人应当妥善安排老年人的住房,不得强迫老年人居住或者迁居条件低劣的房屋。

老年人自有的或者承租的住房,子女或者其他亲属不得侵占,不得擅自改变产权关系或者租赁关系。

老年人自有的住房,赡养人有维修的义务。

第十九条 赡养人不得以放弃继承权或者其他理由,拒绝履行赡养义务。

赡养人不履行赡养义务,老年人有要求赡养人付给赡养费等权利。

赡养人不得要求老年人承担力不能及的劳动。

第二十五条　禁止对老年人实施家庭暴力。

第四十七条　养老机构应当与接受服务的老年人或者其代理人签订服务协议,明确双方的权利、义务。

养老机构及其工作人员不得以任何方式侵害老年人的权益。

第七十二条　老年人合法权益受到侵害的,被侵害人或者其代理人有权要求有关部门处理,或者依法向人民法院提起诉讼。

人民法院和有关部门,对侵犯老年人合法权益的申诉、控告和检举,应当依法及时受理,不得推诿、拖延。

第七十五条　干涉老年人婚姻自由,对老年人负有赡养义务、扶养义务而拒绝赡养、扶养,虐待老年人或者对老年人实施家庭暴力的,由有关单位给予批评教育;构成违反治安管理行为的,依法给予治安管理处罚;构成犯罪的,依法追究刑事责任。

第七十七条　侮辱、诽谤老年人,构成违反治安管理行为的,依法给予治安管理处罚;构成犯罪的,依法追究刑事责任。

第七十九条　养老机构及其工作人员侵害老年人人身和财产权益,或者未按照约定提供服务的,依法承担民事责任;有关主管部门依法给予行政处罚;构成犯罪的,依法追究刑事责任。

《养老机构管理办法》第三十三条　养老机构有下列行为之一的,由实施许可的民政部门责令改正;情节严重的,处以3万元以下的罚款;构成犯罪的,依法追究刑事责任:

(一)未与老年人或者其代理人签订服务协议,或者协议不符合规定的;

(二)未按照国家有关标准和规定开展服务的;

(三)配备人员的资格不符合规定的;

(四)向负责监督检查的民政部门隐瞒有关情况、提供虚假材料或者拒绝提供反映其活动情况真实材料的;

(五)利用养老机构的房屋、场地、设施开展与养老服务宗旨无关的活动的;

(六)歧视、侮辱、虐待或遗弃老年人以及其他侵犯老年人合法权益行为的;

(七)擅自暂停或者终止服务的;

(八)法律、法规、规章规定的其他违法行为。

三、农村老人婚姻自由、受教育权以及宗教信仰的维护

农村老年人有权再婚,子女无权干涉

都言"少年夫妻老来伴",可想而知,农村丧偶老年人的内心是多么的孤独。如今,在农村,很多的丧偶老人都想找个伴,有个扶持,共同度过剩下的老年生活。有很多的老年人因此而再婚了。然而,在农村,由于受到传统观念的影响,子女阻挠老年人再婚的现象很是常见,很多老年人因为子女的反对而放弃再婚甚至再次离婚,独自黯然神伤。

山东省济南市的陈大爷今年68岁,十年前妻子因病去世,自己有一儿一女,均已经成家立业,因为儿女们都有各自家庭和事业,基本无暇回家照顾他。随着自己岁数的增大,加之身体有病,陈大爷2年前通过别人介绍,子女们出钱雇了一位家在农村离异数年40岁出头的女保姆,负责给他洗衣做饭。经过一段时间接触后,陈大爷发现保姆心地善良、性格温和、吃苦耐劳,逐渐对她产生了依赖感。为了能够更好地照顾自己的日常起居,今年4月份陈大爷向子女们提出要和保姆登记结婚、共同生活,遭到子女们的强烈反对。理由一是陈大爷与保姆年龄和生活背景相差较大,传出去会让亲戚朋友及左邻右舍笑话,另外一个是说保姆与陈大爷结婚目的不纯,很有可能是贪图房子,想以结婚方式取得陈大爷的房产。陈大爷一再解释保姆的为人,子女们就是不听不信,不但与保姆解除了雇佣关系,还千方百计阻止陈大爷与保姆见面,子女们告知陈大爷若与保姆结婚,将与陈大爷断绝来往,陈大爷今后的医疗费用及生活费用他们将拒绝承担。[①]

其实,在法律上,任何人的婚姻自由都是受到保护的,不仅仅是年轻人,农村老年人也同样受到保护。况且,农村丧偶的老年人,很多都很孤独,他们渴望在精神上获得扶持,对他们来说,找个老伴就是很好的方式。这也警示我们,子女对老人的赡养,不仅仅是提供物质上的扶持,还要注意保护老年人的精神和心理上的合理需求。那么,法律上又是如何保护农村老年人再婚的呢?

还是要从《宪法》上找依据,因为《宪法》是国家的根本法,效力最高的法,它的保护更加有力。《宪法》第四十九条的第三款就明确规定了,"禁止破坏婚姻自由",这是针对我国所有的公民来说的,子女也不例外。农村老年人再婚就是老年人婚姻自由的权利,所谓婚

[①] 《老年人想再婚,子女干涉怎么办?》,《济南日报》2015年5月11日第C3版。

姻自由,就是结婚自由、离婚自由、再婚自由。这是《宪法》的保护。《民法通则》也对此作了重申,规定,"公民享有婚姻自主权,禁止买卖、包办婚姻和其他干涉婚姻自由的行为"。

当然,作为规范我国公民婚姻问题的《婚姻法》也为老年人的再婚提供了法律依据,其指出,"子女应当尊重父母的婚姻权利,不得干涉父母再婚以及婚后的生活"。作为全面保障老年人权益的《老年人权益保障法》,对此也作出了相类似的规定,"老年人的婚姻自由受法律保护。子女或者其他亲属不得干涉老年人离婚、再婚及婚后的生活"。

从以上的法律规定可以看出,农村老年人再婚是严格受到法律保护的。然而,在现实生活中,很多的子女因为传统观念的影响,反对自己的父母再婚。他们甚至以不再赡养老人、断绝关系相威胁,来逼迫老人放弃再婚。有的子女做得更加过分,他们为了不让父母出去"约会",将他们关起来,甚至还对老年人进行殴打、打砸老年人的财物等等。要知道,子女的这些行为是严重违法的,有的行为可能还要受到法律的制裁。

对于子女因为父母再婚而拒绝赡养父母的,法律是不接受的。《婚姻法》就规定了,"子女对父母的赡养义务,不因父母的婚姻关系变化而终止"。《老年人权益保障法》也同样规定,"赡养人的赡养义务不因老年人的婚姻关系变化而消除"。可见,农村老年人即使再婚,其子女也不能因此而解除赡养义务。

对于那些"干涉老年人婚姻自由",以老年人再婚为理由拒绝赡养,甚至是虐待老年人或者对老年人实施家庭暴力的子女,《老年人权益保障法》规定,"由有关单位给予批评教育"。这是针对子女轻微干涉的一种"惩罚"。事实上,如果子女因为老年人再婚而对其实施"关禁闭"、实施家庭暴力,就不仅仅是"由有关单位给予批评教育",还可能受到治安管理处罚,如果构成犯罪,还要依法追究刑事责任。

比如,子女为了不让父母出去"约会",将他们关起来。这属于典型的非法限制他人自由,对于这样的行为,《治安管理处罚法》规定,"处10日以上15日以下拘留,并处500元以上1000元以下罚款;情节较轻的,处5日以上10日以下拘留,并处200元以上500元以下罚款"。如果过度地限制老年人人身自由,还可能构成非法拘禁罪而受到刑事处罚。

有些子女因为干涉老年人再婚,还对老年人进行殴打、虐待,这已经不属于对一般人的殴打了,这属于殴打老年人。对此,《治安管理处罚法》规定,"殴打、伤害残疾人、孕妇、不满14周岁的人或者60周岁以上的人的""处10日以上15日以下拘留,并处500元以上1000元以下罚款"。而子女因为老年人再婚而怒砸他们的财物的行为,则属于《治安管理处罚法》规定的"任意损毁、占用公私财物的"的情形,对此,子女将被"处5日以上10日以下拘留,可以并处500元以下罚款",如果打砸严重的,会加重处罚,"处10日以上15日以下拘留,可以并处1000元以下罚款"。还没完,如果子女通过对老年人实施殴打、"关禁闭"来干涉老年人的婚姻自由,《刑法》也是要介入的。如果子女暴力干涉老年人再婚的情形符合《刑法》的有关规定,则成立暴力干涉婚姻自由罪,要承担相应的刑事责任。

清官难断家务事,法律的规定也只是底线。农村老年人再婚牵扯的东西太多了。其实,很多的子女干涉老年人再婚,不仅仅是因为思想上接受不了,很多时候也是因为害怕对方"抢财产"。为了能够获得子女的理解,老年人最好的做法或许是对子女做耐心细致的说服教育工作,取得子女的理解和体谅,必要时可请当地街道居委会或基层调解委员会出面进行调解。如果子女害怕对方"抢财产",老年人可以将自己的财产通过签订协议或设立遗嘱的方式妥善处理,从而打消子女担心财产外流的顾虑。

还有一点需要说明的是,《婚姻法》明确"要求结婚的男女双方必须亲自到婚姻登记机关进行结婚登记。符合本法规定的,予以登记,发给结婚证。取得结婚证,即确立夫妻关系。未办理结婚登记的,应当补办登记"。如果农村老年人只是住在一起了,而没有到当地的民政部门办理婚姻登记,这样的"婚姻"也得不到法律的保护,对此,农村老年人要把握好。

法条链接:

《宪法》第四十九条 婚姻、家庭、母亲和儿童受国家的保护。

夫妻双方有实行计划生育的义务。

父母有抚养教育未成年子女的义务,成年子女有赡养扶助父母的义务。

禁止破坏婚姻自由,禁止虐待老人、妇女和儿童。

《民法通则》第一百零三条 公民享有婚姻自主权,禁止买卖、包办婚姻和其他干涉婚姻自由的行为。

《婚姻法》第八条 要求结婚的男女双方必须亲自到婚姻登记机关进行结婚登记。符合本法规定的,予以登记,发给结婚证。取得结婚证,即确立夫妻关系。未办理结婚登记的,应当补办登记。

第三十条 子女应当尊重父母的婚姻权利,不得干涉父母再婚以及婚后的生活。子女对父母的赡养义务,不因父母的婚姻关系变化而终止。

《老年人权益保障法》第二十一条 老年人的婚姻自由受法律保护。子女或者其他亲属不得干涉老年人离婚、再婚及婚后的生活。

赡养人的赡养义务不因老年人的婚姻关系变化而消除。

第七十五条 干涉老年人婚姻自由,对老年人负有赡养义务、扶养义务而拒绝赡养、扶养,虐待老年人或者对老年人实施家庭暴力的,由有关单位给予批评教育;构成违反治安管理行为的,依法给予治安管理处罚;构成犯罪的,依法追究刑事责任。

《刑法》第二百五十七条 以暴力干涉他人婚姻自由的,处二年以下有期徒刑或者拘役。

农村老年人也能上大学

谁说农村老年人不能学习？他们的学习劲头大着呢。随着国家经济的发展，农村的生活水平得到了很大的提高，农村老年人所追求的东西也越来越多，学习更多的东西可能是很多农村老年人追求的主要内容，比如学习健身、书法、戏曲等。那种捧捧茶杯、串串门、打打麻将等传统的休闲方式已经不能满足很多农村老年人的需求。对此，国家兴办了很多的老年大学，很多老年大学也走进了农村。农村老年人也可以上大学了。

2016年6月20日是太仓市老年大学秋季招生报名的第一天。早上8时，距离报名开始还有整整一小时，市老年大学外的招生简章展板前，就已经围着不少前来报名的老人了。

近年来，越来越多的老年人用上老年大学的方式安度晚年。据统计，今年秋季招生报名第一天，老年大学报名人数就达到203人次。其中，报名火爆的是交谊舞、瑜伽、声乐类课程，新开设的水粉画专业也颇受欢迎。

73岁的高冠六和71岁的孙四萍老人已经在老年大学学习了2年，曾经历过报名火爆现场的他们，当天早早地就从新毛社区赶了出来。两人在招生简章前商量了好一会，决定今年报交谊舞课程。"我们两个之前在老年大学学了拉丁舞，现在想试试交谊舞。"高冠六老人说，生怕报不上，他还准备了电脑、葫芦丝等备选课程。这个被老人们夸赞的活动就是今年市老年大学开展的"学乐为"老年公益课堂。由太仓市浩蓝社工服务中心运行管理，整合市老年大学师资力量和社区资源，满足社区居民在家门口就能体验老年大学课程的需求。目前第一期的楹联文化、老年瑜伽、锡剧、昆曲、祖孙教育、拉丁舞、广场舞七项公益课程已经陆续走进10个社区1个村。[1]

其实，国家兴办老年大学，不仅仅在于丰富农村老年人的精神文化生活，更重要的在于它是国家为了满足农村老年人接受教育的一种方式。农村老年人的这种受教育的权利是我国《宪法》所认可和保护的。我国《宪法》明确规定，"中华人民共和国公民有受教育的权利和义务"，也就是说，只要是我国的公民，就有受教育的权利和义务。我国农村老年人当然属于我国的公民，他们和小学生、大学生一样，也能接受教育，上大学，不同的只是形式而已。其实，虽然农村老年人上大学、接受教育是老年人受教育的权利，但农村老年人上大学和大学生上大学还是不同的，这个大家应该都能明白。因为农村老年人上大学更多地是为了休闲、娱乐，丰富精神文化生活，而学生们则是为了学习知识，提高自身素养。在老年大学里面，老年人可以学习养生、书法等，所以说，开办老年大学也是国

---

[1] 《老年大学现"上学热"，瑜伽专业开17个班还不够》，苏州都市网2016年06月22日，http://www.sz-dushi.com.cn/news/201606/2016193883.shtml。

家为了丰富农村老年人晚年生活的方式,是一种文化活动。从这方面来看,也是得到国家《宪法》认可的,因为《宪法》也规定了,"中华人民共和国公民有进行科学研究、文学艺术创作和其他文化活动的自由",农村老年人上大学就是从事一种文化活动,而作为国家,"对于从事教育、科学、技术、文学、艺术和其他文化事业的公民的有益于人民的创造性工作,给以鼓励和帮助",鼓励农村开办老年大学,就是国家所给予的鼓励和帮助。

作为老年人的一项权益,接受教育也得到了《老年人权益保障法》的保护。和《宪法》不同的是,它直接明确地规定,"老年人有继续受教育的权利"。在这里,《老年人权益保障法》比《宪法》规定少了"义务"两个字,这是需要说明的。因为,在我国的教育体系中,只有小学、初中这九年才属于国家规定的公民应当接受教育的阶段,也就是我们常说的"九年义务教育"。对于所有的这一时段的孩子来说,接受教育不仅仅是权利,而且是必须履行的义务,作为父母也应当保证孩子完整接受九年的义务教育。同时,国家也会采取措施,保障适龄的孩子完成九年义务教育。而在这之外的教育,尤其是高中、大学、老年教育,国家不强制,读不读由你们自己决定,所以是公民的一项权利。老年大学也是如此,老年人不是必须去读老年大学,读不读由老年人自己决定,它属于老年人的一项权利。所以,《老年人权益保障法》会比《宪法》少了"义务"两个字。

《老年人权益保障法》还明确规定了,"国家发展老年教育,把老年教育纳入终身教育体系,鼓励社会办好各类老年学校"。这就是国家开办或者鼓励社会开办老年大学的最直接的法律依据,也是国家为保障老年人接受教育,丰富文化生活的手段。

不仅如此,在国家专门出台的《关于进一步加强老年人优待工作的意见》,也从对老年人优抚的角度将老年人接受教育纳入其中,指出,"老年活动场所、老年教育资源要对城乡老年人公平开放,公共教育资源应为老年人学习提供指导和帮助"。同时,那些农村贫困老年人也不用怕上不起老年学校,因为,《关于进一步加强老年人优待工作的意见》要求,"贫困老年人进入老年大学(学校)学习的,给予学费减免",因此,学费应当不会成为阻碍农村老年人平等进入老年大学学习的障碍。

以上《关于进一步加强老年人优待工作的意见》对老年人接受教育的规定,是名列在对老年提供"文体休闲优待"的项目之下的,可见,国家兴办老年大学,为老年人提供教育是国家对老年人文化休闲的一种支持,是为了丰富老年人的晚年生活,这也印证了上面的说法。这也能从2013年国家颁布的《关于进一步加强老年文化建设的意见》中看出来。《关于进一步加强老年文化建设的意见》中就明确提出,要"大力发展老年教育",并申明了"老年人有继续受教育的权利",各地方要积极"开展适合老年人特点的知识型、休闲型、保健型文化教育活动"。对于老年大学的开办,《关于进一步加强老年文化建设的意见》指出,"探索老年大学教育内容与模式,适应时代发展要求,采取老年人喜闻乐见的教学方式,进行科学文化知识普及,开展养生保健、文学艺术和实用技能培训,提高老年人社会适应能力和生命健康品质"。农村老年大学也会得到更大、更多的支持。

其实,关于老年人的教育,国家早在2001年就专门颁布过《关于做好老年教育工作的通知》，里面就老年大学的开办、推进、管理以及社会办老年大学作了统筹规划，为后来我国老年大学的发展提供了方向。经过这十几年的发展，老年大学得到了很大的普及，农村老年大学也越来越多，农村老年人接受教育的机会也越来越多，农村老年人的文化生活过得也越来越丰富。

法条链接：

《宪法》第四十六条　中华人民共和国公民有受教育的权利和义务。

国家培养青年、少年、儿童在品德、智力、体质等方面全面发展。

第四十七条　中华人民共和国公民有进行科学研究、文学艺术创作和其他文化活动的自由。国家对于从事教育、科学、技术、文学、艺术和其他文化事业的公民的有益于人民的创造性工作，给以鼓励和帮助。

《老年人权益保障法》第七十条　老年人有继续受教育的权利。

国家发展老年教育，把老年教育纳入终身教育体系，鼓励社会办好各类老年学校。

各级人民政府对老年教育应当加强领导，统一规划，加大投入。

《关于进一步加强老年人优待工作的意见》　老年活动场所、老年教育资源要对城乡老年人公平开放，公共教育资源应为老年人学习提供指导和帮助。贫困老年人进入老年大学（学校）学习的，给予学费减免。

严防宗教团体骗钱

现在的农村，有很多的老人信教，有信基督教的，有信佛教的，也有信道教、伊斯兰教的，等等。而在我国很多西部省份，由于很多是传统宗教地区，所以，那边的农村几乎每家都信教，比如西藏地区群众信藏传佛教，新疆很多地区的人民信仰伊斯兰教。信教给了很多农村的老人们带来了精神上的支撑，使得他们在晚年有了精神依靠，增强了他们的幸福感。但这同时也给许多违法分子以可乘之机。很多教职人员利用宗教教义欺骗群众，骗取财产，甚至很多人冒充宗教教职人员诓骗群众。尤其是农村老年人，因为知识的欠缺，很容易被骗，这严重侵犯了老年人的财产权。

竹山村的张大妈，今年 68 了。有一段时间，张大妈家遇到了很多不顺的事，像养的小鸡丢了，老伴不小心被车撞了，孙子上学路上被蛇咬了，接二连三的。张大妈认为这是家里被什么东西给缠着了，心里一直不安。后经邻居介绍说信仰基督教，做礼拜可以改变霉气。于是，张大妈和村里几个老年人一起每周去教堂做礼拜。后来，张大妈家里的倒霉的事还真少了。张大妈很是感谢上帝，自此以后更是深信不疑。有一周，做礼拜的时候,教堂里的"长老"跟他们说,他们的罪太重了,需要向上帝忏悔,而且需要捐献一定的钱来赎罪,贡献得越多,上帝保佑得就越多,否则将受到"惩罚",会在自己身上或者家里面发生不好的事情。张大妈一群老年人信以为真,纷纷回家取钱,张大妈背着老伴和子女,将自己和老伴积蓄的5 000元钱全部贡献给了"上帝"。教堂里的"长老"等教职人员收到钱后秘密地私分了。

信仰宗教是我国公民的自由,这是一项法律上的权利。《宪法》规定,"中华人民共和国公民有宗教信仰自由",当然,这里的宗教信仰自由不仅仅是信仰宗教的自由,还包括信仰什么宗教的自由,以及不信仰宗教的自由。"任何国家机关、社会团体和个人不得强制公民信仰宗教或者不信仰宗教,不得歧视信仰宗教的公民和不信仰宗教的公民"。案例中,张大妈信仰了基督教,这是受到国家保护的。但教堂的教职人员却利用张大妈等人的信任骗取了众多的赎罪金,这是严重违反我国法律规定的,也是对张大妈等人财产权的侵犯。

农村里的很多老年人都知道,到教堂做礼拜有时会自愿给教堂一些钱的,难道这也违法?其实,这和案例中张大妈等人的情况是不一样的。《宗教事务条例》规定,"宗教活动场所可以按照宗教习惯接受公民的捐献",比如基督教圣经里就有"只是不可忘记行善和捐输的事,因为这样的祭是神所喜悦的"教义,形成了教徒捐钱的宗教习惯,这是法律认可的,也是宗教获得财物的合法渠道,"宗教团体、宗教活动场所合法使用的土地,合法所有或者使用的房屋、构筑物、设施,以及其他合法财产、收益,受法律保护"。但在农村里,有很多打着宗教的名义来骗取信徒的钱的教堂。对此,《宗教事务条例》规定,"不得利用宗教作掩护,欺骗或者诈取信徒财物",这是为了维护教徒的财产权,规范宗教的活动。

为维护信教人们的权利,防止一些教堂非法侵害教徒的权益,法律规定了一些惩处的措施。《宗教事务条例》作了一个原则性的规定,"利用宗教进行危害国家安全、公共安全,侵犯公民人身权利、民主权利,妨害社会管理秩序,侵犯公私财产等违法活动,构成犯罪的,依法追究刑事责任;尚不构成犯罪的,由有关主管部门依法给予行政处罚;对公民、法人或者其他组织造成损失的,依法承担民事责任"。也就是说,利用宗教侵犯公私财产的,构成犯罪的,追究刑事责任的,不构成犯罪的,要受到政府部门的行政处罚,如果对公民、法人或者其他组织造成损失的,还要返还财产和赔偿。案例中,教堂的长老等教职人员欺骗张大妈等人捐钱赎罪,无疑造成了张大妈等人的财产损失。依照这条规定,这些人必须把钱返还给张大妈等人,还要受到行政处罚或者刑事处罚。那么,他们又会受到什么样的行政处罚或者刑事处罚呢?

首先,对于教堂而言,《宗教事务条例》规定"违反国家有关规定接受境内外捐赠的""由宗教事务部门责令改正;情节较重的,由登记管理机关责令该宗教团体、宗教活动场所撤换直接负责的主管人员;情节严重的,由登记管理机关或者批准设立机关责令停止日常活动,改组管理组织,限期整改,拒不整改的,依法吊销其登记证书或者设立许可;有非法财物的,予以没收"。而对于这些违法的教堂教职人员而言,《宗教事务条例》则规定,宗教教职人员在宗教教务活动中违反法律、法规或者规章的,除依法追究有关的法律责任外,"由宗教事务部门建议有关宗教团体、宗教院校或者宗教活动场所暂停其主持教务活动或者取消其宗教教职人员身份"。

  现实生活中,不仅有张大妈遇到的这样类似的情形,而且还有一些冒充教职人员的人或者一些非法的宗教教堂,来骗取老年人的钱。对此,《宗教事务条例》规定"非宗教团体、非宗教活动场所、非指定的临时活动地点组织、举行宗教活动,接受宗教性捐献的,由宗教事务部门会同公安、民政、建设、教育、文化、旅游、文物等有关部门责令停止活动;有违法所得非法财物的,没收违法所得和非法财物,可以并处违法所得 1 倍以上 3 倍以下的罚款"。而假冒宗教教职人员进行宗教活动的,"由宗教事务部门责令停止活动;有违法所得、非法财物的,没收违法所得和非法财物并处 1 万元以下的罚款;有违反治安管理行为的,依法给予治安管理处罚;构成犯罪的,依法追究刑事责任"。

  从法律的规定可见,上面案例中,基督教堂的行为是严重违法的,也是要受到严肃地惩罚的。当然,这里还有一个情形需要大家了解,就是教堂的长老等人后来把张大妈等人的钱私分的行为很明显是违法的。但如果教堂并没有利用宗教来骗取教徒们的钱,而是教徒们自愿捐献的,后被教堂里的长老等教职人员私分了,法律又有什么规定呢?对此,上面已经提到过。《宗教事务条例》规定了"宗教团体、宗教院校、宗教活动场所合法使用的土地,合法所有或者使用的房屋、构筑物、设施,以及其他合法财产、收益,受法律保护",教徒捐献的钱也不例外。但"任何组织或者个人不得侵占、哄抢、私分、损毁或者非法查封、扣押、冻结、没收、处分宗教团体、宗教活动场所的合法财产"。而且专门针对宗教财物问题的《宗教活动场所财务监督管理办法(试行)》也规定,"宗教活动场所的合法财产、收益受法律保护。任何组织或者个人不得侵占、哄抢、私分、损毁或者非法查封、扣押、冻结、没收、处分宗教活动场所的合法财产",否则将"由宗教事务部门责令改正;情节较重的,由登记管理机关责令该宗教团体、宗教活动场所撤换直接负责的主管人员;情节严重的,由登记管理机关撤销该宗教团体、宗教活动场所的登记"。

  农村老年人信仰宗教是受到法律保护的,但他们人身、财产等也是受到法律保护的,不允许任何教堂或者教职人员利用宗教来侵犯他们的权益。农村老年人要加强对自身的保护,了解一些法律对宗教管理规定的知识。

法条链接:

《宪法》第三十六条　中华人民共和国公民有宗教信仰自由。

  任何国家机关、社会团体和个人不得强制公民信仰宗教或者不信仰宗教,不得歧视信仰宗教的公民和不信仰宗教的公民。

  国家保护正常的宗教活动。任何人不得利用宗教进行破坏社会秩序、损害公民身体健康、妨碍国家教育制度的活动。

宗教团体和宗教事务不受外国势力的支配。

《宗教事务条例》第二十条　宗教活动场所可以按照宗教习惯接受公民的捐献,但不得利用宗教作掩护,欺骗或者诈取信徒财物。非宗教团体、非宗教活动场所不得组织、举行宗教活动,不得接受宗教性的捐献。

第六十三条　宣扬、支持、资助宗教极端主义,或者利用宗教进行危害国家安全、公共安全,破坏民族团结、分裂国家和恐怖活动,侵犯公民人身权利、民主权利,妨害社会管理秩序,侵犯公私财产等违法活动,构成犯罪的,依法追究刑事责任;尚不构成犯罪的,由有关主管部门依法给予行政处罚;对公民、法人或者其他组织造成损失的,依法承担民事责任。

……

第六十四条　大型宗教活动过程中发生危害国家安全、公共安全或者严重破坏社会秩序情况的,由有关部门依照法律、法规进行处置和处罚;主办的宗教团体、寺观教堂负有责任的,由登记管理机关责令其撤换主要负责人,情节严重的,由登记管理机关吊销其登记证书。

擅自举行大型宗教活动的,由宗教事务部门责令停止活动可以并处10万元以上30万元以下的罚款;有违法所得、非法财物的,没收违法所得和非法财物;其中,大型宗教活动是宗教团体、宗教活动场所擅自举办的,登记管理机关还可以责令该宗教团体、宗教活动场所撤换直接负责的主管人员。

第六十五条　宗教团体、宗教院校、宗教活动场所有下列行为之一的,由宗教事务部门责令改正;情节较重的,由登记管理机关或者批准设立机关责令该宗教团体、宗教院校、宗教活动场所撤换直接负责的主管人员;情节严重的,由登记管理机关或者批准设立机关责令停止日常活动,改组管理组织,限期整改,拒不整改的,依法吊销其登记证书或者设立许可;有违法所得,非法财物的,予以没收:

(一)未按规定办理变更登记或者备案手续的;

(二)宗教院校违反培养目标、办学章程和课程设置要求的;

(三)宗教活动场所违反本条例第二十六条规定,未建立有关管理制度或者管理制度不符合要求的;

(四)宗教活动场所违反本条例第五十四条规定,将用于宗教活动的房屋、构筑物及其附属的宗教教职人员生活用房转让、抵押或者作为实物投资的;

(五)宗教活动场所内发生重大事故、重大事件未及时报告,造成严重后果的;

(六)违反本条例第五条规定,违背宗教的独立自主自办原则的;

(七)违反国家有关规定接受境内外捐赠的;

(八)拒不接受登记管理机关依法实施的监督管理的。

第七十四条　假冒宗教教职人员进行宗教活动或者骗取钱财等违法活动的,由宗教事务部门责令停止活动;有违法所得、非法财物的,没收违法所得和非法财物,并处 1 万元以下的罚款;有违反治安管理行为的,依法给予治安管理处罚;构成犯罪的,依法追究刑事责任。

《宗教活动场所财务监督管理办法(试行)》第六条　宗教活动场所的合法财产、收益受法律保护。任何组织或者个人不得侵占、哄抢、私分、损毁或者非法查封、扣押、冻结、没收、处分宗教活动场所的合法财产。

四、农村老人土地承包、土地征收与宅基地权益维护

在自家耕地上建设坟墓也违法？

在农村,很多的老年人坚守着传统礼数,认为土葬是对老人最好的安葬方式。必须找个风水宝地安葬,这样才能使死去的人得到安宁,也能使去世老人的后代享受福泽。因此,对他们来说,选择一片风水宝地安葬很重要。对此,很多农村老年人或者他们的子女都选择在耕地上为死者建设坟墓,这似乎成为"习俗",既安慰了活着的人,也算是子女尽了一片孝心,但却严重破坏了耕地。这实际上是一场传统和法律的对决。

河套平原,沃野千里,65岁的刘大爷和老伴一直都生活在这片土地上。2015年5月,刘大爷的老伴身体感觉不舒服,疼痛难忍。刘大爷带着老伴去当地医院进行治疗,不想老伴被诊断出癌症晚期,将不久于人世,刘大爷心痛难忍,但也无奈。刘大爷按照当地传统的风俗开始寻找风水宝地安葬老伴。刘大爷找来了当地一位"风水先生","风水先生"在刘大爷耕种的土地上巡视一周,指出刘大爷家的一片耕地的西南角位置就是"龙穴",风水非常好。刘大爷信以为真,于是决定在自家的这片耕地上开建坟墓,为安葬老伴做准备。后被同村人张二反映到了村主任那里,村主任赶紧找到刘大爷,进行劝说,但刘大爷不顾村主任的劝阻,开挖耕地,依旧坚持要在"龙穴"上为老伴建造一座豪华的坟墓。

农村土地是农村集体所有的,农民个人拥有的只是土地的使用权,耕地也不例外。国家为了保障农业生产和国家粮食的安全,对农村土地实行严格的管理制度,以防止农用地减少。《宪法》明文规定,"一切使用土地的组织和个人必须合理地利用土地"。因此,农民通过与村集体签署土地承包合同后,作为承包人,不仅拥有"承包地使用、收益和土地承包经营权流转的权利,有权自主组织生产经营和处置产品",更要负担"维持土地的农业用途,不得用于非农建设"的义务,这是《农村土地承包法》作出的明确规定。上述案例中,刘大爷擅自毁坏耕地用于建设坟墓,违背了土地的农业用途,属于非农建设,没有履行《农村土地承包法》所赋予的义务。对此,《农村土地承包法》规定,"承包方违法将承包地用于非农建设的,由县级以上地方人民政府有关行政主管部门依法予以处罚"。因此,刘大爷的这种行为是要受到土地管理部门等相关部门的处罚的。不仅仅是《农村土地承包法》对农民擅自将土地用作非农建设作了禁止性规定,《殡葬管理条例》还对土

地上建设坟墓作了针对性的限制。《殡葬管理条例》在"禁止在下列地区建造坟墓"条中名列了"耕地、林地"。也就是说，在耕地和林地上都不能建设坟墓，即使刘大爷换在了林地进行建设，也同样违法，也要受到行政处罚。不仅如此，即使耕地和林地早已有了坟墓，《殡葬管理条例》也同样规定，"除受国家保护的具有历史、艺术、科学价值的墓地予以保留外，应当限期迁移或者深埋，不留坟头"。

其实，在耕地上建设坟墓只是农村破坏耕地方式中的一种，还有农民更是在自家耕地上建设房屋、挖窑洞。而且，由于有的耕地下面含有矿石、砂子之类的东西，农民为了谋取利益，就擅自破坏耕地，挖取砂石等等。对此，国家早就在《土地管理法》里明确了在耕地上不仅禁止建设坟墓，也不允许擅自建窑、建设房屋、挖砂、采石、采矿、取土等，如果农民"占用耕地建窑、建坟或者擅自在耕地上建房、挖砂、采石、采矿、取土等"，破坏耕地种植条件的，或者造成土地的荒漠化、盐渍化的，"由县级以上人民政府土地行政主管部门责令限期改正或者治理，可以并处罚款"。《基本农田保护条例》也规定，"禁止任何单位和个人在基本农田保护区内建窑、建房、建坟、挖砂、采石、采矿、取土、堆放固体废弃物或者进行其他破坏基本农田的活动。禁止任何单位和个人占用基本农田发展林果业和挖塘养鱼。""占用基本农田建窑、建房、建坟、挖砂、采石、采矿、取土、堆放固体废弃物或者从事其他活动破坏基本农田，毁坏种植条件的，由县级以上人民政府土地行政主管部门责令改正或者治理，恢复原种植条件，处占用基本农田的耕地开垦费1倍以上2倍以下的罚款"。如果以上行为"给承包地造成永久性损害的，发包方有权制止，并有权要求承包方赔偿由此造成的损失"。

这里需要作个说明。对于农田，我国实行的是基本农田保护制度。所谓基本农田就是"按照一定时期人口和社会经济发展对农产品的需求，依据土地利用总体规划确定的不得占用的耕地"。也就是说，农民承包的土地里，有基本农田，还有其他的一般农田。对于基本农田，不仅是擅自建设坟墓、房屋、挖矿等属于非农建设，就是用于种植果树、挖塘养鱼、建立畜牧场、农副产品厂等也都属于非农建设，也是严厉禁止的。而对于基本农田之外的一般承包地，农民则是可以种植粮食、种植果树、养鱼养动物等，并且可以随意转换，这不属于改变农业用途。可见，国家对基本农田的保护是严格的。

其实，刘大爷的这种行为算是常见的了。现实中很多农村，当地村干部甚至占用大片集体土地，开建坟场，向外出售坟地，谋取不正当利益。还有一些农民为了开厂节约成本，私自在自己家的耕地上大规模地建设厂房，这是严重地将农用地用于非农建设的行为。一般情况下，"由县级以上人民政府土地行政主管部门责令限期改正或者治理，可以并处罚款"，严重的，还会触犯我国《刑法》。无论是《土地管理法》，还是《基本农田保护条例》，对于占用耕地建坟墓、房屋、挖矿等行为，都规定，如果"构成犯罪的，依法追究刑事责任"。我国《刑法》对此情况就创设了"非法占用耕地罪"，明确了"违反土地管理法规，非法占用耕地改作他用，数量较大，造成耕地大量毁坏的，处五年以下有期徒刑或者拘役，并处或者单处罚金"。而对于村干部非法占用集体土地出卖，情况严重的，还成立"非法转让、倒卖土地使用权罪"。

可见,农村老年人不可为了所谓的"风水宝地"而一意孤行,占用耕地建设坟墓,或者建设其他建筑物、挖矿等,这是违法的,轻微的话,最多是政府罚款,严重的话则要受到刑事处罚。当然,每个人"都有保护基本农田的义务,并有权检举、控告侵占、破坏基本农田和其他违反本条例的行为",案例中张二的行为就是在行使这样的权利。每个人都应该像张二这样做,这样才能更好地防止我国的耕地遭到破坏。

法条链接:

《宪法》第十条 城市的土地属于国家所有。

农村和城市郊区的土地,除由法律规定属于国家所有的以外,属于集体所有;宅基地和自留地、自留山,也属于集体所有。

国家为了公共利益的需要,可以依照法律规定对土地实行征收或者征用并给予补偿。

任何组织或者个人不得侵占、买卖或者以其他形式非法转让土地。土地的使用权可以依照法律的规定转让。

一切使用土地的组织和个人必须合理地利用土地。

《土地管理法》第三十四条 国家实行基本农田保护制度。下列耕地应当根据土地利用总体规划划入基本农田保护区,严格管理:

(一)经国务院有关主管部门或者县级以上地方人民政府批准确定的粮、棉、油生产基地内的耕地;

(二)有良好的水利与水土保持设施的耕地,正在实施改造计划以及可以改造的中、低产田;

(三)蔬菜生产基地;

(四)农业科研、教学试验田;

(五)国务院规定应当划入基本农田保护区的其他耕地。

《殡葬管理条例》第十条 禁止在下列地区建造坟墓:

(一)耕地、林地;

(二)城市公园、风景名胜区和文物保护区;

(三)水库及河流堤坝附近和水源保护区;

(四)铁路、公路主干线两侧。

前款规定区域内现有的坟墓,除受国家保护的具有历史、艺术、科学价值的墓地予以保留外,应当限期迁移或者深埋,不留坟头。

《基本农田保护条例》第二条 国家实行基本农田保护制度。

本条例所称基本农田,是指按照一定时期人口和社会经济发展对农产品的需求,依据土地利用总体规划确定的不得占用的耕地。

本条例所称基本农田保护区,是指为对基本农田实行特殊保护而依据土地利用总体规划和依照法定程序确定的特定保护区域。

第五条 任何单位和个人都有保护基本农田的义务,并有权检举、控告侵占、破坏基本农田和其他违反本条例的行为。

第十七条 禁止任何单位和个人在基本农田保护区内建窑、建房、建坟、挖砂、采石、采矿、取土、堆放固体废弃物或者进行其他破坏基本农田的活动。

禁止任何单位和个人占用基本农田发展林果业和挖塘养鱼。

第三十三条 违反本条例规定,占用基本农田建窑、建房、建坟、挖砂、采石、采矿、取土、堆放固体废弃物或者从事其他活动破坏基本农田,毁坏种植条件的,由县级以上人民政府土地行政主管部门责令改正或者治理,恢复原种植条件,处占用基本农田的耕地开垦费1倍以上2倍以下的罚款;构成犯罪的,依法追究刑事责任。

《刑法》第三百四十二条 违反土地管理法规,非法占用耕地改作他用,数量较大,造成耕地大量毁坏的,处五年以下有期徒刑或者拘役,并处或者单处罚金。

买卖承包地和宅基地也违法?

在农村里,很多的人都在想方设法地把自己承包的土地、村里分配的宅基地和农村的房子卖给别人,他们有的是因为外出打工不愿意种地了,也有的是因为想把房子卖了搬到城镇去住。老人也不例外。很多老年人由于年龄大了,没能力种地了,就想把地卖给别人,没有子女的老年人更是如此。而有的农村老年人因为想搬到城里去和子女住,就想着把房子给卖了。这在农村是很普遍的现象,然而,却违反我国对农村土地的管理制度。

案例一 家住太下村的王大爷今年75了,老伴在4年前去世了。老人膝下也没有子女。如今的王大爷身体不好,很困难,被当地列为"五保户"。为了能有人照顾自己,王大爷准备申请到当地的养老院去。但王大爷觉得自己和老伴当年从村里分到的3亩地扔了太可惜。于是,他找到了隔壁的刘大叔,想把地卖给他。刘大叔很是高兴,最终两位以3 000元的价格成交了。事后,王大爷才知道这是违法的。

案例二 住在太平村的周大爷和花大妈最近很是高兴,因为他们的儿子要接他们到城里去住,享享清福。虽然,在太平村的老房子里已经住了20多年,但想到能进城市去住还是很高兴的。然而,夫妻俩却遇到了件心烦的事,他们在太平村的老房子怎么办?

不能扔了吧。此时,正好有个城市里来的小李,他想买周大爷和花大妈家的老房子。两家一拍即合,还签了房屋买卖合同。村主任知道这事后,告诉周大爷和花大妈,这是违法的,不能这么干。周大爷和花大妈糊涂了,自己家的房子自己卖还违法?

上述案例中,王大爷以及周大爷、花大妈出卖自己承包的土地和农村房屋为什么就违法了呢?这要从我国对农村土地的管理制度讲起。

我国是社会主义国家,实行的是全民所有制和集体所有制,对土地也一样。《土地管理法》就规定,"中华人民共和国实行土地的社会主义公有制,即全民所有制和劳动群众集体所有制""城市市区的土地属于国家所有""农村和城市郊区的土地,除由法律规定属于国家所有的以外,属于农民集体所有;宅基地和自留地、自留山,属于农民集体所有"。可见,对于农村承包的土地以及建造房屋的宅基地都是属于村集体的,而不是农村人通常认为的属于自己的。既然这样,那农村承包土地和分配的宅基地,农民对他们进行耕种和建房子又是什么情况呢?其实,这是我国的一项世界独有的制度设计。《土地管理法》规定,"国有土地和农民集体所有的土地,可以依法确定给单位或者个人使用"。这是什么意思呢?其实很简单,农民承包的土地以及分配得到的宅基地是属于村集体所有的,但农民通过承包和申请,是可以使用承包的土地以及宅基地的。因此,无论是农民承包的土地还是申请获得的宅基地,它们的所有权属于村集体,农民只是在村集体的同意下,获得使用权而已,这就是为什么《土地管理法》作出"农村土地承包后,土地的所有权性质不变"规定的原因。就像你借别人的东西用一样。只不过,农民向村集体"借"的土地和宅基地是不需要给钱的。这就是《宪法》所规定的,"农村集体经济组织实行家庭承包经营为基础、统分结合的双层经营体制"的具体体现。既然农民承包的土地以及申请获批的宅基地所有权属于村集体的,个人没有所有权,那么,自然而然,农民是不能随意买卖的,就像你不能把从别人那里借来用的东西以自己名义卖出去一样。这在我国具体的农村土地管理的制度和法律中也能得到体现。

《宪法》规定,"任何组织或者个人不得侵占、买卖或者以其他形式非法转让土地"。这是《宪法》对土地买卖做的最高效力的限制。《土地管理法》也重申了这一规定,即"任何单位和个人不得侵占、买卖或者以其他形式非法转让土地。土地使用权可以依法转让"。不仅如此,《土地管理法》还专门针对农村集体土地禁止买卖作了规定,"农民集体所有的土地的使用权不得出让、转让或者出租用于非农业建设;但是,符合土地利用总体规划并依法取得建设用地的企业,因破产、兼并等情形致使土地使用权依法发生转移的除外"。

以上是对农村土地禁止买卖的规定,包括宅基地买卖。当然,对宅基地,法律还做了更为细致的规定。首先,《土地管理法》规定,"农村村民一户只能拥有一处宅基地",而且,"农村村民出卖、出租住房后,再申请宅基地的,不予批准"。从这可以看出,宅基地是国家规定的一种近似"福利"的制度,侧重于给农民提供一个住处。

对于宅基地的买卖,国家曾在2004年专门出台了两部法律法规进行了规定。首先是《国务院关于深化改革严格土地管理的决定》，这部法律就明确提出了"禁止农村集体经济组织非法出让、出租集体土地用于非农业建设。改革和完善宅基地审批制度，加强农村宅基地管理，禁止城镇居民在农村购置宅基地"。另一部就是当年国土资源部出台的《关于加强农村宅基地管理的意见》，在这部法律里，国土资源部就明确申明"严禁城镇居民在农村购置宅基地，严禁为城镇居民在农村购买和违法建造的住宅发放土地使用权证"。那么，就有疑问了，案例二中的周大爷和花大妈卖的是房子，又不是宅基地，怎么也违法了？这是因为，我国法律实行的是"房地一体"主义，房子和土地是分不开的，这个大家都能明白。从表面上看，案例中的小李购买的是建在周大爷和花大妈家的宅基地上的房子，实际上就是在买他们的宅基地使用权。因此，也是违法的。如果违反以上的法律规定，擅自出卖承包的土地或者宅基地的，则"由县级以上人民政府土地行政主管部门没收违法所得"，同时"可以并处罚款；对直接负责的主管人员和其他直接责任人员，依法给予行政处分，构成犯罪的，依法追究刑事责任""罚款额为非法所得的50%以下"。

虽然法律规定不得擅自出卖承包的土地，但不代表不能对承包的土地进行流转。《宪法》就规定了"土地的使用权可以依照法律的规定转让"。《农村土地承包法》也规定，"国家保护承包方依法、自愿、有偿地进行土地承包经营权流转"。《关于深化改革严格土地管理的决定》也作出"农民集体所有建设用地使用权可以依法流转"的规定，并强调"在符合规划的前提下，村庄、集镇、建制镇中的农民集体所有建设用地使用权可以依法流转"。为鼓励农村土地扭转，国家还专门制定了《农村土地承包经营权流转管理办法》。可见，农村进行土地流转是合法的，那么这和土地使用权买卖有什么区别呢？《农村土地承包经营权流转管理办法》第二条规定，"农村土地承包经营权流转应当在坚持农户家庭承包经营制度和稳定农村土地承包关系的基础上，遵循平等协商、依法、自愿、有偿的原则"。可见，农村土地承包经营权流转是在原有承包关系的基础上进行的，它不涉及将土地使用权转让，而是经营权的转让，也就是说，流转的土地还是由原承包人承包，流转给别人的只不过是在土地上面进行种植庄稼等的权利而已。所以，这和出卖土地是不一样的。

对于出卖宅基地也需要明确一点。《土地管理法》规定的是，"农村村民出卖、出租住房后，再申请宅基地的，不予批准"。这意味着，农村村民是可以出卖和出租宅基地的房屋，只不过出卖、出租后，不能再申请宅基地了。而根据《国务院关于深化改革严格土地管理的决定》《关于加强农村宅基地管理的意见》以及我国"房地一体"主义又可以得出，禁止城镇居民购买农村宅基地上的房屋。但是两部规定并没有禁止农村人内部买卖。这样，我们就可以得出，在同一集体经济组织的内部，宅基地上的房屋是可以转让的。如果，买房子的人本身在村集体内部还没有宅基地，根据"房地一体"主义，这个买房人也可以同时获得宅基地。如果买房人已经有了宅基地，根据《土地管理法》规定的"农村村民一户只能拥有一处宅基地"可以得出，买房人只能取得房屋的所有权，而不能取得房子下面的宅基地的使用权。对于这些房子，买者更不能重建，因为重建就意味着使用了宅基地,这是违法的。

法条链接:

《**土地管理法**》第二条　中华人民共和国实行土地的社会主义公有制,即全民所有制和劳动群众集体所有制。

全民所有,即国家所有土地的所有权由国务院代表国家行使。

任何单位和个人不得侵占、买卖或者以其他形式非法转让土地。土地使用权可以依法转让。

国家为了公共利益的需要,可以依法对土地实行征收或者征用并给予补偿。

国家依法实行国有土地有偿使用制度。但是,国家在法律规定的范围内划拨国有土地使用权的除外。

第八条　城市市区的土地属于国家所有。

农村和城市郊区的土地,除由法律规定属于国家所有的以外,属于农民集体所有;宅基地和自留地、自留山,属于农民集体所有。

第九条　国有土地和农民集体所有的土地,可以依法确定给单位或者个人使用。使用土地的单位和个人,有保护、管理和合理利用土地的义务。

第六十二条　农村村民一户只能拥有一处宅基地,其宅基地的面积不得超过省、自治区、直辖市规定的标准。

农村村民建住宅,应当符合乡(镇)土地利用总体规划,并尽量使用原有的宅基地和村内空闲地。

农村村民住宅用地,经乡(镇)人民政府审核,由县级人民政府批准;其中,涉及占用农用地的,依照本法第四十四条的规定办理审批手续。

农村村民出卖、出租住房后,再申请宅基地的,不予批准。

第六十三条　农民集体所有的土地的使用权不得出让、转让或者出租用于非农业建设;但是,符合土地利用总体规划并依法取得建设用地的企业,因破产、兼并等情形致使土地使用权依法发生转移的除外。

第七十三条　买卖或者以其他形式非法转让土地的,由县级以上人民政府土地行政主管部门没收违法所得;对违反土地利用总体规划擅自将农用地改为建设用地的,限期拆除在非法转让的土地上新建的建筑物和其他设施,恢复土地原状,对符合土地利用总体规划的,没收在非法转让的土地上新建的建筑物和其他设施,可以并处罚款;对直接负责的主管人员和其他直接责任人员,依法给予行政处分,构成犯罪的,依法追究刑事责任。

《**土地管理法实施条例**》第三十八条　依照《土地管理法》第七十三条的规定处以罚款的,罚款额为非法所得的50%以下。

《农村土地承包法》第四条　国家依法保护农村土地承包关系的长期稳定。农村土地承包后，土地的所有权性质不变。承包地不得买卖。

第十条　国家保护承包方依法、自愿、有偿地进行土地承包经营权流转。

《农村土地承包经营权流转管理办法》第二条　农村土地承包经营权流转应当在坚持农户家庭承包经营制度和稳定农村土地承包关系的基础上，遵循平等协商、依法、自愿、有偿的原则。

农村征地到底能补偿多少钱？

正如很多人说的那样，农民有时不是反对征地，而是对征地后补偿的标准不满。现在，很多农村农民的地被征了，没有了生存依赖，而政府确定的补偿标准又太低，甚至有的地方官员还违法截留农民的征地款，这给农村维稳带来了隐患，有些地方甚至还发生了群体性事件。为解决这类问题，国家也经常调整农村征地补偿的标准，各个省份也在不断增加补偿数额。那么，国家规定的农村征地补偿到底有哪些呢？又能补偿多少呢？

胡桥村位于河南省辉县市的城郊，坐车到辉县市市中心只有十来分钟的路程。这里的村民人均耕地面积不及一亩，由于种地的效益比较低，村民大多在外打工。近年来，随着辉县市城市的发展和扩张，对周边农村土地的土地需求量也大大增加。胡桥村的地理位置也变得越来越优越，土地的实际价值也越来越高。2013 年，经胡桥乡办事处招商引资，辉县市国际汽车物流园区落户胡桥乡，规划用地为 365 亩，征用土地共涉及 5 个行政村。其中就包括马某所在的胡桥村。然而，在胡桥村村支书打电话联系胡桥村村民马某商量土地征收的时候，却遭到了马某的断然拒绝。他说拒绝的原因，一方面是因为征地价格低，另一方面则是因为，征地补偿款并没有按照实际亩数来补偿。而在河南省征地区片综合地价标准中可以发现征地补偿安置费为每亩 54 600 元，胡桥村的征地补偿是严格按照河南省的标准执行的。这是河南征地补偿标准低了，还是农民要求得太高了？[①]

首先，我们需要了解的是，法律规定的对农民的征地补偿到底包括哪些，这是到底怎么赔、赔多少的前提性问题。对此，《土地管理法》规定"征收耕地的补偿费用包括土地补偿费、安置补助费以及地上附着物和青苗的补偿费"，可见，如果征收的是耕地，则包括"土地补偿费、安置补助费以及地上附着物和青苗的补偿费"，那征收其他的土地呢？比

---

① 《农村征地补偿：是政策标准太低，还是农民想太多？》，央广网 2014 年 4 月 21 日，http://country.cnr.cn/cover/201404/t20140421_515336897.shtml.

如宅基地?《土地管理法》没有像对耕地那样直截了当的规定,但从其对补偿标准确定主体作出规定的法条中也能看得出来。《土地管理法》规定"征收其他土地的土地补偿费和安置补助费标准,由省、自治区、直辖市参照征收耕地的土地补偿费和安置补助费的标准规定。被征收土地上的附着物和青苗的补偿标准,由省、自治区、直辖市规定"。可见,征收其他土地,比如宅基地,农民也可以获得土地补偿费、安置补助费、被征收土地上的附着物和青苗的补偿费。

这里有必要说明一下各个补偿费用种类的内容以及归谁所有。首先是土地补偿费,土地补偿费是对国家征收土地对土地所有者在土地上的投入和收益造成损失的一种补偿。《土地管理法实施条例》规定,"土地补偿费归农村集体经济组织所有",这是为什么呢?刚才已经说了,这是国家对被征地的所有者所给予的补偿,农民不论是承包的土地还是申请分配的宅基地,其所有权都属于农村集体经济组织,农民本身只拥有它们的使用权。安置补助费是给因国家征地给以土地为生存来源的农民的一种解决生活困难的补助费用,可见安置补助费是给予被征地农民的。地上附着物则是指被征土地上的房屋等建筑或者构筑,对地上附着物征收的也要补偿。青苗补偿费则是指因征收土地而使得被征收土地上的农作物,比如水稻、小麦、玉米等等造成毁损而给予的经济补偿。"地上附着物及青苗补偿费归地上附着物及青苗的所有者所有"。对于安置补偿费,不是直接发放给个人的,《土地管理法实施条例》规定,"需要安置的人员由农村集体经济组织安置的,安置补助费支付给农村集体经济组织,由农村集体经济组织管理和使用;由其他单位安置的,安置补助费支付给安置单位;不需要统一安置的,安置补助费发放给被安置人员个人或者征得被安置人员同意后用于支付被安置人员的保险费用"。

下面需要了解的就是这些费用到底怎么算?这里需要分开来看,一类是耕地的征收,一类是对其他土地的征收。

对于耕地,《土地管理法》规定,土地补偿费"为该耕地被征收前三年平均年产值的六至十倍",被征收前的三年平均年产值由当地有关政府制定统一标准,而具体的倍数则由当地省、自治区、直辖市政府根据集体情况确定。而对于耕地的安置补助费,则"按照需要安置的农业人口数计算。需要安置的农业人口数,按照被征收的耕地数量除以征地前被征收单位平均每人占有耕地的数量计算。每一个需要安置的农业人口的安置补助费标准,为该耕地被征收前三年平均年产值的四至六倍。但是,每公顷被征收耕地的安置补助费,最高不得超过被征收前三年平均年产值的十五倍"。这里的耕地被征收前三年平均年产值和倍数的确定与上面土地补偿款的一样。当然,这里需要注意的是,为保证生活困难群众的生活,《土地管理法》还补充规定,如果征收耕地的土地补偿费和安置补助费"尚不能使需要安置的农民保持原有生活水平的,经省、自治区、直辖市人民政府批准,可以增加安置补助费。但是,土地补偿费和安置补助费的总和不得超过土地被征收前三年平均年产值的三十倍"。虽然,《土地管理法》做出了这样的上限,但并不表示这是农民能够获得的最大的补偿了。因为《国务院关于深化改革严格土地管理的决定》还补充规定了,"土地补偿费和安置补助费的总和达到法定上限,尚不足以使被征地农民保持原有生活水平的,当地人民政府可以用国有土地有偿使用收入予以补贴"。而且,"国务院根据社会经济发展水平,在特殊情况下,可以提高征收耕地的土地补偿费和安置补助费的标准"。

对于耕地上的附着物以及青苗费,则由所在地的省、自治区、直辖市规定。因此,计算征收耕地的补偿数额要紧密结合地方的规定,也正是法律作出如此规定,导致各个地方的补偿标准不一样,差别较大。

对于耕地以外的其他土地,法律对于其中的土地补偿费、安置补助费、被征收土地上的附着物和青苗补偿费的规定是比较松散的。《土地管理法》就规定,"征收其他土地的土地补偿费和安置补助费标准,由省、自治区、直辖市参照征收耕地的土地补偿费和安置补助费的标准规定"。而对于被征收土地上的附着物和青苗的补偿费,则和征收耕地的标准一样,由省、自治区、直辖市规定。

在农民土地被批准征收的前后,这些补偿标准、安置途径应当由当地国土资源部门以书面形式告知被征地农村集体经济组织和农户。如果农民对这些补偿标准、安置途径不满意的,有权要求听证,非法征收的,可以举报。但一般不允许通过信访的方式进行解决。因为,《土地管理法实施条例》规定了,"对补偿标准有争议的,由县级以上地方人民政府协调;协调不成的,由批准征收土地的人民政府裁决"。当然,如果对人民政府的裁决不服的,还可以提起行政复议或者行政诉讼,但国务院作出的裁决除外。同时,即使农民对征地补偿、安置不服发生争议了,也不影响征收土地方案的实施。

在现实生活中,有的农民朋友,在国土部门已经确定了征地范围和补偿安置标准之后,还在被征收的自己家的土地上抢建房屋、抢栽树木等,以希望能够获得更多的补偿。这种投机心理,国家是不认可的。《关于完善征地补偿安置制度的指导意见》针对这样的情况作出了明确规定,即"在告知(拟征地的用途、位置、补偿标准、安置途径等)后,凡被征地农村集体经济组织和农户在拟征土地上抢栽、抢种、抢建的地上附着物和青苗,征地时一律不予补偿"。因此,农民朋友不要存在投机取巧的心理,以免"赔了夫人又折兵"。

法条链接:

《**土地管理法**》第四十七条 征收土地的,按照被征收土地的原用途给予补偿。

征收耕地的补偿费用包括土地补偿费、安置补助费以及地上附着物和青苗的补偿费。征收耕地的土地补偿费,为该耕地被征收前三年平均年产值的六至十倍。征收耕地的安置补助费,按照需要安置的农业人口数计算。需要安置的农业人口数,按照被征收的耕地数量除以征地前被征收单位平均每人占有耕地的数量计算。每一个需要安置的农业人口的安置补助费标准,为该耕地被征收前三年平均年产值的四至六倍。但是,每公顷被征收耕地的安置补助费,最高不得超过被征收前三年平均年产值的十五倍。

征收其他土地的土地补偿费和安置补助费标准,由省、自治区、直辖市参照征收耕地的土地补偿费和安置补助费的标准规定。

被征收土地上的附着物和青苗的补偿标准,由省、自治区、直辖市规定。

征收城市郊区的菜地,用地单位应当按照国家有关规定缴纳新菜地开发建设基金。

依照本条第二款的规定支付土地补偿费和安置补助费,尚不能使需要安置的农民保持原有生活水平的,经省、自治区、直辖市人民政府批准,可以增加安置补助费。但是,土地补偿费和安置补助费的总和不得超过土地被征收前三年平均年产值的三十倍。

国务院根据社会、经济发展水平,在特殊情况下,可以提高征收耕地的土地补偿费和安置补助费的标准。

《土地管理法实施条例》第二十五条　征收土地方案经依法批准后,由被征收土地所在地的市、县人民政府组织实施,并将批准征地机关、批准文号、征收土地的用途、范围、面积以及征地补偿标准、农业人员安置办法和办理征地补偿的期限等,在被征收土地所在地的乡(镇)、村予以公告。

被征收土地的所有权人、使用权人应当在公告规定的期限内,持土地权属证书到公告指定的人民政府土地行政主管部门办理征地补偿登记。

市、县人民政府土地行政主管部门根据经批准的征收土地方案,会同有关部门拟订征地补偿、安置方案,在被征收土地所在地的乡(镇)、村予以公告,听取被征收土地的农村集体经济组织和农民的意见。征地补偿、安置方案报市、县人民政府批准后,由市、县人民政府土地行政主管部门组织实施。对补偿标准有争议的,由县级以上地方人民政府协调;协调不成的,由批准征收土地的人民政府裁决。征地补偿、安置争议不影响征收土地方案的实施。

征收土地的各项费用应当自征地补偿、安置方案批准之日起3个月内全额支付。

第二十六条　土地补偿费归农村集体经济组织所有;地上附着物及青苗补偿费归地上附着物及青苗的所有者所有。

征收土地的安置补助费必须专款专用,不得挪作他用。需要安置的人员由农村集体经济组织安置的,安置补助费支付给农村集体经济组织,由农村集体经济组织管理和使用;由其他单位安置的,安置补助费支付给安置单位;不需要统一安置的,安置补助费发放给被安置人员个人或者征得被安置人员同意后用于支付被安置人员的保险费用。

市、县和乡(镇)人民政府应当加强对安置补助费使用情况的监督。

《关于完善征地补偿安置制度的指导意见》　(九)告知征地情况。在征地依法报批前,当地国土资源部门应将拟征地的用途、位置、补偿标准、安置途径等,以书面形式告知被征地农村集体经济组织和农户。在告知后,凡被征地农村集体经济组织和农户在拟征土地上抢栽、抢种、抢建的地上附着物和青苗,征地时一律不予补偿。

《国务院关于深化改革严格土地管理的决定》（十二）完善征地补偿办法。县级以上地方人民政府要采取切实措施，使被征地农民生活水平不因征地而降低。要保证依法足额和及时支付土地补偿费、安置补助费以及地上附着物和青苗补偿费。依照现行法律规定支付土地补偿费和安置补助费，尚不能使被征地农民保持原有生活水平的，不足以支付因征地而导致无地农民社会保障费用的，省、自治区、直辖市人民政府应当批准增加安置补助费。土地补偿费和安置补助费的总和达到法定上限，尚不足以使被征地农民保持原有生活水平的，当地人民政府可以用国有土地有偿使用收入予以补贴。省、自治区、直辖市人民政府要制订并公布各市县征地的统一年产值标准或区片综合地价，征地补偿做到同地同价，国家重点建设项目必须将征地费用足额列入概算。大中型水利、水电工程建设征地的补偿费标准和移民安置办法，由国务院另行规定。

老年人外出务工也有权获得征地补偿款

如今，农民对国家征用征收农村土地觉得很正常了。然而，他们很多人却不知道，村里土地被征用征收后，国家给予的土地补偿费该如何分配才算合法？什么样的人有权参与分配？这是农民最匮乏的法律知识。而在很多的农村地区，村干部利用农民知识困乏的现状，胡乱分配土地补偿款，甚至还私吞土地补偿款，这是严重损害村民利益的行为。

上元村的刘老汉今年62岁，没有子女，老伴也在多年前去世了。刘老汉感觉很孤独，而且一个人也无力打理家里还有的3亩承包地。后来他发现进城务工能赚不少钱。于是，刘老汉去了省城去打工，也不觉得孤独了。临走前，为了让自己家承包的土地不荒废，也自愿把3亩承包地交回了村里。这一干就是5年，而且，刘老汉在外面觉得很快乐，很少回家。前不久，听说国家修高速公路征收了村里的150亩土地，也给了村里100多万的土地补偿款。村委会决定提取20万后分配给村里的村民。刘老汉赶回了家，准备高兴地领取这笔钱。但没想到，村支书告诉他，他承包的土地已经自愿上交了，而且常年在外打工，没有权利获得这笔土地补偿款。后来，村支书在没有召开村集体会议的情况下，将剩余的征地补偿款分配给了其他村民。刘老汉很是郁闷。

那么，案例中，刘老汉到底有没有权利参与分配土地补偿款呢？又该如何分配呢？

首先需要解决的问题是，作为国家给予土地所有人补偿的土地补偿款，能否分配给村民。关于这一点，《土地管理法实施条例》规定了，"土地补偿费归农村集体经济组织所有"，从这条看来，似乎是不能分配给农村集体经济组织的村民的。但，国家在2004年发布了《国务院关于深化改革严格土地管理的决定》里面明确提出，"省、自治区、直辖市人民政府应当根据土地补偿费主要用于被征地农户的原则，制订土地补偿费在农村集体经济组织内部的分配办法。被征地的农村集体经济组织应当将征地补偿费用的收支和分配情况,向本集体经济组织成员公布,接受监督。农业、民政等部门要加强对农村集体经济组织内部征地补偿费用分配和使用的监督"。可见,《国务院关于深化改革严格土地管理的决定》是允许在集体经济组织内分配土地补偿款的。而且,《最高人民法院关于审理涉及农村土地承包纠纷案件适用法律问题的解释》也规定,"农村集体经济组织或者村民委员会、村民小组,可以依照法律规定的民主议定程序,决定在本集体经济组织内部分配已经收到的土地补偿费",因此说,土地补偿款可以在集体组织内部分配。那么,案例中,刘老汉有权参与分配吗?《最高人民法院关于审理涉及农村土地承包纠纷案件适用法律问题的解释》里明确提到,"征地补偿安置方案确定时已经具有本集体经济组织成员资格的人,请求支付相应份额的,应予支持",也就是说,可以获得土地补偿费分配的对象为征地补偿安置方案确定时已经具有本集体经济组织成员资格的人。刘老汉虽然自愿上交了承包地,但土地补偿费是针对土地所有权作的补偿,因此土地补偿款是给村集体经济组织的,不是给承包人的。即使没有承包集体所有的土地,只要是集体经济组织的成员就可以参与分配。因此,刘老汉是有权分配土地补偿款的。其实,不仅像刘老汉这样出去务工的人,即使是搬到城里去住的老人、坐牢的人、还未到男方落户的出嫁女等等,只要户口还在集体经济组织内,就享有土地补偿费的分配权。

那么,土地补偿款该怎么分配呢?《最高人民法院关于审理涉及农村土地承包纠纷案件适用法律问题的解释》已经规定了,"农村集体经济组织或者村民委员会、村民小组,可以依照法律规定的民主议定程序,决定在本集体经济组织内部分配已经收到的土地补偿费",也就是说,分配的主体是农村集体经济组织或村委会、村民小组,即集体土地所有权人。其次,被征土地所有权人在分配土地补偿费时应遵循民主议定程序。那么,民主程序是什么呢?这要看《村民委员会组织法》的具体规定。《村民委员会组织法》规定,对于征地补偿费使用、分配方案,经村民会议讨论决定方可办理。可见土地补偿款的分配必须要召开村民会议。案例中,村支书在不召开村民会议的情况下分配了土地补偿款是违反《村民委员会组织法》的。那么,村民会议的程序是什么呢?《村民委员会组织法》指出,"村民会议由本村十八周岁以上的村民组成。村民会议由村民委员会召集。有十分之一以上的村民或者三分之一以上的村民代表提议,应当召集村民会议。召集村民会议,应当提前十天通知村民"。而且,"召开村民会议,应当有本村十八周岁以上村民的过半数,或者本村三分之二以上的户的代表参加",否则不能召开。而对于分配方案的确定,《村民委员会组织法》则要求,"村民会议所作决定应当经到会人员的过半数通过"。综上来看,村支书的行为严重违反了《村民委员会组织法》的程序性规定。

法条链接:

《**土地管理法**》第四十九条 被征地的农村集体经济组织应当将征收土地的补偿费用的收支状况向本集体经济组织的成员公布,接受监督。

禁止侵占、挪用被征用土地单位的征地补偿费用和其他有关费用。

第七十九条 侵占、挪用被征收土地单位的征地补偿费用和其他有关费用,构成犯罪的,依法追究刑事责任;尚不构成犯罪的,依法给予行政处分。

《土地管理法实施条例》第二十六条 土地补偿费归农村集体经济组织所有;地上附着物及青苗补偿费归地上附着物及青苗的所有者所有。

征收土地的安置补助费必须专款专用,不得挪作他用。需要安置的人员由农村集体经济组织安置的,安置补助费支付给农村集体经济组织,由农村集体经济组织管理和使用;由其他单位安置的,安置补助费支付给安置单位;不需要统一安置的,安置补助费发放给被安置人员个人或者征得被安置人员同意后用于支付被安置人员的保险费用。

市、县和乡(镇)人民政府应当加强对安置补助费使用情况的监督。

最高人民法院《关于审理涉及农村土地承包纠纷案件适用法律问题的解释》第二十四条 农村集体经济组织或者村民委员会、村民小组,可以依照法律规定的民主议定程序,决定在本集体经济组织内部分配已经收到的土地补偿费。征地补偿安置方案确定时已经具有本集体经济组织成员资格的人,请求支付相应份额的,应予支持。但已报全国人大常委会、国务院备案的地方性法规、自治条例和单行条例、地方政府规章对土地补偿费在农村集体经济组织内部的分配办法另有规定的除外。

《村民委员会组织法》第二十一条 村民会议由本村十八周岁以上的村民组成。

村民会议由村民委员会召集。有十分之一以上的村民或者三分之一以上的村民代表提议,应当召集村民会议。召集村民会议,应当提前十天通知村民。

第二十二条 召开村民会议,应当有本村十八周岁以上村民的过半数,或者本村三分之二以上的户的代表参加,村民会议所作决定应当经到会人员的过半数通过。法律对召开村民会议及作出决定另有规定的,依照其规定。

召开村民会议,根据需要可以邀请驻本村的企业、事业单位和群众组织派代表列席。

第二十四条 涉及村民利益的下列事项,经村民会议讨论决定方可办理:

(一)本村享受误工补贴的人员及补贴标准;
(二)从村集体经济所得收益的使用;
(三)本村公益事业的兴办和筹资筹劳方案及建设承包方案;
(四)土地承包经营方案;
(五)村集体经济项目的立项、承包方案;
(六)宅基地的使用方案;
(七)征地补偿费的使用、分配方案;
(八)以借贷、租赁或者其他方式处分村集体财产;
(九)村民会议认为应当由村民会议讨论决定的涉及村民利益的其他事项。

村民会议可以授权村民代表会议讨论决定前款规定的事项。

法律对讨论决定村集体经济组织财产和成员权益的事项另有规定的,依照其规定。

《国务院关于深化改革严格土地管理的决定》 (十五)加强对征地实施过程监管。征地补偿安置不落实的,不得强行使用被征土地。省、自治区、直辖市人民政府应当根据土地补偿费主要用于被征地农户的原则,制订土地补偿费在农村集体经济组织内部的分配办法。被征地的农村集体经济组织应当将征地补偿费用的收支和分配情况,向本集体经济组织成员公布,接受监督。农业、民政等部门要加强对农村集体经济组织内部征地补偿费用分配和使用的监督。

中 编

农村老人人身、财产的民事纠纷

一、农村老人要求子女履行赡养义务的相关问题

赡养义务,子女不应回避的神圣义务?

孝是中华民族的传统美德。古有"二十四孝",像"芦衣顺母""鹿乳奉亲""行佣供母"等故事,无一不彰显着这一传统美德的独特魅力。中国传统文化中历来重视行孝道,特别是在儒家文化主导下,孝顺父母长辈一直深刻影响中国两千多年并延续至当下。可是近年来,随着社会经济的发展,"孝道"却出现了危机,许多有抚养能力的子女或因嫌弃或因不便等原因不愿意履行赡养父母的义务,许多悲剧也因此上演,老人为了自己的生活也不得已将自己的子女告上法庭。

黄某今年已是 91 岁高龄妇女,年老多病,无收入来源,生活完全不能自理。朱某系黄某的亲生女儿,理应承担对母亲的法定赡养义务,但是一直以来都拒绝履行相应的义务。2010 年 10 月 13 日,黄某通过当地的法律援助者,几经波折将朱某告上法庭,要求其每月支付一定的赡养费用。法院依法判决朱某每月向黄某支付 300 元的生活费用。判决生效之后,朱某一直未能履行义务,黄某于 2011 年 9 月 6 日向法院申请强制执行,要求朱某支付赡养费。

本案系对无生活自理能力的老人的赡养问题。本案中,朱某在人民法院判决生效后仍然不履行相应的赡养义务,使得法律不得不采取强制执行的手段。朱某拒绝履行赡养义务,不仅严重违背孝道,还违背了我国相关法律的规定。尽管本案的执行标的并不大,但是朱某的行为已经严重触犯了法律。随后,执法人员经过多番努力找到了朱某,并进行了相关教育。最终,朱某支付了相应的赡养费用。本案虽然最终得到解决,但也折射出一个非常现实的问题,即判决生效后,赡养义务人不履行相关义务、不支付赡养费用,使得被赡养人在一段时间很难生活下去。对此,从当前立法来看,也只能通过完善执法体系来解决。不过,如果能够完善社会或者政府救济制度,也不失为一个妥当解决这些老人燃眉之急的方案。

赡养父母是为人子女一项非常重要的义务,该项义务也在我国法律体系中处于非常重要的位置。首先是在宪法层面,《宪法》第 49 条明确规定了成年子女对于父母应当履行此项义务,并且不得以任何方式改变。其次,《老年人权益保障法》第 13、14 条分别对该项义务进行了细化。最后,《婚姻法》第 21、28 条也将此项义务扩张到隔代有抚养能力

的晚辈身上。由此可见,赡养义务是一项非常重要的法律义务,国家甚至把该义务上升到宪法的层面,不履行该项义务的赡养义务人不仅要受到道德的谴责,还要面临着法律的审判。

在当代中国社会转型时期,更应当发挥孝的作用,促进赡养义务人积极履行相应的义务。中国改革开放30多年尽管富了口袋却忘了根本,许多农村的老人为了不给子女添麻烦不向子女索要赡养费用,可是子女仍然无动于衷。在某种意义上,这已经不是不履行赡养义务的问题,而是不孝的问题。为了弘扬中华民族的传统美德,也为了家庭生活的幸福,我们应当积极履行赡养义务,切莫让老人再伤心流泪。

法条链接:

《宪法》第四十九条　成年子女有赡养扶助父母的义务。

赡养父母是子女应尽的法定义务。任何人不得以任何方式加以改变,也不得附加任何条件进行限制。

《老年人权益保障法》第十三条　老年人养老以居家为基础,家庭成员应当尊重、关心和照料老年人。

第十四条　赡养人应当履行对老年人经济上供养、生活上照料和精神上慰藉的义务,照顾老年人的特殊需要。

赡养人是指老年人的子女以及其他依法负有赡养义务的人。

赡养人的配偶应当协助赡养人履行赡养义务。

《婚姻法》第二十一条　父母对子女有抚养教育的义务;子女对父母有赡养扶助的义务。

第二十八条　有负担能力的祖父母、外祖父母,对于父母已经死亡或父母无力抚养的未成年的孙子女、外孙子女,有抚养的义务。有负担能力的孙子女、外孙子女,对于子女已经死亡或子女无力赡养的祖父母、外祖父母,有赡养的义务。

父母有足够的生活来源,子女还要履行赡养义务吗?

赡养父母是一项法定义务。在大多数人眼中,赡养义务首先是物质义务或者说是金钱义务,而事实上也是如此,绝大部分老人也正是因为经济能力原因而导致生活困顿不堪,最终选择与子女对簿公堂。但是对于另一部分老人,其本身并不缺乏物质上的保障,如自己有退休金等。那么对于这部分有足够生活来源的老人而言,子女能否减少履行甚至免除其赡养义务呢?

王某为郝某之母,今年 81 岁,系某企业退休职工,退休后生活在农村,有足够的退休金保障生活。郝某与王某因琐事发生纠纷,一气之下郝某再也没有回来看望王某,也没有支付相应的生活费用。2013 年 7 月 6 日,王某以郝某不支付赡养费用、不履行赡养义务为由将其诉至法院。

本案受理后,被告曾辩称原告有足够的生活自理能力,没有必要再尽赡养义务,但是该主张并没有得到法院的支持。法院认为:赡养老人既是中华民族的传统美德,也是每个子女应当尽的义务,任何时候都不应当以任何理由回避该义务。因生活琐事,被告未履行赡养义务其本身就是错误的,故原告要求被告尽赡养义务的请求应予支持。原告系退休职工,且生活能够自理,原告所要求的支付生活费用每月 2 000 元,加上自己的退休工资已经明显超出了当地的生活水平。按照当地的标准,判决被告每月再支付生活费用 800 元。由此可见,赡养义务是不能被免除的,但是如果被赡养人有足够的经济能力,则可以参照被赡养人当地的生活标准,适当减少赡养人所需要支付的赡养费。

按照《婚姻法》第二十一条以及《老年人权益保障法》第十四条的规定可知,赡养义务是一项法定义务,不会因为被赡养方具有生活自理能力而免除。通常而言,赡养费按照如下标准计算:首先计算子女家庭的人均月收入,子女人均月收入低于最低生活保障线时,视为该子女无力向父母提供赡养费,此时也不需要支付赡养费,但需要履行其他赡养义务,如照顾、生活帮助等义务。但是,如果被赡养方有一定的经济来源,则可以酌情减少,但也不会因此而免除。当然,子女的赡养义务不仅仅包括经济义务,还包括精神上的慰藉,这方面的义务不会因为父母是否有经济来源而改变。因此,作为一项法定义务,成年子女对于父母的赡养义务是不能免除的,既要履行金钱义务保障父母的生活,也要给予父母精神上的慰藉。

成年子女应当积极履行赡养义务,既要给予父母物质上的保障,也要常回家看看,让老人感受家庭的温馨。法律规定的赡养义务是与抚养义务相对应的维系健康家庭关系的法定义务,赡养的本质是孝道的体现,子女应当充分尽到赡养义务,这不仅仅是老人自身的需求,也是一个正常家庭的内在需要,切不可因为一时怄气或者其他原因拒绝履行赡养义务,否则等待的就是法律的追责以及社会的谴责。

法条链接:
《老年人权益保障法》第十三条 老年人养老以居家为基础,家庭成员应当尊重、关心和照料老年人。

第十四条 赡养人应当履行对老年人经济上供养、生活上照料和精神上慰藉的义务,照顾老年人的特殊需要。

赡养人是指老年人的子女以及其他依法负有赡养义务的人。

赡养人的配偶应当协助赡养人履行赡养义务。

《婚姻法》第二十一条 父母对子女有抚养教育的义务；子女对父母有赡养扶助的义务。

父母不履行抚养义务时，未成年的或不能独立生活的子女，有要求父母付给抚养费的权利。

子女不履行赡养义务时，无劳动能力的或生活困难的父母，有要求子女付给赡养费的权利。

禁止溺婴、弃婴和其他残害婴儿的行为。

丧偶方有义务赡养另一方的父母吗？

两方子女结婚组成家庭后通常都会为双方父母尽一定的赡养义务，但是，如果在婚姻关系存续期间一方死亡的，则另一方是否具有赡养该方父母的义务呢？这个问题涉及赡养义务人的范围问题。众所周知，赡养是一项法定义务，而法定义务的义务人是特定的，没有法定或者约定的理由是无法免除或者转嫁的，因此这个问题就转换为夫妻双方结婚后是否意味着两个人对双方父母都具有赡养义务？带着这个问题，我们看如下案例。

被告王某系原告李某的儿媳，与儿子分家时约定由两个儿子各提供一间房给原告居住，并由两儿子耕种其责任田。原告儿子病故后，被告仍耕种其责任田，但拒绝提供房屋亦拒绝赡养原告。原告认为，被告是其儿媳，在其儿子去世后应当代替履行赡养义务，遂向法院起诉判令被告支付赡养费。在庭审中，被告辩称其非法定义务人，没有赡养原告的义务。二者就有无赡养义务的问题产生了极大的分歧。

本案是赡养关系纠纷，争议的焦点在于原告是否具有赡养义务。根据《中华人民共和国老年人权益保障法》第十一条第三款规定，赡养人的配偶应当协助赡养人履行赡养义务，但是此处的协助对象是配偶，并不意味着具有直接的赡养义务。被告王某作为原告李某的儿媳，并非其赡养义务人，对原告没有法定赡养义务。且在被告丈夫病逝后，二者之间的婚姻关系已经解除，因此原告也没有协助丈夫赡养老人的义务，据此，法院判决驳回原告请求支付赡养费的诉讼请求。

在我国，赡养义务人是法定的，依照《老年人权益保障法》第十四条规定，赡养人是指老年人的子女以及其他依法负有赡养义务的人。子女，是指婚生子女、非婚生子女、养子女和依法负有赡养义务的继子女。其他依法负有赡养义务的人，是指老年人的孙子女、外孙子女。当然，赡养义务是有顺位要求的，如果被赡养人的子女健在，并且有足够的能力赡养老人则应当承担赡养义务。相对的，如果被赡养人的子女已经死亡或者丧失赡养能力，则被赡养人有赡养能力的孙子女、外孙子女需要对其履行一定的赡养义务。而赡养义务人的配偶只是依照《婚姻法》以及《老年人权益保障法》的规定，在一定范围内履行协助赡养义务,换言之,其义务来源于婚姻关系,如果婚姻关系解除,则其也没有履行协助赡养的义务。不过,没有协助赡养的义务并不意味着没有任何义务,例如,如果配偶一方去世后,原来与夫妻双方共同生活的该方父母应当也具有居住权,特别是在死亡该方的遗产没有分割的情况下,另一方也不应当以过分的理由将其赶走。

丧偶一方对另一方的父母虽然没有赡养的义务,但是在特定的情况下也要履行照顾义务。尽管立法规定配偶中的非子女方只需要履行协助赡养的义务,该义务也随着配偶变故而发生变化。一方丧偶后,对另一方父母尽管已经没有赡养义务,但是基于过去夫妻间的伦理关系也应当履行一定的照顾义务,特别是在对方父母有困难的时候。而且,子女去世的那一方的父母在事实上也具有继承权,在财产没有重新分配之前,保留其原本的居住权或者其他财产权益也是合理的。因此,作为丧偶一方,不能够仅仅以没有赡养义务为由随意对待另一方的父母,在某种程度上,其仍然具有照顾义务,只不过这种照顾义务更多地受到婚姻家庭伦理关系的约束,是一种道德而非法律义务。

法条链接:

《老年人权益保障法》第十三条　老年人养老以居家为基础,家庭成员应当尊重、关心和照料老年人。

第十四条　赡养人应当履行对老年人经济上供养、生活上照料和精神上慰藉的义务,照顾老年人的特殊需要。

赡养人是指老年人的子女以及其他依法负有赡养义务的人。

赡养人的配偶应当协助赡养人履行赡养义务。

继子女对继父母是否具有赡养义务?

婚姻家庭关系不是一成不变的,它会随着旧的婚姻关系的解体与新的婚姻关系的诞生而发生变化。在这种情况下,子女对于父母的赡养义务当然也会随之变化,最为典型的是继子女对于继父母是否具有赡养义务?现实生活中也存在许多子女辈以非亲生子女为由不履行对老人的赡养义务,这种主张能否得到法院的支持呢?

原告孙某与被告肖某于2006年建立新的婚姻关系,被告甲和乙为被告与前夫的孩子,被告丁、戊和己为原告与前妻的孩子,这三者后在审理中被法院追加为被告。后因赡养费和抚养费等费用发生纠纷。原告诉请被告肖某支付抚养费和精神损害赔偿费,被告甲和乙支付赡养费和赔偿其他费用。

本案的争议焦点在继子女与继父母之间是否具有抚养、赡养关系。经人民法院审理查明:被告甲肖某在其丈夫尚未去世时,与原告建立婚姻关系,并且被告甲携幼子到原告家一起共同生活,幼子也在当地小学读书,且多年来没有断绝关系。被告丙和被告乙是被告肖某的儿子,已分别为 20 岁和 18 岁,且已辍学在家务农,学艺谋生,自食其力。原告对被告乙和被告丙未形成抚养教育关系。根据权利义务相一致原则,原告不能请求被告乙和被告丙尽赡养义务。原告还有三个亲生子女,对自己亲生子女尽了抚养教育义务,理应要求自己亲生子女尽赡养义务。由此可见,两个家庭重新组成的婚姻关系并不必然意味着任何一方的子女都要承担特定的赡养义务,一方要想继子女履行赡养义务的前提是其之前已经对继子女尽了相应的抚养义务。

我国《老年人权益保障法》第十一条规定,继子女也具有赡养养父母的义务。这里的赡养义务并不是当然产生的,按照最高人民法院《关于继母与生父离婚后仍有权要求已与其形成抚养关系的继子女履行赡养义务的批复》,继子女与继父母之间要想产生赡养关系必须满足以下两个条件:第一,继父母之间存在婚姻关系,包括事实上的婚姻与法律上的婚姻;第二,继父母与继子女之间存在一定的抚养关系。由此可见,继子女是否具有赡养继父母的义务,关键在于继父母前期有没有尽到抚养义务,如果没有尽到抚养义务则后期继子女没有相应的赡养继父母的义务,如果尽到了抚养义务,那么作为对应,继子女也要履行特定的赡养义务。

继父母与继子女关系的特殊性决定了二者之间抚养、赡养义务的特殊性。在我国,继子女并不当然具有赡养继父母的义务,如果前期继父母没有尽到相应的抚养义务,继子女对应也不具有赡养义务。法律之所以作这样的制度设计主要基于公平原则,而且继子女与继父母毕竟不具有血缘关系,没有任何理由强加给继子女赡养义务。因此,两个家庭成员重新组成家庭的情况下,继父母也应当对没有生活自理能力的继子女承担一定的抚养义务,这不仅是法律所要求的,也是为了将来能够为自己留一条"后退"之路。

法条链接:

《老年人权益保障法》第十四条 赡养人应当履行对老年人经济上供养、生活上照料和精神上慰藉的义务,照顾老年人的特殊需要。

赡养人是指老年人的子女以及其他依法负有赡养义务的人。

赡养人的配偶应当协助赡养人履行赡养义务。

最高人民法院《关于继母与生父离婚后仍有权要求已与其形成抚养关系的继子女履行赡养义务的批复》

辽宁省高级人民法院:

你院(85)民监字 6 号关于王淑梅诉李春景姐弟等人赡养费一案处理意见的请示报告收悉。

据报告及所附材料,被申诉人王淑梅于 1951 年 12 月与申诉人李春景之父李明心结婚时,李明心有前妻所生子女李春景等五人(均未成年)。在长期共同生活中,王淑梅对五个继子女都尽了一定的抚养教育义务,直至其成年并参加工作。1983年4月王淑梅与李明心离婚。1983年8月王淑梅向大连市西岗区人民法院起诉,要求继子女给付赡养费。一、二审法院判决认为,继子女李春景姐弟五人受过王淑梅的抚养教育,根据权利义务一致的原则,在王淑梅年老体弱、生活无来源的情况下,对王淑梅应履行赡养义务。李春景姐弟对判决不服,以王淑梅已与生父离婚,继母与继子女关系即消失为由,拒不承担对王淑梅的赡养义务,并向你院申诉。你院认为,王淑梅与李明心既已离婚,继子女与继母关系事实上已经消除,李春景姐弟不应再承担对王淑梅的赡养义务。

经我们研究认为:王淑梅与李春景姐弟五人之间,既存在继母与继子女间的姻亲关系,又存在由于长期共同生活而形成的抚养关系。尽管继母王淑梅与生父李明心离婚,婚姻关系消失,但王淑梅与李春景姐弟等人之间已经形成的抚养关系不能消失。因此,有负担能力的李春景姐弟等人,对曾经长期抚养教育过他们的年老体弱、生活困难的王淑梅应尽赡养扶助的义务。

被赡养人能免除赡养人的赡养义务吗?

赡养义务是赡养人必须承担的法定义务,但是对于获益者的被赡养人而言,其在某种程度上说也是一种权利。那么,被赡养人能免除赡养人的赡养义务吗?如果能够免除的话,对于其他赡养义务人而言具有怎样的影响,是进一步分担被免除的赡养人的义务,还是只要承担本应由各自赡养人需要承担的部分即可?

甲乙二人分别是原告韦某的女儿和儿子。在韦某丈夫去世之后的多年内,女儿甲一直尽心尽力地照顾韦某、不离不弃。儿子乙不仅在结婚后与韦某在较远的县城分开居住,也没有尽到相应的照顾义务。2012年5月,没有经济自理能力的韦某也不愿意过分麻烦女儿甲,于是决定将儿子乙告上法院,请求支付赡养费用,并表示放弃要求女儿甲支付赡养费用。

本案争议的焦点在于被赡养人免除赡养人赡养义务的行为是否有效以及其对其他赡养人的影响。赡养对于老年人来说是其合法权益,应该得到保障。原告已届八十高龄,丧失劳动能力,作为原告的子女应当履行赡养义务。经过法院查实,原告与女儿甲长期生活,甲在平时生活中也充分尽到了照顾母亲的义务。而儿子乙不仅没有尽到相关义务,且在经济能力较为宽裕的情况下也拒绝履行赡养老人的义务。本案中,原告请求儿子乙支付赡养费合情合理又合法,且在女儿甲充分尽到相应义务的情况下免除其赡养费,属于处分其自身权利的行为,应当获得支持。但是,免除了女儿甲的赡养费用并不意味着要增加儿子乙的赡养费用,免除的部分视为被赡养人放弃权利,其他赡养人只要履行其需要履行的部分即可。

按照我国《老年人权益保障法》的规定，凡是有赡养能力的成年子女都要履行相应的赡养老人的义务。但是，相对于被赡养的父母或者其他长辈而言，这种要求子女履行义务的行为是一种权利，其能够自行处分，可以部分甚至完全免除赡养人的义务。但是对于其他赡养义务人而言，被赡养人免除部分赡养人赡养义务的行为，并不会增加其负担，直接根据各个赡养人的经济状况、当地实际生活水平来确定即可。当然，赡养费的地方标准会有所差异，对于农村户口的老年人，一般按照当地统计部门发布的上年度当地农民年人均生活费数据为基准。

获取赡养费用是法律赋予被赡养人的一种合法权利，被赡养人也可以自行处分。但是，被赡养人的处分权并非是没有限制的，例如，被赡养人不能把赡养费用的请求权转移给他人，只能够在法律规定的限度内予以适当减少或者免除。作为赡养人也要尊重被赡养人此种权利，不能因为被赡养人免除了其他赡养义务人的义务而觉得不公平并拒绝履行相应的义务，而应当忠实履行赡养义务，尽晚辈应尽的职责。

法条链接：

《老年人权益保障法》第十三条　老年人养老以居家为基础，家庭成员应当尊重、关心和照料老年人。

第十四条　赡养人应当履行对老年人经济上供养、生活上照料和精神上慰藉的义务，照顾老年人的特殊需要。

赡养人是指老年人的子女以及其他依法负有赡养义务的人。

赡养人的配偶应当协助赡养人履行赡养义务。

第十五条　赡养人应当使患病的老年人及时得到治疗和护理；对经济困难的老年人，应当提供医疗费用。

对生活不能自理的老年人，赡养人应当承担照料责任；不能亲自照料的，可以按照老年人的意愿委托他人或者养老机构等照料。

第十六条　赡养人应当妥善安排老年人的住房，不得强迫老年人居住或者迁居条件低劣的房屋。

老年人自有的或者承租的住房，子女或者其他亲属不得侵占，不得擅自改变产权关系或者租赁关系。

老年人自有的住房，赡养人有维修的义务。

第十八条　家庭成员应当关心老年人的精神需求，不得忽视、冷落老年人。

与老年人分开居住的家庭成员，应当经常看望或者问候老年人。

用人单位应当按照国家有关规定保障赡养人探亲休假的权利。

第十九条　赡养人不得以放弃继承权或者其他理由，拒绝履行赡养义务。

赡养人不履行赡养义务，老年人有要求赡养人付给赡养费等权利。

赡养人不得要求老年人承担力不能及的劳动。

生效的赡养义务判决可否变更？

所谓"天有不测风云"，很多原本有赡养能力的人因为种种原因可能最终丧失了赡养能力。此时，如果法院曾经有过生效判决，要求赡养义务人按照特定的金额支付赡养费，则此时相关义务人能否请求人民法院变更甚至免除？

张某之子小张原本有固定职业，每月工资 3 500 元。2011 年因不向无法自理生活的父亲张某履行赡养义务被告到法院，法院经过审理后判决小张每月支付张某 900 元赡养费。2012 年 5 月小张因盗窃被判刑六个月，出狱后，小张丧失原有的工作，只能依照平时打零工挣来的钱勉强度日。于是小张向人民法院请求减少向张某支付赡养费到 500 元。

子女赡养父母乃是天经地义，但这并不意味着要无限度地履行此项义务。张某因丧失工作能力生活不能自理，作为儿子的小张当然需要承担一定的赡养义务，支付赡养费用。但是法律不会强人所难，赡养费用的支付应当依据义务人的经济状况、老人的实际需要、当地的生活水平等因素确定。小张原本有每月支付 900 元赡养费用的能力，但是后来小张因犯罪丢掉工作，出狱后其现在打临工的收入已经不足以履行之前的赡养义务，而且张某每月有一定的生活补助，适当减少赡养费并不会对其生活产生根本的影响，依照当地的生活水平完全能够生活，根据最高人民法院《关于适用民事诉讼法若干问题的意见》第一百五十二条，可以适当减少支付赡养费用。

我国《婚姻法》以及《老年人权益保障法》虽然规定了赡养义务，但是赡养义务的确定是根据实际情况而确定的，例如赡养义务人的经济能力、当地的实际生活水平、被赡养人的实际需求等。这些客观要素都是变量，随着社会生活事实的变化而不断变化，根据情况对赡养费用进行调整也是合理的。具体而言，调整赡养费的情形主要分为以下三种情形：第一，赡养义务人经济能力降低，不足以支付原来的赡养费用，且减少赡养费用对被赡养人正常生活影响不大，可以请求人民法院减少支付赡养费；第二，被赡养人原先具有相当的经济能力，只需要赡养人支付小部分赡养费就能维持正常的生活，但是由于种种原因丧失了这部分经济能力，则在赡养人经济承受的范围内，可以请求人民法院酌情增加赡养费；第三，如果赡养义务人丧失赡养能力或者说其收入已经低于当地最低生活保障线，且被赡养人基本可以自理生活，则可以请求人民法院免除支付赡养费。

在我国，赡养费用的支付都是根据赡养义务人的能力确定的，当然各地区由于经济水平的差异在确定赡养费时可能有不同的标准。关于赡养费，如果赡养义务人存在支付困难，或者被赡养人需要更多的赡养费维持正常的生活，都可以在合理的限度内请求人民法院变更。在赡养费支付问题上，法律更多地体现为对人性的关怀，在赡养人与被赡养人之间达到平衡，不会因为赡养人难以支付赡养费而给予其处罚，也不会因为被赡养人无法自理正常生活而放任不管。

法条链接：

《**老年人权益保障法**》第十三条　老年人养老以居家为基础，家庭成员应当尊重、关心和照料老年人。

第十四条　赡养人应当履行对老年人经济上供养、生活上照料和精神上慰藉的义务，照顾老年人的特殊需要。

赡养人是指老年人的子女以及其他依法负有赡养义务的人。

赡养人的配偶应当协助赡养人履行赡养义务。

第十五条　赡养人应当使患病的老年人及时得到治疗和护理；对经济困难的老年人，应当提供医疗费用。

对生活不能自理的老年人，赡养人应当承担照料责任；不能亲自照料的，可以按照老年人的意愿委托他人或者养老机构等照料。

第十六条　赡养人应当妥善安排老年人的住房，不得强迫老年人居住或者迁居条件低劣的房屋。

老年人自有的或者承租的住房，子女或者其他亲属不得侵占，不得擅自改变产权关系或者租赁关系。

老年人自有的住房，赡养人有维修的义务

最高人民法院《**关于适用民事诉讼法若干问题的意见**》第一百五十二条　赡养费、扶养费、抚育费案件，裁判发生法律效力后，因新情况、新理由，一方当事人再行起诉要求增加或减少费用的，人民法院应作为新案受理。

代为履行赡养义务后是否具有追偿权？

有经济能力的成年子女都应当尽相应的赡养义务。但如果由于特殊情况（如父母生病急需医疗费）导致一方提前支付全部费用的情况下，该方能否向其他有赡养义务的子女进行追偿？带着这个问题，我们看如下案例：

甲与乙分别是付某的养子和亲生子，且付某对甲尽到了抚养义务。2009 年 5 月付某因生病住院，共花费医院费 12 000 余元，均为乙支付。后乙向甲说明情况，要求甲支付一半的医疗费用。甲表示，这些费用都能够通过单位报销，于是拒绝向乙支付医疗费用，认为其也没有义务承担医疗费。于是乙将甲诉至法院，要求其共同承担医疗费用。

本案的争议焦点在于，有经济能力的多方子女中，一方履行全部义务后能否向其他方追偿？按照《婚姻法》的规定，养父母对于养子女尽到了相应的抚养义务时，养子女日后也要承担相应的赡养义务。本案中，甲是付某的养子，且付某尽到了相应的抚养义务，作为对应，甲应当承担其对付某的赡养义务。乙在父亲紧急时刻提前支付了全部医疗费用，代替甲履行相应的赡养义务。这些费用本来是能够通过报销解决的，但由于种种原因有关单位一直未能解决。这样就给事前垫付一方造成一定的经济困难。在此情况下，作为原告的法定代理人持医疗费用票据向被告主张权利，并要求其分担一半医疗费用不仅符合法律规定，也符合情理。该医疗费原、被告分担后，其仍可根据相关规定与相关单位协商解决医疗费报销问题。因此在相关单位报销之前，原告和被告应共同分担医疗费用。

我国《老年人权益保障法》规定了有经济能力的子女对于不能完全自理生活的被赡养人都有赡养的义务，该义务通常是不能免除的。但是在特殊情况下，如果一方子女为了被赡养人的利益代为履行了他人应当承担的义务，此时该方可以向被代为履行的人追偿。此乃根据在紧急情况下推定被代为履行方同意履行义务而得出来的结论，此时，可以基于推定承诺的法理，要求被代为履行方返还代为支付的赡养费用。当然，并不是任何情况下，一方都能够代其他方履行赡养义务的。例如，如果部分子女曾明确表示不履行赡养义务，或者某些子女并不需要履行赡养义务（原因可能是多方面的，如自身的经济原因、赡养义务被免除等），则此时其他人不能代为履行赡养义务，即使"代为履行"了也无法通过法律途径进行追偿。

在特殊情况下，一方虽然能够代为履行他方的赡养义务，但最好能够及时征求被代为履行方的意见。否则对方如果拿各种理由搪塞，则不仅不利于自己事后追偿，也往往因为最终对簿公堂而损伤亲情。父母子女关系是世间最为宝贵的伦理关系，作为子女也应当意识到为父母、为长辈尽孝道的重要性，不要因为赡养费等并不能免除的义务而与父母、兄弟姐妹产生隔阂，在长辈需要的时候及时履行义务，否则不仅自身难逃法律追责，也会伤害家庭中的至亲。

法条链接：

《老年人权益保障法》第十三条 老年人养老以居家为基础，家庭成员应当尊重、关心和照料老年人。

第十四条 赡养人应当履行对老年人经济上供养、生活上照料和精神上慰藉的义务，照顾老年人的特殊需要。

赡养人是指老年人的子女以及其他依法负有赡养义务的人。

赡养人的配偶应当协助赡养人履行赡养义务。

第十五条 赡养人应当使患病的老年人及时得到治疗和护理；对经济困难的老年人，应当提供医疗费用。

对生活不能自理的老年人，赡养人应当承担照料责任；不能亲自照料的，可以按照老年人的意愿委托他人或者养老机构等照料。

第十九条 赡养人不得以放弃继承权或者其他理由，拒绝履行赡养义务。

赡养人不履行赡养义务，老年人有要求赡养人付给赡养费等权利。

赡养人不得要求老年人承担力不能及的劳动。

二、农村老人再婚的财产分配问题

婚前财产公证,为老人再婚清障碍!

农村老人再婚本来是一个追求自己幸福的美事,但是很多老人的子女或者家庭成员因财产问题而反对,确切地说是财产容易混同导致在日后分配上带来诸多问题。对此,比较妥当的方案之一就是通过公证的方式公证老人的婚前财产,从而将两个老人的婚前财产与婚后财产严格区分开,这就有效地避免了婚后财产可能发生的混同,同时子女所关心的财产分配问题也基本上能够得到解决。

农民赖某66岁,育有四个子女,2013年5月,与他共同生活了40多年的妻子突患脑出血离他而去。今年4月,赖某打算与本村程某办理再婚登记手续,但这一打算却遭到了老赖四个子女的强烈反对,阻挠的理由是担心其父一生积攒的财产落入他人之手。思来想去,赖某携程某来到公证处,申请办理了婚前财产约定协议公证。赖某、程某在协议中约定,二人婚前财产在有生之年归各自所有,生前有权订立遗嘱处分自己的财产。办理婚前财产公证后,二人顺顺当当地结为连理,子女所纠结的财产问题也得到了有效解决。①

这是一个通过婚前财产公证解决农村老人再婚财产障碍的典型事例。我国《婚姻法》第十九条规定,夫妻可以约定婚姻关系存续期间所得的财产归属。因此,只要不违反法律规定,夫妻之间完全可以约定各自的婚前财产,并将该协议予以公证,就能够很好地解决类似的财产纠纷问题。这种通过婚前财产公证的方式公证各自的财产能够有效地保障双方的合法权益,同时也能够促进家庭和谐,给双方家庭成员都吃了"定心丸",从而为双方家庭的融合提供了可靠的法律保障。

婚前财产公证是解决农村老人再婚财产纠纷问题的合理选择。首先,婚前财产公证表明了人们对再婚问题越来越理性。相互信任、忠诚以及白头偕老当然是绝大多数再婚人士的追求,但是在结婚后谁也没法保证会产生变故。特别是在财产分配问题上,产生纠纷的问题实在太多。也正因为如此,人们的财产独立意识逐渐增强,即使是结婚后,绝大多数人也愿意多一层保障,以备不时之需,这样也是合理规避日后风险的需要。因此,选择婚前财产公证是再婚人士的理性表现,这也与再婚夫妻结婚后互相忠诚、互敬互爱

---

① 婚前财产公证 为老人再婚清障. http://www.tedanota.gov.cn/news/dtlj/2014/0818/2163.html.

的目标是一致的。其次,婚前财产公证为人民法院解决日后财产纠纷提供了有效的法律途径。现实中,很多再婚夫妻由于没有做好婚前财产公证,致使在离婚后长期进行拉锯战,给法院增加了处理难度,而且容易引发各种家庭纠纷。婚前财产公证则提供了很好的证据,能够有效地解决再婚夫妻离婚后的财产纠纷。很多再婚老人都有自己的子女,如果再婚后财产发生了混同,日后的继承问题便很难解决,这也是很多老人不愿再婚或者子女反对老人再婚的重要原因。而婚前财产公证则免去了各方的后顾之忧,为两个家庭的和睦奠定了基础。

婚前财产公证是一种与婚姻相关联的民事行为,因此除了符合《婚姻法》的有关规定外,还必须满足一般民事行为的有效要件,如:双方必须自愿、约定的内容必须合法、不得假借约定规避法律等等。当然,在具体办理婚前财产公证的时候还要履行一定的手续。农村地区老人再婚可以选择通过财产公证的方式,消除子女因为财产分配问题而产生的反对意见,这也是农村老人为自己消除追求幸福的障碍的绝佳方案。

法条链接:
《公证法》第十一条　根据自然人、法人或者其他组织的申请,公证机构办理下列公证事项:

(一) 合同;

(二) 继承;

(三) 委托、声明、赠与、遗嘱;

(四) 财产分割;

(五) 招标投标、拍卖;

(六) 婚姻状况、亲属关系、收养关系;

(七) 出生、生存、死亡、身份、经历、学历、学位、职务、职称、有无违法犯罪记录;

(八) 公司章程;

(九) 保全证据;

(十) 文书上的签名、印鉴、日期,文书的副本、影印本与原本相符;

(十一) 自然人、法人或者其他组织自愿申请办理的其他公证事项。

法律、行政法规规定应当公证的事项,有关自然人、法人或者其他组织应当向公证机构申请办理公证。

《婚姻法》第十七条　夫妻在婚姻关系存续期间所得的下列财产,归夫妻共同所有:

(一) 工资、奖金;

(二) 生产、经营的收益;

(三) 知识产权的收益;

(四) 继承或赠与所得的财产,但本法第十八条第三项规定的除外;

（五）其他应当归共同所有的财产。

夫妻对共同所有的财产，有平等的处理权。

第十八条　有下列情形之一的，为夫妻一方的财产：

（一）一方的婚前财产；

（二）一方因身体受到伤害获得的医疗费、残疾人生活补助费等费用；

（三）遗嘱或赠与合同中确定只归夫或妻一方的财产；

（四）一方专用的生活用品；

（五）其他应当归一方的财产。

第十九条　夫妻可以约定婚姻关系存续期间所得的财产以及婚前财产归各自所有、共同所有或部分各自所有、部分共同所有。约定应当采用书面形式。没有约定或约定不明确的，适用本法第十七条、第十八条的规定。

夫妻对婚姻关系存续期间所得的财产以及婚前财产的约定，对双方具有约束力。

夫妻对婚姻关系存续期间所得的财产约定归各自所有的，夫或妻一方对外所负的债务，第三人知道该约定的，以夫或妻一方所有的财产清偿。

丧偶老人再婚后能随便处分其与前任的共同财产吗？

在婚姻关系中，夫妻一方去世意味着婚姻关系解体，去世方的财产便会发生继承问题。但是很多财产并不能简单地进行分割（如房产），抑或是许多子女在另一个老人还在世的时候并不会要求进行财产分割，此时某一财产上可能存在多个产权人的问题（通常是按份共有）。在一般情况下这样做并没有什么不妥之处，但是在老人再婚后处分财产时就会产生新的问题。

张某为某企业下岗职工，膝下育有一子一女，二者皆小有成就，能够依靠自己的劳动成果养活各自的家庭。但是，由于子女常年不陪伴在身边，张某日子过得倍感孤独。于是，在朋友的撮合下与同村的寡妇李某结为夫妻。李某在婚姻期间对张某颇为照顾，张某觉得自己年纪大了，自己去世之后李某可能面临生活上的困难，于是立遗嘱将其与前任的房屋在死后赠与李某。张某去世后，其子女因该房产归属权与李某发生纠纷，遂诉至法院。

该案主要涉及再婚财产分配以及再婚财产继承的问题。人民法院在审理中查明：张某赠与李某的财产系其与前妻在婚姻关系存续期间共同购买的，为二者的共同财产，在前妻死后应当发生继承。依照《继承法》第十条的规定，张某与其子女均为第一顺位继承人，进行分割后，张某占三分之二的份额，其两个子女均占六分之一的份额。张某在其生前拟定的赠与协议处分了不属于张某的财产，该部分应当归于无效。因此，李某能获得张某所有的三分之二房屋份额。

按照我国《婚姻法》第十条的规定，婚姻关系存续期间所取得的财产多数属于共同财产，比如本案中夫妻结婚后共同购买的房产就属于夫妻共同财产。但是夫妻共同财产只有在夫妻关系存续期间才是共同的，如果夫妻关系结束后，则该财产就要重新分配，或按照继承法的规定发生继承或按照有关协议的约定处理。于是，该财产并不是属于某一方的个人财产，在该方与他人结婚后，也不能转化为二者的共同财产。当然，之前婚姻关系的一方可以处分原先属于其所有的共同财产的部分，其不会因为继承或者其他原因丧失对该部分的处分权。

再婚财产的归属问题一直是理论与实践中的难题，我国当前立法给出的思路基本上是《婚姻法》与《继承法》相结合的渠道。再婚夫妻需要理性地看待与前任存在"纠葛"的财产的分配，依照有关法律规范的规定积极处理相关财产归属问题，避免日后因这类问题产生不必要的纠纷。

法条链接：
《**婚姻法**》第十七条 夫妻在婚姻关系存续期间所得的以下财产，归夫妻共同所有：
（一）工资、奖金；
（二）生产、经营的收益；
（三）知识产权的收益；
（四）继承或赠与所得的财产，但本法第十八条第三项规定的除外；
（五）其他应当归共同所有的财产。夫妻对共同所有的财产，有平等的处理权。

《**继承法**》第十条 遗产按照下列顺序继承：
第一顺序：配偶、子女、父母。
第二顺序：兄弟姐妹、祖父母、外祖父母。

最高人民法院《**关于适用〈中华人民共和国婚姻法〉若干问题的解释(二)**》第 11 条 婚姻关系存续期间，下列财产属于婚姻法第十七条规定的"其他应当归共同所有的财产"：
（一）一方以个人财产投资取得的收益；
（二）男女双方实际取得或者应当取得的住房补贴、住房公积金；
（三）男女双方实际取得或者应当取得的养老保险金、破产安置补偿费。
第十二条 婚姻法第十七条第三项规定的知识产权的收益，是指婚姻关系存续期间，实际取得或者已经明确可以取得的财产性收益。
第十五条 夫妻双方分割共同财产中的股票、债券、投资基金份额等有价证券以及未上市股份有限公司股份时，协商不成或者按市价分配有困难的，人民法院可以根据数量按比例分配。

老人同居不领证能分遗产吗？

同居在当今社会屡见不鲜，许多老人为了避免结婚带来的形形色色问题也选择同居的方式相互照顾。由于结婚必然涉及双方家庭的融合问题，面临着子女的反对以及家庭生活方式难以融合等诸多顾虑，许多老人宁愿选择同居的方式相互陪伴也不愿引发上述问题。这时候便会出现一些新的问题，如同居关系是否受到法律保护？同居的一方能否在另一方死亡时继承相应的遗产？

黄某的老伴因为疾病去世多年，自己生活上多有不便，于是在2005年3月请了已经丧偶的李某做保姆。在做保姆期间，李某对黄某各方面照顾周到，双方也相互存在好感，本打算结婚却又顾虑重重，于是进行了长期同居。2010年初，黄某在外地旅游时发生交通事故，经抢救无效在医院死亡。交通事故的责任方同意赔偿12万元。这时，黄某的儿子匆匆赶来办理手续，并且要求李某返还收到的赔偿款。而李某却认为，自己照顾了老黄这么多年，老黄的赔偿金应该属于自己的。

本案的症结在于作为同居者的李某是否能够继承相应的财产。按照我国《婚姻法司法解释(一)》第5条的规定，1994年2月1日后，男女双方已经符合结婚实质要件，未补办结婚登记的，按同居关系处理。换言之，我国《婚姻法》已经不承认所谓的"事实婚姻"了。本案中，李某并不是黄某婚姻关系中的配偶，不享有任何作为配偶的权利，当然也没有继承权。因此，本案中李某并不能保有黄某交通事故赔偿的12万元，应当依法返还给黄某的继承人。

在我国，同居关系并不受法律保护，"非法同居"的字眼人们也耳熟能详。按照我国《婚姻法》的规定，结婚必须依法办理登记，没有办理登记的同居关系或者事实婚姻只有办理了相关手续才能确立婚姻关系，产生夫妻权利义务。同居期间的财产问题由当事人双方协商处理，原则上双方的财产各归各有，不发生法律上的共有关系。但是在单身老人中常常发生上述情况，一方充分尽了作为"夫或妻"应当履行的义务却得不到任何回报，有时也确实令人寒心。不过，如果承认同居关系的法律地位，那么婚姻登记便丧失了意义，甚至连什么是婚姻也给不出明确的界限。而且，借助于婚姻关系，夫妻之间以及一系列相关人员的继承纠纷才能进一步确定。正因为如此，《婚姻法》及相关法律规范不保护同居关系并不是立法的错误，相反正是因为同居关系或者事实婚姻给一般人所理解的婚姻关系造成了太大冲击，而且只有否认同居关系的法律意义才能够明确其他诸多法律关系，才能为纷繁复杂的婚姻家庭继承纠纷提供规范的解决之道。

老年人再婚是一个应当采取非常慎重态度应对的问题，其中或多或少涉及财产关系以及后续的继承问题。因此，不要认为只要进行同居，并尽作为"配偶"应尽的义务就能够受法律的保护。为了日后的财产继承问题,老人之间可以进行同居,但是应当适当约定日后的财产分配问题,抑或是一劳永逸地选择结婚,这样,一系列由同居带来的法律问题就会迎刃而解了。当然,结婚也会带来新的问题,不过两者相权衡显然结婚更靠谱,更有保障。

法条链接:

《婚姻法》第八条 要求结婚的男女双方必须亲自到婚姻登记机关进行结婚登记。符合本法规定的,予以登记,发给结婚证。取得结婚证,即确立夫妻关系。未办理结婚登记的,应当补办登记。

最高人民法院《关于适用〈中华人民共和国婚姻法〉若干问题的解释(一)》第四条 男女双方根据婚姻法第八条规定补办结婚登记的,婚姻关系的效力从双方均符合婚姻法所规定的结婚的实质要件时起算。

第五条 未按婚姻法第八条规定办理结婚登记而以夫妻名义共同生活的男女,起诉到人民法院要求离婚的,应当区别对待:

(一)1994年2月1日民政部《婚姻登记管理条例》公布实施以前,男女双方已经符合结婚实质要件的,按事实婚姻处理;

(二)1994年2月1日民政部《婚姻登记管理条例》公布实施以后,男女双方符合结婚实质要件的,人民法院应当告知其在案件受理前补办结婚登记;未补办结婚登记的,按解除同居关系处理。

第六条 未按婚姻法第八条规定办理结婚登记而以夫妻名义共同生活的男女,一方死亡,另一方以配偶身份主张享有继承权的,按照本解释第五条的原则处理。

最高人民法院《关于适用〈中华人民共和国婚姻法〉若干问题的解释(二)》第一条 当事人起诉请求解除同居关系的,人民法院不予受理。但当事人请求解除的同居关系,属于婚姻法第三条、第三十二条、第四十六条规定的"有配偶者与他人同居"的,人民法院应当受理并依法予以解除。

当事人因同居期间财产分割或者子女抚养纠纷提起诉讼的,人民法院应当受理。

最高人民法院《关于人民法院审理未办结婚登记而以夫妻名义同居生活案件的若干意见》第1条 1986年3月15日婚姻登记办法施行前,未办结婚手续即以夫妻名义同居生活,群众也认为是夫妻关系的,如同居时或者起诉时双方均符合结婚的法定条件,可认定为事实婚姻;如同居时或者起诉时一方或者双方不符合结婚的法定条件,应认定为非法同居关系。

以再婚为名签订财产转让协议合法吗?

众所周知,通常只有经过双方自愿签订的合同才是有效的。但是在现实生活中,许多再婚老人为了表示对另一方的忠诚会答应另一方签订财产转让协议或者财产共有协议,从而博得对方的好感。而在签订协议后,对方如在不久后选择离婚,并依照协议的规定要求分割财产,这种协议能获得法院的支持吗?

魏先生和王女士均是离异人士,双方于1998年正式登记并领取了结婚证。2000年9月,二人将各自的财产取出来,共同购买了房产。2003年4月,王女士拿出一份已经打印好的《夫妻财产约定协议》给魏先生,协议里说明,如果两人离婚房屋所有权归王女士。王女士要求魏先生在协议上签字,说要考验一下丈夫对这段婚姻是否有诚心。魏先生为了表达对妻子的真情和忠心,就在这份协议上签了字。签完协议后几天,王女士就明确提出要离婚,还让魏先生搬出这套房子。年近七旬的魏先生只得到法院起诉王女士,认为在婚姻存续期间,自己被王女士蒙骗签了显失公平的《夫妻财产约定协议》,妻子的行为侵犯了自己的合法权益,严重影响了自己正常的生活,要求法院撤销该协议。①

本案中王某所为显然是典型的欺诈行为。按照《婚姻法》第19条的规定,夫妻在婚姻关系存续期间可以约定财产的归属,但是约定必须采用书面形式,并且对双方都具有约束力。因此,我国《婚姻法》允许在婚姻关系存续期间依约定分割财产。但是本案的情况有所不同,本案中王某声称考验丈夫魏某的诚意,在丈夫签下财产协议后立即提出离婚,实际上是骗丈夫签下协议,属于欺诈行为。根据《合同法》第52条的规定该合同属于可撤销合同的范畴,魏某可以请求人民法院予以撤销。

对于许多老人而言,再婚是十分值得珍惜的事情,因此往往为了取得对方的信任不计后果地把财产交给对方。而当对方得到财产原形毕露后,通常会要求离婚,以便于独占财产,此时便非常容易产生财产纠纷。因此,结婚固然是十分令人高兴的事,信任伴侣也是作为夫妻相处应当遵循的最基本的准则,但是任何信任都是有限度的,不能为了取得对方的信任而丧失理性,在对方要求转让财产的时候也要仔细考虑这样做是否值得,对其后果也要进行理性的思考。只有经过理性的思考,才能够充分认识到婚姻的本质:婚姻是不能够代替物质生活,不能因为结婚而蒙蔽双眼随便转让财产给对方。

在我国,婚姻关系存续期间双方依法签订的财产分配协议受到法律保护,对协议的双方都具有法律约束力。因此,对待婚姻期间的财产分割协议应当慎之又慎,充分考虑签订协议的法律后果如何,以便在签订协议之时为自己留一条后退之路。婚姻期间的财产分割协议尽管可能成为一方欺骗另一方的手段,但是却能够为解决再婚财产分割问题

---

① 老年人再婚热点案例及法律问题释疑. http://www.iwhr.com/zgskyww/ztbd/cbw/pfzl/webinfo/2012/08/1343990710676579.htm.

提供新的思路。现实生活中,再婚老人完全可以约定夫妻关系存续期间的财产归各自所有,这样就能够有效地避免日后因为财产分割产生新的问题,进而引发矛盾。因此,婚姻期间的财产协议是一把双刃剑,用之得当便能够很好地处理新的婚姻家庭关系,用之不当则会伤及双方,最终走向消极的另一面。

法条链接:

《婚姻法》第十九条规定　夫妻可以约定婚姻关系存续期间所得的财产以及婚前财产归各自所有、共同所有或部分各自所有、部分共同所有。约定应当采用书面形式。没有约定或约定不明确的,适用本法第十七条、第十八条的规定。夫妻对婚姻关系存续期间所得的财产以及婚前财产的约定,对双方具有约束力。

《合同法》第五十二条　有下列情形之一的,合同无效:
(一)一方以欺诈、胁迫的手段订立合同,损害国家利益;
(二)恶意串通,损害国家、集体或者第三人利益;
(三)以合法形式掩盖非法目的;
(四)损害社会公共利益;
(五)违反法律、行政法规的强制性规定。

婚前个人财产与"后老伴"无关?

许多老人在再婚之前都有财产分配上的纠结,并且存在一定的误区。在农村,许多老人及其家人都认为再婚后的婚前个人财产与"后老伴"无关,应当由其子女继承,也正是由于这样的误区,致使现实生活中出现许多本就可以在先解决的问题被遗留,并进而产生纠纷。

张某与刘某皆为丧偶一方,2006年经朋友介绍结为夫妻。婚后二人生活较为和谐,但是张某始终存着将其财产由其子女继承的心思。在有心了解之下得知,其大部分财产都属于与前妻关系中的婚前个人财产,于是误认为即使其去世后该财产也会由其子女继承,与刘某无半分关系。2011年,张某因病离世。时隔不久,刘某与张某的几个子女就张某再婚前一栋房屋的继承权发生争执。子女们认为,继母只能参与分割、继承其与张某夫妻关系存续期间的共同财产,父亲婚前的个人财产与她无关。

本案争论的核心在于婚前财产如何分配的问题。翻开《继承法》的有关规定,我们能够轻易地看出,婚前个人财产与"后老伴"无关这种观点是错误的。按照我国《继承法》第十条的规定,配偶与父母、子女都是第一顺位的继承人,二者并不存在继承先后的问题。

在本案中,张某与刘某虽然是再婚,但是并不能否定二者为配偶的事实,在张某的财产转化为遗产之后,刘某与张某的子女都平等地享有继承权。而且,该继承权并不取决于其是否是"原配"夫妻,也不取决于其晚年婚姻关系存续的时间。即无论该财产形成于何时,只要被继承人生前所有,死后都应归入遗产的范围。据此,本案中刘某应当作为张某的配偶,依照《继承法》第十条的规定属于第一顺位的继承人。但是,本案的特殊之处在于,张某的遗产应当分为两部分处理:第一,张某与刘某结婚之前的个人财产,依照法定继承处理即可;第二,在张某与刘某婚姻关系存续期间的财产,应当认定为夫妻共同财产,由刘某先分得一半,另一半按照法定继承处理。

夫妻一方死亡后,在世的一方再婚,则会形成新的财产关系,其与前任所约定的婚前财产内容与新任完全没有实质的关联,其中一部分完全有可能成为夫妻共同财产。其实,再婚的一方如果要依法阻止对方取得自己的财产,完全有很多方式。这里介绍两种比较妥当的方式:一是在婚姻关系存续期间约定各自财产的归属、进行公证,并将自己的财产转移给自己的子女。这样即使是去世后,其财产也不会因为《继承法》的规定转移到再婚配偶名下。二是在生前立下遗嘱,规定死后其财产由自己的子女或者其他继承人取得,从而在去世之前就很好地为日后处分自己的财产做好准备,这样就可以避免因财产处理不当而引发的各种后续问题。

再婚财产问题一直是让再婚夫妻及各自家庭非常纠结的一个重要问题,再婚夫妻双方要想妥当处理,必须充分了解相关的法律规定。同时,如果再婚夫妻只想将自己的财产留给自己的子女,完全可以依照现行法定规定作出相应的应对对策,切不可依照自己的理解"盲目"放任,否则引发后续问题将追悔莫及。

法条链接:
《婚姻法》第十七条　夫妻在婚姻关系存续期间所得的下列财产,归夫妻共同所有:
(一) 工资、奖金;
(二) 生产、经营的收益;
(三) 知识产权的收益;
(四) 继承或赠与所得的财产,但本法第十八条第三项规定的除外;
(五) 其他应当归共同所有的财产。
夫妻对共同所有的财产,有平等的处理权。
第十八条规定,有下列情形之一的,为夫妻一方的财产:
(一) 一方的婚前财产;
(二) 一方因身体受到伤害获得的医疗费、残疾人生活补助费等费用;
(三) 遗嘱或赠与合同中确定只归夫或妻一方的财产;
(四) 一方专用的生活用品;
(五) 其他应当归一方的财产。

第十九条　夫妻可以约定婚姻关系存续期间所得的财产以及婚前财产归各自所有、共同所有或部分各自所有、部分共同所有。约定应当采用书面形式。没有约定或约定不明确的,适用本法第十七条、第十八条的规定。

夫妻对婚姻关系存续期间所得的财产以及婚前财产的约定,对双方具有约束力。

夫妻对婚姻关系存续期间所得的财产约定归各自所有的,夫或妻一方对外所负的债务,第三人知道该约定的,以夫或妻一方所有的财产清偿。

《继承法》第十条　遗产按照下列顺序继承:
第一顺序:配偶、子女、父母。
第二顺序:兄弟姐妹、祖父母、外祖父母。

"先占为王",可防"后老伴"分遗产?

现实中很多再婚夫妻感情基础薄弱,互相并不愿意将财产交给对方。在这种情况下,就会涉及如何合理地处理财产以防止另一方获得的问题,很多再婚夫妻为此可谓绞尽脑汁、花样百出。例如,将存折交给子女保管;抑或是将财产以非常低廉的价格转让给子女等。这些做法在对方不知情的情况下也许能够起到一定的防范效果,但是如果对方事后知晓的话,则往往会产生纠纷。

安徽某村六旬老人吕某与吴某再婚后做了点生意,积累了近二十万元存款。结婚后,由于吴某没有文化,家中的银行卡、房产证一直由吕某保管,吴某的生活支出也是从吕某处获得的。2010年7月,吕某患重病住院,想到倘若自己离世,吴某在财产处理上对自己与前妻所生的女儿不利,便偷偷将存折等财产凭证交给了女儿,并告知了其密码。两个月后,吕某病逝,其女儿偷偷通过挂失等各种方式将财产取出隐匿并进行了消费。吴某知晓情况后认为吕某交给其女儿的财产为夫妻共同财产,其作为妻子也有继承权,遂起诉到人民法院要求吕某之女偿还相应的财产。

本案的关键在于吕某给予女儿的财产的合法性以及吴某可否分得财产的问题。依照《继承法》的相关规定,吕某死亡后该财产转化为遗产,且本案中吕某未立遗嘱,应当按照法定继承方式处理,任何继承人均无权将相应的遗产擅自进行处分,而应由双方协商解决或请求法院依法进行分割。因此,吕某女儿在此之前先占的财产,必须列入遗产的分割范围,按照《继承法》第十条的规定分割。当然,本案中吕某给女儿的财产有一部分是夫妻共同财产,应当先将该部分共同财产分割后,剩余的财产再按照法定继承处理。

上述案件中,吕某处理财产的方式显然欠妥当。事实上,近年来绝大多数继承遗产的纠纷都是由于被继承人生前未立遗嘱或者未制定相应的遗产计划而引起的。而订立遗嘱的财产分割中，也主要是一些内容违法或者欠缺法律要件才会发生纠纷，走正当程序的遗嘱或者遗产计划纠纷所占比重极少。因此，再婚老年人在分配财产时千万不要跟着感觉走，这样只能一路走到黑，只有在了解立法的情况下，咨询相关人士，才能在再婚遗产处理问题上游刃有余，充分顾及各方利益，并保证所立遗嘱的质量。

再婚老人在婚姻关系存续期间应当制订严格的遗产计划，尤其是中老年有产一族希望按照自己的意愿分配遗产的，更要对遗产处理计划作出慎重考虑。因为，在现行法律框架下，立法虽然尊重个人的自由意志，允许个人按照自己的意志处分财产，但是这一切都是在个人完全依照法律规定进行相关行为的前提下。法律既不会猜测个人的内心想法，也不会放任个人随意作为，只有在法律框架内制定遗嘱或者遗产计划才是合乎法律规范的遗产分割方式，才会受到法律的认可和保护。

法条链接：

《婚姻法》第十九条 夫妻可以约定婚姻关系存续期间所得的财产以及婚前财产归各自所有、共同所有或部分各自所有、部分共同所有。约定应当采用书面形式。没有约定或约定不明确的，适用本法第十七条、第十八条的规定。

夫妻对婚姻关系存续期间所得的财产以及婚前财产的约定，对双方具有约束力。

夫妻对婚姻关系存续期间所得的财产约定归各自所有的，夫或妻一方对外所负的债务，第三人知道该约定的，以夫或妻一方所有的财产清偿。

《继承法》第十条 遗产按照下列顺序继承：

第一顺序：配偶、子女、父母。

第二顺序：兄弟姐妹、祖父母、外祖父母。

第十六条第二款规定 公民可以立遗嘱将个人财产指定由法定继承人的一人或者数人继承。

再婚个人财产产生收益约定不明时应当如何处理？

老年人再婚通常会记得约定当前的财产归属，但往往却容易忽视财产在婚后产生收益的归属。如一方在婚前表示婚后房屋仍然属于其个人财产并签订了相关协议，但是对房屋产生的租金等却并没有作出约定，则此时是否也意味着基于个人财产产生的收益都属于个人的呢？

杨某与向某均为单身老人。2010年10月，杨某与向某办理了结婚登记手续，领取了结婚证。同日，杨某将自己婚前购买并办理了产权登记的两间店面交由向某打理，约定其为个人婚前财产。向某随即以每月9 000元向他人出租。后来，因为夫妻关系破裂,杨某在2015年3月提出了离婚。虽然向某同意离婚,但对4年多来共计45万元的房租收入却产生了分歧:杨某认为是其婚前个人财产创造的收入,理应归其一人所有;向某则坚持要求按夫妻共同财产来分割。

本案系婚前个人财产婚后产生收益如何处理的问题,其争议焦点在于:在没有明确约定的情况下,该收益应当如何处理。按照《婚姻法》第十九条的规定,夫妻关系存续期间如果对财产归属没有约定或者约定不明确的,应当适用《婚姻法》第十七、十八条的规定。而第十七条指出,夫妻关系存续期间的经营性收益应当归属于夫妻共同财产。另外,《最高人民法院关于适用〈婚姻法〉若干问题的解释(三)》第五条则规定得更加明确,即夫妻一方个人财产在婚后产生的收益,除孳息和自然增值外,应认定为夫妻共同财产。本案中,房屋的租金虽然属于法定孳息,但是这种孳息具有特殊性,如果婚姻关系存续期间具有所有权的一方疏于对房屋的管理,且另一方对于夫妻孳息的获得尽了极大的努力,则应当认为该法定孳息属于经营性收益而归于夫妻共同财产范畴。正因为杨某与向某之间,没有对房屋出租所产生的租金收入归谁所有作出书面约定,而房租收入属于"经营的收益",因此将本案中的租金视为夫妻共同财产是合理、合法的。

我国《婚姻法》虽然保障个人婚前财产,且允许双方对个人财产作出约定,但是如果双方没有约定或者约定不明确的,则需要根据《婚姻法》的相关规定进行处理。如《婚姻法》第十七条规定的生产经营性收益、知识产权收益等,这些收益的范围比我们通常所理解的收益要广,例如,即使是作为法定孳息的租金,但是如果另一方付出了相应的努力,在约定不明的情况下也应当属于经营性收益而定性为夫妻共同财产。因此,再婚老人如果需要进一步确定各自财产的范围,也应当对这些收益作出具体的约定,特别是当这些收益可能比较大额的时候则更需要予以明确,以防日后因为这些收益的归属问题而对簿公堂。

总体来看,在现行《婚姻法》的框架下,再婚老人处理财产的方式是比较自由的,对各种情形下财产归属的处理规则也比较明确。但是很多规则的设定是按照一般的家庭关系规定的,其中考虑了相当多的伦理因素,例如法定的夫妻财产制中规定了大量的夫妻共同财产,这些财产都是基于夫妻伦理关系预测将来可能用于共同生活等的支出。因此,再婚老人要充分关注这些规定,根据自己的实际需要作出相对应的措施,为自己的财产分配提前做好打算。

法条链接:
《婚姻法》第十七条　夫妻在婚姻关系存续期间所得的下列财产,归夫妻共同所有:
(一)工资、奖金;
(二)生产、经营的收益;
(三)知识产权的收益;
(四)继承或赠与所得的财产,但本法第十八条第三项规定的除外;

（五）其他应当归共同所有的财产。

夫妻对共同所有的财产，有平等的处理权。

第十八条　有下列情形之一的，为夫妻一方的财产：

（一）一方的婚前财产；

（二）一方因身体受到伤害获得的医疗费、残疾人生活补助费等费用；

（三）遗嘱或赠与合同中确定只归夫或妻一方的财产；

（四）一方专用的生活用品；

（五）其他应当归一方的财产。

第十九条　夫妻可以约定婚姻关系存续期间所得的财产以及婚前财产归各自所有、共同所有或部分各自所有、部分共同所有。约定应当采用书面形式。没有约定或约定不明确的，适用本法第十七条、第十八条的规定。

夫妻对婚姻关系存续期间所得的财产以及婚前财产的约定，对双方具有约束力。

夫妻对婚姻关系存续期间所得的财产约定归各自所有的，夫或妻一方对外所负的债务，第三人知道该约定的，以夫或妻一方所有的财产清偿。

最高人民法院《关于适用〈婚姻法〉若干问题的解释（三）》第五十四条　夫妻一方个人财产在婚后产生的收益，除孳息和自然增值外，应认定为夫妻共同财产。

为表忠诚赠房屋，岂能视为儿戏？

很多再婚老人在结婚期间为了表示忠诚都会作出一些财产处分行为，最为常见的是将某些财产赠与自己的再婚配偶或者为自己的再婚配偶办理相关财产转移手续。这种赠与行为只要是合法的通常都具有法律拘束力，而很多再婚老人不重视此种拘束力，甚至将其视为儿戏，认为可随时撤销，最终引发了法律纠纷。

为表示对婚姻的绝对忠诚，68岁的郭某与74岁的乔某再婚后一个月，即在2011年10月，主动将自己所有的一套房屋，赠与一半给乔某，并到房地产登记机关办理了产权变更登记，彼此也一直在该房居住。2015年4月，两人发生矛盾准备离婚。但关于房屋的归属问题，二者产生了分歧。郭某认为本来就是我的，当然应当归我；乔某觉得我已是登记的共有人，郭某无权反悔。

本案系婚姻关系中的财产赠与问题。依照《合同法》第一百八十七条的规定："赠与的财产依法需要办理登记等手续的，应当办理有关手续。"《物权法》第十七条也指出："不动产物权的设立、变更、转让和消灭，依照法律规定应当登记的，自记载于不动产登记簿时发生效力。"在本案中，郭某已经履行了相关手续，因此自办理产权变更登记之日起，该赠与便生效,房屋的所有权的一半归乔某所有。由于赠与合同的特殊性,因此在赠与生效后,也有相关的救济措施,赋予了赠与人在特定情况下撤销赠与合同的权利,即按照《合同法》第一百九十二条的规定:"受赠人有下列情形之一的,赠与人可以撤销赠与:(一)严重侵害赠与人或者赠与人的近亲属;(二)对赠与人有扶养义务而不履行;(三)不履行赠与合同约定的义务。"但是本案中并没有上述情形,因此郭某的一半房产依法归乔某所有。

再婚老人赠与财产是比较常见和突出的法律问题。在农村,很多再婚老人由于法律意识淡薄,将再婚赠与行为当成儿戏,致使在最终分配财产的时候产生一系列不必要的纠纷。在我国现行法律规范中,赠与合同是受法律保护的,赠与的财产在完成法定程序后,一般情况下是不能取回的。因此,老年人在赠与财产尤其是大额财产的时候应当谨慎考虑日后可能存在的各种后果,千万不要将其视为儿戏,否则日后只能自己吃亏。

我国法律保护正常的法律行为,赠与只要是符合法定的程序原则上都难以撤销,除非是受赠人存在《合同法》第一百九十二条规定的几种情形。因此,赠与绝对不是儿戏,特别是对于再婚老人而言,千万不能为了所谓的"表忠诚"而丧失了理性,也不要抱着"赠与出去的财产还是自己的"这种幻想,而应当按照法律的规定,老老实实地作相关约定或者登记,踏踏实实地过日子。

法条链接:

《合同法》第一百八十五条　赠与合同是赠与人将自己的财产无偿给予受赠人,受赠人表示接受赠与的合同。

第一百八十六条　赠与人在赠与财产的权利转移之前可以撤销赠与。

具有救灾、扶贫等社会公益、道德义务性质的赠与合同或者经过公证的赠与合同,不适用前款规定。

第一百八十七条　赠与的财产依法需要办理登记等手续的,应当办理有关手续。

第一百八十九条　因赠与人故意或者重大过失致使赠与的财产毁损、灭失的,赠与人应当承担损害赔偿责任。

第一百九十二条第一款　受赠人有下列情形之一的,赠与人可以撤销赠与:

(一)严重侵害赠与人或者赠与人的近亲属;

(二)对赠与人有扶养义务而不履行;

(三)不履行赠与合同约定的义务。

《物权法》第十四条　不动产物权的设立、变更、转让和消灭,依照法律规定应当登记的,自记载于不动产登记簿时发生效力。

三、农村老人遗嘱及遗产分配问题

去世未留遗嘱,子女该如何分配遗产?

生前立下遗嘱,对许多农村老人来说曾是人生大忌。伴随着城镇化进程的发展,农村百姓财产性收入不断增加,一些老人们对待遗嘱的态度也正在逐步改变。现如今,主动咨询和预立遗嘱的农村老人正在逐渐增多;但也存在这样一个较为普遍的现象——老人去世前立有遗嘱的比例仍然还较低。如若老人去世时未立有相关遗嘱,极容易引起遗产继承纠纷。

陈某与王某系夫妻关系,两人共育有子女六人:陈某兰、陈某芬、陈某智、陈某勇、陈某军、陈某谋。王某于1992年1月6日去世,并未在生前立下遗嘱。王某去世后,陈某没有再婚,陈某于2013年2月4日去世,他也没有立下任何遗嘱。王某与陈某的父母均早已去世。陈某在齐鲁银行×××支行×××账户中遗留存款2 935.18元。围绕遗产分配问题,陈某勇、陈某兰、陈某芬、陈某智以陈某军、陈某谋为被告向法院提起诉讼,请求依法分割遗产。

陈某兰、陈某芬、陈某智、陈某勇主张被继承人陈某生前有位于济南市天桥区×××房产一套,其于2009年5月以18万元的价格卖给陈某(陈某谋之女),并已经办理完毕产权过户手续,但18万元的购房款未支付,应该作为陈某遗留的债权予以分割。陈某军、陈某谋认为18万元早已经支付完毕,不存在陈某兰、陈某芬、陈某智、陈某勇主张的18万元债权,不同意分割。

各方均认可陈某军曾向陈某借款6万元,陈某军主张已经归还,陈某兰、陈某芬、陈某智、陈某勇不予认可,陈某军未提交证据证实其主张。

陈某兰、陈某芬、陈某智、陈某勇主张陈某遗留10万元存款在陈某军处,陈某军认可陈某生前曾给其10万元,但称该10万元存款已经在陈某生前赠与完毕,不应再作为遗产分割。

陈某兰、陈某芬、陈某智、陈某勇主张陈某遗留遗物若干,包括组合家具一套(写字台一张、双人实木床一张、床头柜一个、酒柜一个、三人沙发一个、圆桌一个、椅子两把、方凳六个)、29寸电视机一台、壁挂空调一台、洗衣机一台、电冰箱一台、电风扇一个、电热锅一个、加湿器一个、亨德利座钟一个、电动三轮车一辆、暖气炉一个、暖气片三组、座椅一个、暖水瓶两个、剃须刀一个、木制盒一个、功勋章三个、立功证书一个。对此,陈某兰、陈某芬、陈某智、陈某勇提交照片一张,证实上述遗物由陈某军掌管,应依法分割。经庭审质证,陈某军、陈某谋主张并不掌握可供分割的遗产,认为照片不能证实陈某兰、陈某芬、陈某智、陈某勇的主张。

法院经审理认为:本案系法定继承纠纷。《中华人民共和国继承法》第二条规定,继承从被继承人死亡时开始。第三条规定,遗产是公民死亡时遗留的个人合法财产,包括:(一)公民的收入,(二)公民的房屋、储蓄和生活用品……(七)公民的其他合法财产。第五条规定,继承开始后,按照法定继承办理;有遗嘱的,按照遗嘱继承或者遗赠办理;有遗赠扶养协议的,按照协议办理。第十条规定,遗产按照下列顺序继承:第一顺序:配偶、子女、父母……继承开始后,由第一顺序继承人继承,第二顺序继承人不继承;没有第一顺序继承人继承的,由第二顺序继承人继承。第十三条第一款规定,同一顺序继承人继承遗产的份额,一般应当均等。被继承人陈某去世时未留有遗嘱,亦未有遗赠扶养协议,对于其遗留的合法财产,应按法定继承处理;陈某勇、陈某兰、陈某芬、陈某智、陈某军、陈某谋作为陈某的第一顺序法定继承人,应当共同继承遗产。对于陈某在齐鲁银行×××支行遗留的存款2 935.18元及孳息,各分得489.19元,孳息平均分配。陈某兰、陈某芬、陈某智、陈某勇主张案外人陈某应付给陈某的18万元购房款未付,该债权应作为陈某的遗产予以分割,法院认为不宜直接分割陈某对案外人的债权,该主张与本案不属同一法律关系,其可向案外人另行主张权利。陈某兰、陈某芬、陈某智、陈某勇主张陈某军向陈某的借款6万元未还,应作为陈某遗留的债权予以分割,陈某军认可其向陈某借款6万元的事实,应予以确认;但陈某军主张已经予以归还,未提交证据证实,对其主张已经归还的事实不予以认定;该6万元应由陈某勇、陈某兰、陈某芬、陈某智、陈某军、陈某谋各分得1万元。对于陈某兰、陈某芬、陈某智、陈某勇主张的陈某军处的10万元存款,因该款在陈某去世前已经处置完毕,并非陈某死亡时遗留的财产,陈某兰、陈某芬、陈某智、陈某勇主张应作为遗产进行分割,于法无据,不予支持。陈某兰、陈某芬、陈某智、陈某勇主张陈某遗留家电家具等遗物,其提交的证据不能证实其主张的物品是否存在以及存在于何处,陈某军、陈某谋亦不认可,陈某兰、陈某芬、陈某智、陈某勇该主张证据不足,不予支持。法院依照《中华人民共和国继承法》第二条、第三条、第五条、第十条、第十三条,《中华人民共和国民事诉讼法》第六十四条之规定判决:一、被继承人陈某在齐鲁银行×××支行×××账户遗留存款2 935.18元及孳息,由陈某兰、陈某芬、陈某智、陈某勇、陈某军、陈某谋各继承489.19元,孳息平均分配;二、陈某军向陈某兰、陈某芬、陈某智、陈某勇、陈某谋各支付1万元,于判决生效之日起10日内付清;三、驳回陈某兰、陈某芬、陈某智、陈某勇的其他诉讼请求。案件受理费6 450元,由陈某兰、陈某芬、陈某智、陈某勇各负担1 270元,陈某军、陈某谋各负担685元。

遗产,是被继承人死亡时遗留的个人所有财产和法律规定可以继承的其他财产权益,包括积极遗产和消极遗产。积极遗产指死者生前个人享有的财物和可以继承的其他合法权益,如债权和著作权中的财产权益等。消极遗产指死者生前所欠的个人债务。我国《继承法》规定公民个人遗产处理的途径有三种:没有遗嘱的,按法定继承处理;有遗嘱的,按照遗嘱处理;有遗赠扶养协议的,按照协议处理。被继承人陈某生前未留有遗嘱或遗赠抚养协议,故其遗产应按法定继承处理。因被继承人的子女均为第一顺位继承人,故其对相关遗产平均分配继承。依据《民事诉讼法》的规定,当事人对其提供的主张,有提供证据证明的责任,简称"谁主张,谁举证"。本案中,陈某勇等主张被继承人生前将10万元交陈某军代管,而非赠与,但其并未提供充分的证据予以证明,且陈某军亦无证据证实该10万元系由被继承人向其赠与。故10万元钱系被继承人生前交由陈某军代管而非赠与,应当作为遗产进行分割。关于陈某军主张的陈某初6万元债权的问题,因债权涉及案外人的利益,应由继承人通过其他途径另外主张。对于认定陈某军所欠被继承人借款6万元应当分割的问题,陈某军在庭审中自认系借款,但主张已经偿还,但未提供证据证实,故法院认定该6万元作为被继承人的遗产予以分割,并无不当。

法条链接:
《继承法》第二条 继承从被继承人死亡时开始。
第三条 遗产是公民死亡时遗留的个人合法财产,包括:
(一)公民的收入;
(二)公民的房屋、储蓄和生活用品;
(三)公民的林木、牲畜和家禽;
(四)公民的文物、图书资料;
(五)法律允许公民所有的生产资料;
(六)公民的著作权、专利权中的财产权利;
(七)公民的其他合法财产。
第五条 继承开始后,按照法定继承办理;有遗嘱的,按照遗嘱继承或者遗赠办理;有遗赠扶养协议的,按照协议办理。
第十条 遗产按照下列顺序继承:
第一顺序:配偶、子女、父母。
第二顺序:兄弟姐妹、祖父母、外祖父母。
继承开始后,由第一顺序继承人继承,第二顺序继承人不继承。没有第一顺序继承人继承的,由第二顺序继承人继承。
本法所说的子女,包括婚生子女、非婚生子女、养子女和有扶养关系的继子女。
本法所说的父母,包括生父母、养父母和有扶养关系的继父母。
本法所说的兄弟姐妹,包括同父母的兄弟姐妹、同父异母或者同母异父的兄弟姐妹、养兄弟姐妹、有扶养关系的继兄弟姐妹。
第十三条 同一顺序继承人继承遗产的份额,一般应当均等。
对生活有特殊困难的缺乏劳动能力的继承人,分配遗产时,应当予以照顾。
对被继承人尽了主要扶养义务或者与被继承人共同生活的继承人,分配遗产时,可以多分。

　　有扶养能力和有扶养条件的继承人，不尽扶养义务的，分配遗产时，应当不分或者少分。

　　继承人协商同意的，也可以不均等。

　　《民事诉讼法》第六十四条　当事人对自己提出的主张，有责任提供证据。

　　当事人及其诉讼代理人因客观原因不能自行收集的证据，或者人民法院认为审理案件需要的证据，人民法院应当调查收集。

　　人民法院应当按照法定程序，全面地、客观地审查核实证据。

受亲生子女虐待，老人留遗嘱指定养女继承遗产

　　尊老、爱老、敬老是中华民族的传统美德。赡养老人不仅是道德规范的要求，还是法律规定公民应当履行的法定义务。尽管我国的《婚姻法》与《老年人权益保障法》对子女赡养老人的义务作了明确规定，然而近年来，在我国农村地区仍然存在不赡养老人的问题，种种不赡养乃至在生活和精神上虐待老人的个案触目惊心。农村地区的物质生活水平虽有了较大幅度的提高，但一些人的道德水准和法律意识并没有随之而提高，他们甚至还不知道"未尽赡养义务的，在分配遗产时不分或者少分的法律规定"。如何让农村地区的子女了解并履行赡养义务，以切实维护老年人的权益成为亟待解决的问题。

　　赵甲与李某结婚后生下一女赵乙。1989年，夫妻俩又收养一个女儿，取名赵丙，1995年正式办理了收养登记。自退休后，赵甲与李某夫妻俩一直与亲生女儿赵乙一起生活，李某与赵甲先后于2002年3月、2011年7月去世。赵甲去世前立下遗嘱，当中自述女儿赵乙长期虐待自己和老伴：两位老人肠胃都不好，需要喝温水，赵乙却直接给二老喝自来水；二老行动不便，赵乙却对两人要上厕所的请求装听不见，任其直接尿在裤子里；共同生活期间，赵乙还常对父母推推搡搡，夫妻俩身上常青一块紫一块。相反，在夫妻二人患病期间，养女常来探望、照顾、清理卫生，还做饭熬药。最终赵甲在遗嘱中将夫妻名下的房屋指定由养女继承。赵甲去世后，房屋一直由赵乙居住，赵丙要求其腾房，但其拒不搬离。随后，赵丙诉至法院。

　　庭审中，赵乙不认可赵丙的养女身份，认为赵丙与其父母之间不存在事实上的收养关系，称赵丙从未与其父母共同生活，也未赡养过父母，不应继承父母遗留的房产。同时，她还对赵丙所持遗嘱的真实性提出质疑，认为并非父亲赵甲亲笔书写。

　　法院审理后认为，依据《中华人民共和国继承法》第十六条的规定，公民可以立遗嘱处分个人财产，指定由法定继承人中的一人或者数人继承。本案中，赵丙与赵甲、李某的收养关系合法有效，故赵丙系赵甲夫妇的法定继承人，因此赵甲通过立遗嘱将其所持有

份额的财产指定由赵丙继承是符合法律规定的。赵丙所持的遗嘱经鉴定机关鉴定,确系其养父赵甲书写,遗嘱有效。由于李某生前未留有遗嘱,故其去世后诉争房屋中属于她的份额依法应由赵甲、赵乙、赵丙继承。另外,依据《中华人民共和国继承法》第七条之规定,继承人遗弃被继承人或虐待被继承人,情节严重的,丧失继承权;同时,该法第十三条第四款规定,有扶养能力和有扶养条件的继承人,不尽扶养义务,分配遗产时,应当不分或少分。本案中,赵乙存在虐待父母的行为,法院通过其父亲遗嘱中的自述,综合考虑其实施虐待行为的时间、手段、后果等因素,故认定在分配李某的遗产时赵乙应当不分。而赵甲在遗嘱中明确表明愿将诉争房屋中属于自己的份额由赵丙继承。最后,判决支持了赵丙的诉求,判决赵乙在判决生效后限定期限内搬离其所占赵甲的房屋。

遗嘱是指遗嘱人生前在法律允许的范围内,按照法律规定的方式对其遗产或其他事务所作的个人处分,并于遗嘱人死亡时发生效力的法律行为。依据我国《继承法》的规定,公民可以在生前通过立遗嘱的形式处分个人财产,指定由法定继承人中的一人或者数人继承;对于有扶养能力和有扶养条件,但未尽到赡养义务,尤其是有遗弃、虐待被继承人的,其继承遗产的份额乃至继承权都会受到一定程度的限制;情节严重的,丧失继承权。依据我国《婚姻法》的规定,符合一定条件的收养人可以依法收养子女,养子女在收养关系成立后即适用《婚姻法》规定的父母子女关系。本案中,赵甲夫妇与赵丙之间收养关系成立,故赵丙系赵甲夫妇的法定继承人,因此赵甲通过立遗嘱将其所持有份额的财产指定由赵丙继承是符合法律规定的。赵乙同时存在虐待父母的行为,法院通过其父遗嘱中的自述,结合赵乙对其实施虐待行为的相关因素,认定赵乙构成严重的虐待情形,在分配遗产时其应当不分,这也是合情合法的。在我国,无论是基于道德的约束还是法律的规定,每个公民都应履行赡养父母的法定义务,任何子女不得以任何借口拒绝赡养老人。

法条链接:

《**继承法**》第七条　继承人有下列行为之一的,丧失继承权:

(一)故意杀害被继承人的;

(二)为争夺遗产而杀害其他继承人的;

(三)遗弃被继承人的,或者虐待被继承人情节严重的;

(四)伪造、篡改或者销毁遗嘱,情节严重的。

第十六条　公民可以依照本法规定立遗嘱处分个人财产,并可以指定遗嘱执行人。

公民可以立遗嘱将个人财产指定由法定继承人的一人或者数人继承。

公民可以立遗嘱将个人财产赠给国家、集体或者法定继承人以外的人。

《**婚姻法**》第二十一条　父母对子女有抚养教育的义务;子女对父母有赡养扶助的义务。

父母不履行抚养义务时，未成年的或不能独立生活的子女，有要求父母付给抚养费的权利。

子女不履行赡养义务时，无劳动能力的或生活困难的父母，有要求子女付给赡养费的权利。

禁止溺婴、弃婴和其他残害婴儿的行为。

第二十六条　国家保护合法的收养关系。养父母和养子女间的权利和义务，适用本法对父母子女关系的有关规定。

养子女和生父母间的权利和义务，因收养关系的成立而消除。

遗赠扶养协议能否解除？

遗赠扶养协议作为法律上规定的一种具有中国特色的遗产转移方式，它通过契约方式对需要他人扶养的弱势群体提供法律保护，为我国目前的养老问题提供了行之有效的解决途径。虽然遗赠扶养协议的作用很大，在民间使用也比较广泛，但也容易出现诸多问题，比如，遗赠人与扶养人在遗赠扶养协议尚未生效这段时间内，关系出现恶化，遗赠人能否解除与扶养人订立的协议？

张某之妻与高某原系姑侄关系。因张某夫妇（遗赠人）未生育子女，遂于1995年4月与高某夫妇（扶养人）商定高某夫妇到张某家生活，负担张某夫妇生养死葬，张某夫妇去世后，其财产由高某夫妇继承。嗣后，高某夫妇将户口迁至杨家堡村，与张某夫妇共同生活。杨家堡村亦认可张某夫妇与高某夫妇为养父母子女关系。在此之前，张某夫妇建有三间土房。2006年10月，张某夫妇及高某夫妇共同生活期间，在三间土房以南建起三间两层楼房一栋，两处房屋均坐南朝北。

2009年张某之妻因病去世，张某与高某夫妇因家庭琐事经常发生争执，张某遂于2010年提起诉讼，要求解除与高某的遗赠扶养关系并依法分割共同财产，后又将诉讼请求变更为要求两被告履行赡养义务。该案曾经法院主持调解，双方达成调解协议：一、双方暂时分居生活，张某居住前房，高某夫妇居住后房，双方前后走道共同使用；二、张某责任田由高某夫妇耕种，高某夫妇每月给付张某赡养费150元（含日常小病及粮油补助）；三、张某患病住院治疗的费用由高某夫妇承担；四、高某夫妇可将其出租架管生意之零件搬回家庭前房经营，张某不得阻挡；五、张某如无独立生活能力时，高某夫妇应负责其衣食住行；六、经张某手建房所欠债务1000元于调解生效后15日内由高某夫妇给付张某。该调解书生效后，张某与高某夫妇分房而居，分伙而食，但仍因生活琐事经常发生矛盾，后高某夫妇另居别处，不在家中居住。对于该调解书确定的高某每月给付张某赡养费150元，高某通过本村调解组给付了张某部分款项，此后双方又因给付数额产生争议，张某申请法院强制执行，高某已将2014年上半年前的赡养费支付完毕。2014年秋,因下雨,张某所居住的土房损坏,因住房问题与高某产生矛盾。2014年10月5日,张某与高某夫妇因住房问题再次发生冲突,张某砸了高某的房门。同年10月7日至10月18日,张某因冠心病、高血压病2级(极高危)等疾病住院治疗,高某以张某砸坏其房门为由,拒绝支付医疗费用。同年10月23日,张某要求高某为其做饭,高某要求先将村干部叫来说清楚,双方再起冲突,家里物品被砸坏。2014年10月28日,经户县庞光镇政府安排,张某入住户县中心敬老院至今。同年11月7日,张某持前述诉称提起本次诉讼,要求解除双方的遗赠扶养协议,并分割家庭共同财产。

法院认为,1995年张某夫妇与高某夫妇达成遗赠扶养协议后共同生活的事实,有(2010)户民初字第2445号民事调解书、杨家堡村委会证明及当事人陈述相互印证,足以认定,双方已形成事实上的遗赠扶养关系。2009年张某之妻去世后,张某与高某夫妇经常发生矛盾,特别是2014年以来,双方矛盾激化,张某经户县庞光镇政府安排已入住敬老院。鉴于张某与高某夫妇矛盾加剧,且现已各自生活的现实,维持其遗赠扶养关系已无必要,故对张某要求解除遗赠扶养协议之请求应予支持。张某夫妇与高某夫妇达成遗赠扶养协议后,双方即共同生活,张某之妻于2009年去世,张某未提供充分证据证明高某未尽到对张某之妻生养死葬的义务,故张某之妻的财产高某享有受遗赠的权利。同时,高某亦对张某承担了部分生养义务,张某的财产应分给高某适当的份额。依照《中华人民共和国民法通则》第五条及《中华人民共和国继承法》第三十一条第一款之规定,判决如下:

一、张某与高某夫妇遗赠扶养协议予以解除;

二、张某与其妻共同建造的土房三间,以南北中心线为界,以西部分归张某所有,以东部分归高某夫妇所有;

三、三间两层楼房一层西边一间归张某所有,其余归高某夫妇所有;

四、前后两处房屋中的通道以及楼房南边厕所双方共同使用。

一般来说,订立遗赠扶养协议的遗赠人多是没有子女或者子女不在身边以及子女未尽到赡养义务的人,遗赠人通过与扶养人订立关于扶养人承担遗赠人的生养死葬义务的协议,遗赠人承诺其财产在其死后转归扶养人所有。遗赠扶养协议是双方法律行为,它必须在双方自愿协商一致的基础上才能成立。否则,任何一方无权任意变更或解除协议。但在遗赠扶养协议当事人一方的情况发生变化时(包括遗赠人另有他人扶养或扶养人丧失扶养能力),一方当事人有正当理由,可以要求双方协商解除协议。但如系遗赠人提出解除协议的,遗赠人应对扶养人已尽的义务在经济上给予适当补偿。

本案中,张某夫妇因未有子女,担心在自己年老之后的养老问题,故与高某夫妇之间已经形成事实上的遗赠扶养关系。其后,扶养人高某夫妇搬到遗赠人张某夫妇所在地居住,履行了一定的扶养义务,张某也没有提供相反的证据证明高某夫妇未尽到扶养义务。在张某之妻死后,遗赠人张某与扶养人高某夫妇矛盾激化,张某在2014年10月28日之后便在镇政府的安排下入住敬老院,双方之间的扶养事实已经中断,高某夫妇已经无须再向张某提供扶养行为,张某在此情况下向法院提出诉请,要求解除遗赠扶养协议的请求是符合法律规定的。考虑到扶养人高某夫妇有在张某之妻在世期间提供了扶养行为,故高某夫妇对张某之妻享有受遗赠的权利;同时,高某夫妇亦对张某承担了部分生养义务,张某的财产应分给高某夫妇适当的份额。故法院的判决于法有据。

法条链接:

《民法通则》第五条 公民、法人的合法的民事权益受法律保护,任何组织和个人不得侵犯。

《继承法》第三十一条 公民可以与扶养人签订遗赠扶养协议。按照协议,扶养人承担该公民生养死葬的义务,享有受遗赠的权利。

公民可以与集体所有制组织签订遗赠扶养协议。按照协议,集体所有制组织承担该公民生养死葬的义务,享有受遗赠的权利。

最高人民法院《关于贯彻执行〈中华人民共和国继承法〉若干问题的意见》第五十六条 扶养人或集体组织与公民订有遗赠扶养协议,扶养人或集体组织无正当理由不履行,致协议解除的,不能享有受遗赠的权利,其支付的供养费用一般不予补偿;遗赠人无正当理由不履行,致协议解除的,则应偿还扶养人或集体组织已支付的供养费用。

遗赠扶养协议与遗嘱并存时,遗产该如何分配?

遗赠人在生前通过与扶养人达成约定,由扶养人承担遗赠人的生养死葬义务,遗赠人财产在其死后转归扶养人所有,这是符合我国《继承法》规定的合法行为。遗赠扶养协议对那些没有子女或者子女难以尽到赡养义务的人来说作用很大,因此在农村地区被广泛使用;但也需要注意诸多问题,尤其是遗赠人在与扶养人签订协议之后,遗赠人又立有遗嘱的情况。在遗赠人去世时,既有遗赠扶养协议,又有遗嘱,遗产将如何分配?当扶养人认真履行了对受扶养人的扶养甚至生养死葬的义务后,却可能由于受遗赠的继承人的干扰而面临约定的权利难以实现时,又该如何维护自己的权利?

高某系叶某林的继子,叶某林与高某仙婚后生有一子叶某丙(已去世)、一女叶某甲,叶某丙婚后生有一女叶某乙。2003年4月7日,叶某林(遗赠人)与余某(扶养人)签订了一份遗赠扶养协议。该协议约定:遗赠人的衣、食、住、行、病等均由扶养人承担,原单位有关遗赠人的事宜由扶养人办理,扶养人承担上述义务后,遗赠人去世时留下的遗产(动产、不动产,包括存款、字画、生活用品等)全部归扶养人所有等。叶某林、余某均在该协议上签名,并一同于同年4月16日向原安徽省黄山市公证处申请办理上述遗赠扶养协议公证,该公证处予以了公证并出具了一份《公证书》【(2003)皖黄证字第651号】。2010年5月1日,叶某林亲笔书写遗嘱一份,主要内容为:叶瘦谷艺术馆和馆内家具用具以及字画均赠与余某所有,馆内债权债务亦由余某继承或偿还;我年岁已大,将来后事亦由余某负责处理,其他人无权过问等。2014年5月29日,由吴烽、罗立平作为见证人,并由吴烽作为代书人,叶某林在黄山市人民医院消化内科病房又立遗嘱一份,主要内容为:叶某林名下财产有叶瘦谷艺术馆馆名使用权及馆内所挂字画、叶某林名下的存款、字画和一次性抚恤费,上述全部财产在叶某林死亡后归余某所有,其他人不得干涉等。叶某林于2014年6月3日去世后,高某、叶某甲、叶某乙认为其系叶某林的法定继承人,有权继承叶某林的遗产,遂于2014年6月18日诉至法院,诉讼请求为:一、依法分割叶某林与余某的共有财产;二、由余某承担本案诉讼费用。

另查明:"叶瘦谷艺术馆"全称为"黄山叶瘦谷书画艺术馆",负责人为叶某林。自叶某林与余某签订《遗赠扶养协议》起至叶某林去世,叶某林与余某一直共同生活。叶某林住院期间的医药费及丧葬事务,均由余某支付费用并处理。余某在答辩状中明确表示接受遗赠。

法院认为:民事法律行为是公民或者法人设立、变更、终止民事权利和民事义务的合法行为,民事法律行为从成立时起具有法律约束力。叶某林与余某签订的遗赠扶养协议,意思表示真实,叶某林具有完全的民事权利能力和民事行为能力,其内容没有违反法律法规的禁止性规定,合法有效,且该遗赠扶养协议办理了公证,经公证的民事法律行为有法律意义的事实和文书,应当作为认定事实的根据。2010年5月1日、2014年5月29日的两份遗嘱,均符合法律规定,合法有效。该两份遗嘱与遗赠扶养协议的内容不抵触,并可以印证叶某林将其全部财产(含抚恤金等非遗产部分)赠与给余某的意思表示,是连续、真实的。本案中既有遗赠扶养协议,也有遗嘱,根据相关法律规定,应按遗赠扶养协议办理,且余某也同意接受遗赠。余某已履行了对叶某林的扶养义务,叶某林所有的不动产、动产(包括存款、字画、生活用品等)应归余某所有。因叶某林已在生前对其所有财产处分完毕,高某、叶某甲、叶某乙未举证证明叶某林还有其他合法财产,故其主张依法分割叶某林所有财产的诉讼请求,不予支持。高某、叶某甲、叶某乙申请对叶某林在遗赠扶养协议、遗嘱上的签字进行笔迹鉴定,因其未能提交确实由叶某林亲笔书写的检材,故不予准许。依照《中华人民共和国继承法》第五条、第十六条第三款、第十七条第二款、第三款、第二十五条、第三十一条,《中华人民共和国民事诉讼法》第六十四条、第一百四十二条,《最高人民法院关于民事诉讼证据的若干规定》第二条的规定,判决:驳回高某、叶某甲、叶某乙的诉讼请求。案件受理费80元减半收取40元,由高某、叶某甲、叶某乙负担40元。

遗赠扶养协议与遗嘱都是符合我国《继承法》规定的处理被继承人遗产的方式,在法律适用方面,《遗赠扶养协议》优先于遗嘱,而遗嘱则优先于法定继承。本案中,叶某林生前与余某自愿签订的遗赠扶养协议,系双方真实意思表示,内容不违反法律、行政法规效力性的强制性规定,且该遗赠扶养协议已办理了公证,依法应认定为有效合同。依法成立的合同,受法律保护,故叶某林生前与余某自愿签订的遗赠扶养协议存有法律效力,应受法律保护。法院对高某、叶某甲、叶某乙提出笔迹鉴定申请不予准许,也并无不当。叶某林生前于2010年5月1日、2014年5月29日立的两份遗嘱与遗赠扶养协议的内容并不抵触。根据《最高人民法院关于贯彻执行〈中华人民共和国继承法〉若干问题的意见》的相关规定,被继承人生前与他人订有遗赠抚养协议,同时又立有遗嘱的,继承开始后,如果遗赠扶养协议与遗嘱没有抵触,遗产分别按协议和遗嘱处理;如果有抵触,按协议处理,与协议抵触的遗嘱全部或部分无效。叶某林现已去世,余某亦依约履行了承担叶某林的生养死葬等义务,叶某林的遗产应当按照遗赠扶养协议处理。余某依约享有叶某林去世时留下的全部动产、不动产(包括存款、字画、生活用品等)后,现已无叶某林的其他遗产可供继承和分割。因此,高某、叶某甲、叶某乙主张分割叶某林与余某的共有财产,并无事实和法律依据。

法条链接:

《继承法》第五条 继承开始后,按照法定继承办理;有遗嘱的,按照遗嘱继承或者遗赠办理;有遗赠扶养协议的,按照协议办理。

第三十一条 公民可以与扶养人签订遗赠扶养协议。按照协议,扶养人承担该公民生养死葬的义务,享有受遗赠的权利。

公民可以与集体所有制组织签订遗赠扶养协议。按照协议,集体所有制组织承担该公民生养死葬的义务,享有受遗赠的权利。

最高人民法院《关于贯彻执行〈中华人民共和国继承法〉若干问题的意见》第五条 被继承人生前与他人订有遗赠扶养协议,同时又立有遗嘱的,继承开始后,如果遗赠扶养协议与遗嘱没有抵触,遗产分别按协议和遗嘱处理;如果有抵触,按协议处理,与协议抵触的遗嘱全部或部分无效。

如何写遗嘱方能合法有效?

贾某生有三子:贾大、贾二和贾三,贾某的妻子和儿子贾三在几年前的一场意外中不幸过世。贾三的妻子也改嫁了,只留下尚未成年的孙子贾某刚由贾某抚养、照顾。在贾某刚十八岁那年,贾某结识了赵某并在同一年办理了结婚登记。为了尽量弥补孙子从小就失去的父爱,贾某对贾某刚疼爱有加,并在自己生病后的某天,便准备立一份遗嘱,把自己名下的位于本村的老宅交由贾某刚一人继承。但是由于自己文化水平有限,于是叫自己的妻子王某书写,自己只签了名字按了手印。

2013年贾某过世后,贾某刚主张自己对贾某遗留的房产具有全额继承权,要求把房产过户到自己名下。贾某的两个儿子贾大和贾二认为父亲生前对侄子贾某刚关爱有加,其遗留下来的遗产相应地多分给他一些可能性很大,大家都没有意见,但父亲不可能把老宅子全部给自己的孙子却丝毫不考虑生活艰难的儿子,肯定是贾某刚逼着父亲那么写的。再说父亲文化水平有限,不可能写出完整的遗嘱,肯定不是一份自书遗嘱,依法应认定为无效,房子还是应该由所有法定继承人共同享有,双方为此争执不下。2013年3月,贾大、贾二将贾某刚起诉至法院,要求法院判决贾某的遗嘱无效,贾某遗留的房产由全体法定继承人共同享有。在诉讼中,贾某的妻子王某声称房子留给贾某刚是贾某的遗愿,叙述了整个书写遗嘱的过程,同时明确自己不参与有关房产继承的诉讼,放弃对该房产的继承权利。同时王某表示愿意为贾某刚作证,证明贾某书写遗嘱的确切时间。

法院经审理认为,根据我国法律规定,代书遗嘱应当有两个以上见证人在场见证,由其中一人代书,注明年、月、日,并由代书人、其他见证人和遗嘱人签名。与继承人、受遗赠人有利害关系的人不能作为遗嘱见证人。本案中从已查明的事实看,此遗嘱的性质为代书遗嘱,此代书遗嘱系王某所写,王某作为利害关系人,不能作为见证人,因此该代书遗嘱不具备法律效力,经过审理,法院判决该遗嘱无效,贾某遗留的房产由全体法定继承人共同享有。基于王某已经明确表示放弃对该房产的继承权,房产应由贾大、贾二及贾某刚共同享有。

遗嘱是遗嘱人生前依法定形式对其个人所有的财产进行处分,并于其死亡时发生效力的单方民事法律行为,遗嘱继承的效力高于法定继承。由于以遗嘱的方式处分遗产在我国古已有之,因此我国现有法律中对于遗嘱继承规定较为详细,照顾到了传统的习俗和时代的进步性。法律明定的遗嘱方式包括口头遗嘱、录音遗嘱、自书遗嘱、代书遗嘱和公证遗嘱等多种方式。无论采用哪种方式订立遗嘱,遗嘱的内容都不能违反法律的规定。虽然遗嘱确实是遗嘱人自由处分自己财产的意思表示,但遗嘱人处分财产的自由受到法律的限制,不可以违反法律和公序良俗。因此,不依法律规定做出的遗嘱是不合法的,其效力可能为无效或是部分无效。

在本案中,贾某所立遗嘱是其真实的意思表示,对于自己拥有的私人财产应具有完全的处分权。由于贾某文化水平有限,因此该遗嘱由其妻子王某代其所写,贾某只是签了名字和按了手印,就此应当认定该遗嘱的性质为代书遗嘱。法律规定,代书遗嘱应当有两个以上见证人在场见证,由其中一人代书,注明年、月、日,并由代书人、其他见证人和遗嘱人签名。同时规定与继承人有利害关系的人不得作为遗嘱见证人。本案中,代书遗嘱的形成过程中只有王某一名见证人,且王某为利害关系人。因此并不满足代书遗嘱的有效条件,法院判定该遗嘱无效的判决是正确的,应由全体法定继承人继承被继承人的遗产。至于王某明确表示放弃对该房产的继承权,是对个人权利的自由处分,符合法律中关于放弃继承权的规定,应认定有效。

法条链接：

《继承法》第十六条　公民可以依照本法规定立遗嘱处分个人财产,并可以指定遗嘱执行人。公民可以立遗嘱将个人财产指定由法定继承人的一人或者数人继承。公民可以立遗嘱将个人财产赠给国家、集体或者法定继承人以外的人。

第十七条　公证遗嘱由遗嘱人经公证机关办理。自书遗嘱由遗嘱人亲笔书写,签名,注明年、月、日。代书遗嘱应当有两个以上见证人在场见证,由其中一人代书,注明年、月、日,并由代书人、其他见证人和遗嘱人签名。以录音形式立的遗嘱,应当有两个以上见证人在场见证。遗嘱人在危急情况下,可以立口头遗嘱。口头遗嘱应当有两个以上见证人在场见证。危急情况解除后,遗嘱人能够用书面或者录音形式立遗嘱的,所立的口头遗嘱无效。

第十八条　下列人员不能作为遗嘱见证人:无行为能力人、限制行为能力人;继承人、受遗赠人;与继承人、受遗赠人有利害关系的人。

第十九条　遗嘱应当对缺乏劳动能力又没有生活来源的继承人保留必要的遗产份额。

第二十二条　无行为能力人或者限制行为能力人所立的遗嘱无效。遗嘱必须表示遗嘱人的真实意思,受胁迫、欺骗所立的遗嘱无效。伪造的遗嘱无效。遗嘱被篡改的,篡改的内容无效。

第二十五条　继承开始后,继承人放弃继承的,应当在遗产处理前,作出放弃继承的表示。没有表示的,视为接受继承。受遗赠人应当在知道受遗赠后两个月内,作出接受或者放弃受遗赠的表示,到期没有表示的,视为放弃受遗赠。

第二十七条　有下列情形之一的,遗产中的有关部分按照法定继承办理:遗嘱继承人放弃继承或者受遗赠人放弃受遗赠的;遗嘱继承人丧失继承权的;遗嘱继承人、受遗赠人先于遗嘱人死亡的;遗嘱无效部分所涉及的遗产;遗嘱未处分的遗产。

最高人民法院《关于贯彻执行〈中华人民共和国继承法〉若干问题的意见》第六条　遗嘱继承人依遗嘱取得遗产后,仍有权依《继承法》第13条的规定取得遗嘱未处分的遗产。

第三十五条　继承法实施前订立的,形式上稍有欠缺的遗嘱,如内容合法,又有充分证据证明确为遗嘱人真实意思表示的,可以认定遗嘱有效。

第三十七条　遗嘱人未保留缺乏劳动能力又没有生活来源的继承人的遗产份额,遗产处理时,应当为该继承人留下必要的遗产,所剩余的部分,才可参照遗嘱确定的分配原则处理。继承人是否缺乏劳动能力又没有生活来源,应按遗嘱生效时该继承人的具体情况确定。

第四十条　公民在遗书中涉及死后个人财产处分的内容,确为死者真实意思的表示,有本人签名并注明了年、月、日,又无相反证据的,可按自书遗嘱对待。

第四十七条　继承人放弃继承应当以书面形式向其他继承人表示。用口头方式表示放弃继承,本人承认,或有其他充分证据证明的,也应当认定其有效。

第四十八条　在诉讼中,继承人向人民法院以口头方式表示放弃继承的,要制作笔录,由放弃继承的人签名。

四、农村老人土地承包与宅基地权益保护问题

举家搬到县城,村里能收回承包地吗?

王某是小王村的一名 70 岁左右的农民,平日在村里生活耕作,2004 年承包了村里 3 亩耕地,承包期限 30 年,近两年来,随着城镇建设步伐加快,他在县城经商并定居了的子女越做越好,为了帮助子女解决后勤保障工作,王某和老伴于 2013 年举家迁入县城,并将承包的土地流转给了同村的邻居耕种。可迁出后不久,村委会的干部就找到他,书面通知他不再具有承包本村土地的资格,要求强行收回其承包的耕地。王某不服,遂起诉至县人民法院,要求继续履行合同。

在庭审过程中,村主任辩称:由于王某一家已经迁到县城去住,已经不在本村生活,因此没有资格再承包耕地,村里的耕地只是承包给本村村民的,且本村的土地有限,人多地少,收回耕地是经过村委会开会讨论决定的,符合法律规定,也符合村里的实际情况。王某却认为,自己和村里签了 30 年的承包合同,且已经全部缴纳了承包费,既然签订了合同,缴纳了费用,合同就应该继续履行,虽然已经全家迁往县城,但是合同还应该继续有效,要求村委会继续履行合同。

法院经过审理认为:村委会与王某签订的农村土地承包合同真实有效,且王某已经全部缴纳了承包费,其合同应该受到法律保护。虽然王某一家迁往县城去住,且户口也迁往县城,但是现在王某想继续承包耕地,其承包经营权可以通过转包、代耕等方式继续拥有,现在其已经将土地交给邻居耕种,并未闲置,所以其承包经营权应该受到保护,法院判决支持王某的诉讼请求,村委会应该继续履行承包合同。

随着我国经济的快速发展,越来越多的农民走出去打工或者经商,甚至举家搬迁,应该如何处理其原来承包的土地,也成了一个普遍问题。个别地方置农户的合法权益于不顾,擅自收回他们承包的土地,引起这些农户的强烈不满。对此,我国的物权法和农村土地承包法明确规定国家依法保护农村土地承包关系的长期稳定,承包期内发包方不得收回承包地。《物权法》第一百三十一条规定:"承包期内发包人不得收回承包地。农村土地承包法等法律另有规定的,依照其规定。"《农村土地承包法》第二十六条规定:"承包期内,发包方不得收回承包地。承包期内,承包方全家迁入小城镇落户的,应当按照承包方的意愿,保留其土地承包经营权或者允许其依法进行土地承包经营权流转。承包期内,承包方全家迁入设区的市,转为非农业户口的,应当将承包的耕地和草地交回发包方。承包方不交回的,发包方可以收回承包的耕地和草地。承包期内,承包方交回承包地或

者发包方依法收回承包地时,承包方对其在承包地上投入而提高土地生产能力的,有权获得相应的补偿。"

前款所说的"小城镇",包括了县级市市区、县人民政府驻地镇和其他建制镇。关于承包方全家迁入小城镇落户,其承包地能否收回的问题,主要应该考虑到农民迁入小城镇后的社会保障问题。目前我国的社会保障制度还不够健全,各地的经济发展还不平衡,许多小城镇还没有建立城市居民最低生活保障等制度,在这种情况下,进入小城镇落户的农民一旦失去生活来源,那么其最基本的生活将无法得到保障。农村土地承包法设置上述规定,应当按照承包方的意愿,保留其土地承包经营权,那么农户可以根据生产季节回来耕作;也允许其依法通过转包、出租、互换、转让等方式进行土地承包经营权流转,从而保护进入小城镇生活的农民的合法权益。如果村民举家迁入设区的市,转为非农业户口,即已经不属于农村集体经济组织的成员。最重要的是,设区的市的社会保障制度十分健全,承包人即使失去了稳定的职业或者收入来源,也可以享受到城市居民最低生活保障,也能维持生活。

在本案中,王某虽然全家已经迁入了县城,但为了保护其农民身份的合法权益,根据法律规定,在没有法定收回承包权的情形下,基于王某仍然愿意继续以其他方式耕作,村委会不能够收回王某所承包的土地。

法条链接:

《民法通则》第五条 公民、法人的合法的民事权益受法律保护,任何组织和个人不得侵犯。

第八十条 国家所有的土地,可以依法由全民所有制单位使用,也可以依法确定由集体所有制单位使用,国家保护它的使用、收益的权利;使用单位有管理、保护、合理利用的义务。公民、集体依法对集体所有的或者国家所有由集体使用的土地的承包经营权,受法律保护。承包双方的权利和义务,依照法律由承包合同规定。土地不得买卖、出租、抵押或者以其他形式非法转让。

《农村土地承包法》第二十六条 承包期内,发包方不得收回承包地。承包期内,承包方全家迁入小城镇落户的,应当按照承包方的意愿,保留其土地承包经营权或者允许其依法进行土地承包经营权流转。承包期内,承包方全家迁入设区的市,转为非农业户口的,应当将承包的耕地和草地交回发包方。承包方不交回的,发包方可以收回承包的耕地和草地。承包期内,承包方交回承包地或者发包方依法收回承包地时,承包方对其在承包地上投入而提高土地生产能力的,有权获得相应的补偿。

第三十四条 土地承包经营权流转的主体是承包方。承包方有权依法自主决定土地承包经营权是否流转和流转的方式。

第三十五条 承包期内,发包方不得单方面解除承包合同,不得假借少数服从多数强迫承包方放弃或者变更土地承包经营权，不得以划分"口粮田"和"责任田"等为由收回承包地搞招标承包，不得将承包地收回抵顶欠款。

公民可否订立遗嘱处分土地权利？

房某与温某系夫妻关系，二人共生育5名子女：长子房某福、次子房某江、三子房某平、长女房某双、次女房某明（已死亡）。房某、温某生前有自留地0.2亩，一直由二人使用。1994年1月，房某与村经济合作社签订《散生果树承包合同》承包该村果树地5亩。同年，温某死亡。1998年，村经济合作社以房某个人为一户单位分给其口粮田0.33亩。2009年1月，房某订立遗嘱，将上述果树地5亩、口粮田0.33亩及自留地0.2亩的承包经营权全部由长子房某福继承。2010年9月，房某死亡。2011年12月，房某福起诉至法院要求按遗嘱继承上述土地的承包经营权。审理中，房某明（已去世）之继承人放弃了对上述内容的继承权；房某江、房某平、房某双均否认遗嘱的真实性并要求等额继承其母亲温某的上述农村土地承包经营权。

法院经审理认为，公民可以订立遗嘱处分个人财产，但因口粮田和自留地不属于房某遗产范围，故房某遗嘱中对口粮田、自留地的处分无效，应由该村集体经济组织进行处理；对于承包经营权，按照《中华人民共和国农村土地承包法》的有关规定，土地承办经营权不能继承，应当依法回收集体。房某江、房某平、房某双虽否认遗嘱的真实性，但不能就此提供相关证据。故法院判决房某福对诉争的5亩果树地在承包经营期限内享有承包经营权，同时驳回房某福其他诉讼请求。

遗产是被继承人死亡时遗留的个人所有财产和法律规定可以继承的其他财产权益。根据我国继承法的相关规定，遗产的范围主要包括：公民的收入；公民的房屋、储蓄和生活用品；公民的林木、牲畜和家禽；公民的文物、图书资料；法律允许公民所有的生产资料；公民的著作权、专利权中的财产权利等。公民可以订立遗嘱处分个人财产。但口粮田、自留地属于集体财产，并不属于公民遗产范围，其订立遗嘱处分口粮田、自留地的应属无效，应由该村集体经济组织进行处理。而关于土地承包经营权，依照《中华人民共和国农村土地承包法》的有关规定，土地承包经营权是以户为单位划分的，由于房某福等人与其父母并不在同一户口下，故并不能享有土地承包经营权，更无所谓继承问题。

在本案中，0.33亩粮田和0.2亩自留地，应当认为是以家庭承包方式获得的土地承包经营权，该权利归房某与温某夫妇共同享有，此后温某过世的情况下，根据法律规定，应当依法由集体回收。当然，基于土地承包经营权所产生的承包收益可以依法继承。

法条链接：

《**农村土地承包法**》第三十一条 承包人应得的承包收益，依照继承法的规定继承。林地承包的承包人死亡，其继承人可以在承包期内继续承包。

第三十五条 承包期内，发包方不得单方面解除承包合同，不得假借少数服从多数强迫承包方放弃或者变更土地承包经营权，不得以划分"口粮田"和"责任田"等为由收回承包地搞招标承包，不得将承包地收回抵顶欠款。

第五十条 土地承包经营权通过招标、拍卖、公开协商等方式取得的，该承包人死亡，其应得的承包收益，依照继承法的规定继承；在承包期内，其继承人可以继续承包。

《**继承法**》第四条 个人承包应得的个人收益，依照本法规定继承。个人承包，依照法律允许由继承人继续承包的，按照承包合同办理。

第十条 遗产按照下列顺序继承：第一顺序：配偶、子女、父母。第二顺序：兄弟姐妹、祖父母、外祖父母。继承开始后，由第一顺序继承人继承，第二顺序继承人不继承。没有第一顺序继承人继承的，由第二顺序继承人继承。本法所说的子女，包括婚生子女、非婚生子女、养子女和有扶养关系的继子女。本法所说的父母，包括生父母、养父母和有扶养关系的继父母。本法所说的兄弟姐妹，包括同父母的兄弟姐妹、同父异母或者同母异父的兄弟姐妹、养兄弟姐妹、有扶养关系的继兄弟姐妹。

第十六条 公民可以依照本法规定立遗嘱处分个人财产，并可以指定遗嘱执行人。公民可以立遗嘱将个人财产指定由法定继承人的一人或者数人继承。公民可以立遗嘱将个人财产赠给国家、集体或者法定继承人以外的人。

第二十六条 夫妻在婚姻关系存续期间所得的共同所有的财产，除有约定的以外，如果分割遗产，应当先将共同所有的财产的一半分出为配偶所有，其余的为被继承人的遗产。遗产在家庭共有财产之中的，遗产分割时，应当先分出他人的财产。

最高人民法院《关于贯彻执行〈中华人民共和国继承法〉若干问题的意见》第四条 承包人死亡时尚未取得承包收益的，可把死者生前对承包所投入的资金和所付出的劳动及其增值和孳息，由发包单位或者接续承包合同的人合理折价、补偿，其价额作为遗产。

第三十八条 遗嘱人以遗嘱处分了属于国家、集体或他人所有的财产，遗嘱的这部分，应认定无效。

农村房屋买卖中土地使用权是否也同时转让？

坐落于 A 市区的三间平房的房屋产权人为闻某，其持有该房屋的所有权证和集体土地使用权证。1998 年日，闻某与其妻郑某协议离婚，将该三间平房的一半所有权归原告郑某所有,另一半抵作女儿闻小某的抚养费,也归郑某所有。1996年,闻某曾向陈某借款74 000元,借款到期后,闻某并未能按约归还,陈某向法院起诉,后经法院调解,由闻某归还陈某借款本金74 000元、利息7 983元。但闻某未能按约履行。1999年法院委托某房地产估价事务所对闻某名下的三间平房进行了评估,评估价为27 702元。后法院委托某拍卖有限责任公司对该房屋进行了公开拍卖。王某以49 000元的价格竞拍成交(另加手续费490元),并领取了房屋所有权证,但未能办理土地使用权证,集体土地建设用地使用证仍登记在闻某名下。王某与闻某系同一集体经济组织成员,现为非农户口。2003年,该三间平房列入市旧城改造农房拆迁安置范围。因该房屋的房屋所有权证登记在被告王某名下,而集体土地建设用地使用证则仍登记在闻某名下。闻某曾为此向法院提起诉讼,请求对该土地使用权进行确权。庭审期间,闻某去世。闻某的法定继承人闻小某及前妻郑某向法院起诉,请求对该土地使用权进行确权,认为该土地使用权应当归自己所有。而王某则认为:该房屋经法院委托、经拍卖公司公开拍卖,由自己通过拍卖取得了该房屋,并已办理了房产证,经过了国家的认可,因此,自己取得该讼争房屋的所有权是合法的。依照法律规定,集体土地在同一集体经济组织成员之间可以依法转让,王某与闻某系同一集体经济组织成员,可以依法转让。房屋已经买卖过户,房产证已转移,仅仅是土地证没有办理过户手续而已。房屋离不开土地,该房屋所属的尽管属于集体土地,应归被告所有。闻某的离婚协议,不能对抗善意第三者。农村集体土地上的房屋被拆迁后,土地归集体所有,不存在个人所有的问题。

随着我国城乡一体化进程的加速,农村在逐渐变为郊区,而郊区又在逐渐变为城市。城市化进程发展的过程,是郊区、农村的集体土地被国家征用的过程,形成国有土地和集体土地并存的局面。在现实生活中,农村房屋买卖的情况相当普遍,解决农村房屋是否可以自由买卖的问题,关键在于土地使用权的归属问题。

根据法律规定,我国土地分为全民所有的土地和集体所有的土地两大类。城市市区的土地属于全民所有即国家所有;农村和城市郊区的土地,除法律规定属于国家所有的以外,属于集体所有。宅基地和自留地、自留山属于集体所有。集体所有的土地,由村农业生产合作社等农业集体经济组织或者村民委员会经营管理。农村宅基地属于农村集体经济组织,能享有农村宅基地使用权的必须是农村集体经济组织的成员,且一户只能享有一处。如果农民的房屋允许自由买卖,将导致房屋项下的宅基地使用权一并进行转让,势必导致宅基地使用权享受主体的扩大化。依照有关规定,因依法转让地上建筑物、构筑物等附着物导致土地使用权转移的,必须向土地所在地的县级人民政府土地行政主管部门提出变更登记申请,由原土地登记机关依法进行土地所有权、使用权变更登记。农村集体经济组织成员的房屋由法院委托,经评估机构评估、公开拍卖,由本集体经济组织成员竞拍所得并办理了房屋所有权证的,由于取得该房屋的手续合法,并且该土地使用权之变更也未改变宅基地使用权系由农村集体组织成员享有的相关法律规定,因此买受人有权取得该房屋范围内所涉及的土地使用权。

在本案中，王某与闻某、郑某及闻小某等人系同一集体经济组织成员。原登记在闻某名下的讼争房屋由法院委托，经评估机构评估、公开拍卖，由王某竞拍所得，并办理了房屋所有权证，取得该房屋的手续合法。因此，王某有权取得该房屋范围内所涉及的土地使用权，并且该土地使用权之变更也未改变宅基地使用权系由农村集体组织成员享有的相关法律规定。按照地随房走原则，房屋所有权和土地使用权均应归被告王某所有。因此，农村房屋买卖中土地使用权也同时转让，郑某及闻小某的诉求无法得到法院的支持。

法条链接：

《**土地管理法**》第二条　中华人民共和国实行土地的社会主义公有制，即全民所有制和劳动群众集体所有制。全民所有，即国家所有土地的所有权由国务院代表国家行使。任何单位和个人不得侵占、买卖或者以其他形式非法转让土地。土地使用权可以依法转让。国家为了公共利益的需要，可以依法对土地实行征收或者征用并给予补偿。国家依法实行国有土地有偿使用制度。但是，国家在法律规定的范围内划拨国有土地使用权的除外。

第十一条　农民集体所有的土地，由县级人民政府登记造册，核发证书，确认所有权。农民集体所有的土地依法用于非农业建设的，由县级人民政府登记造册，核发证书，确认建设用地使用权。单位和个人依法使用的国有土地，由县级以上人民政府登记造册，核发证书，确认使用权；其中，中央国家机关使用的国有土地的具体登记发证机关，由国务院确定。确认林地、草原的所有权或者使用权，确认水面、滩涂的养殖使用权，分别依照《中华人民共和国森林法》《中华人民共和国草原法》和《中华人民共和国渔业法》的有关规定办理。

第六十二条　农村村民一户只能拥有一处宅基地，其宅基地的面积不得超过省、自治区、直辖市规定的标准。农村村民建住宅，应当符合乡（镇）土地利用总体规划，并尽量使用原有的宅基地和村内空闲地。农村村民住宅用地，经乡（镇）人民政府审核，由县级人民政府批准；其中，涉及占用农用地的，依照本法第四十四条的规定办理审批手续。农村村民出卖、出租住房后，再申请宅基地的，不予批准。

第六十三条　农民集体所有的土地的使用权不得出让、转让或者出租用于非农业建设；但是，符合土地利用总体规划并依法取得建设用地的企业，因破产、兼并等情形致使土地使用权依法发生转移的除外。

《**土地管理法实施条例**》第四条　农民集体所有的土地，由土地所有者向土地所在地的县级人民政府土地行政主管部门提出土地登记申请，由县级人民政府登记造册，核发集体土地所有权证书，确认所有权。农民集体所有的土地依法用于非农业建设的，由土地使用者向土地所在地的县级人民政府土地行政主管部门提出土地登记申请，由县级人民政府登记造册，核发集体土地使用权证书，确认建设用地使用权。设区的市人民政府可以对市辖区内农民集体所有的土地实行统一登记。

第六条　依法改变土地所有权、使用权的，因依法转让地上建筑物、构筑物等附着物导致土地使用权转移的，必须向土地所在地的县级以上人民政府土地行政主管部门提出土地变更登记申请，由原土地登记机关依法进行土地所有权、使用权变更登记。土地所有权、使用权的变更，自变更登记之日起生效。依法改变土地用途的，必须持批准文件，向土地所在地的县级以上人民政府土地行政主管部门提出土地变更登记申请，由原土地登记机关依法进行变更登记。

未在村里居住的村民能否分得承包地征收补偿款？

原告芦某是东杨村村民，1976年原告芦某与邻村大杨村郭某登记结婚，婚后其户籍仍保留在东杨村，婚后芦某未在开发区人口和计划生育委员会参加孕检。1989年11月19日芦某出具保证书，保证其和儿子的户口为空头户口，今后不参与东杨村的分配，不划宅基地，不分耕地。后东杨村多次分配土地补偿款时，未给芦某分配。为此芦某提起诉讼，要求东杨村村委会支付其一定金额的土地补偿款。而东杨村村委会则认为，不分给芦某土地补偿款是由村民会议表决决定的，村委会必须执行。在2002年秋后调整土地时，专门为出嫁女户口未迁出的留出一部分口粮田，并规定不得参与村里的任何分配。既然申请分得了口粮田，那么就说明同意了村里"不得参与村里的任何分配"的规定，现再起诉显然不妥。况且原告并未履行村民义务，计划生育等也未纳入村里管理，婚后也一直在婆家居住。原告已写过保证，放弃了村民待遇。

法院经审理认为，土地补偿费是因国家征用土地而对土地所有人和使用人的损失给予的补偿，在土地补偿安置方案确定时具有该集体经济组织成员资格的人，应当享有分配该笔土地补偿费的权利。芦某系东杨村人，于1976年同郭某结婚后，在其丈夫的村未分配有土地，户籍也未迁出东杨村，一直接受东杨村的管理。芦某在2002年7月3日第一次制定土地补偿安置方案时便具有东杨村集体经济组织成员资格，依法应当享受土地补偿款的待遇。虽然芦某在村里签了保证书，但芦某作为东杨村的村民，享有参与东杨村的集体经济组织收益的分配、划分宅基地、承包耕地的权利，这也是芦某的基本权利，东杨村村委会无权剥夺，村委会以不给刚出生的孩子上户口迫使芦某在村委会事先写好的保证书上签字，村委会的行为显系违法，村委会无权剥夺公民的基本权利。根据法律规定，该违法的民事行为为无效行为，故对于该保证应当认定为无效。因此判定村委会应当支付给芦某一定金额的承包地征收补偿款。

随着社会的进步与发展，城市建设的加快与扩张，城市的可用地的面积越来越少，逐渐不够用，这导致城市向农村发展的趋势，农村的土地被征用的情况越来越普遍，即存在一个将集体所有土地转化为国家所有土地的过程。不同于当事人之间通过合意发生的土地使用权的流转,土地征收具有强制性,对于农村土地承包经营权人而言,就是将该土地使用权交与公权力并获得对价的过程。由于享有参与集体经济组织收益的分配、划分宅基地、承包耕地的权利是集体经济组织成员的基本权利,任何组织或个人都无权剥夺,当土地被征收时应当给予当事人相应的征收补偿款。

在本案中,村委会无权剥夺公民的基本权利,东杨村村委会以不给刚出生的孩子上户口迫使芦某在村委会事先写好的保证书上签字,同时认为芦某没有资格取得征收补偿款,村委会的行为显系违法。根据法律规定,该违法的民事行为为无效行为,故对于该保证应当认定为无效。村委会应当支付给芦某一定金额的承包地征收补偿款。

法条链接:

《**农村土地承包法**》第五条 农村集体经济组织成员有权依法承包由本集体经济组织发包的农村土地。任何组织和个人不得剥夺和非法限制农村集体经济组织成员承包土地的权利。

第七条 农村土地承包应当坚持公开、公平、公正的原则,正确处理国家、集体、个人三者的利益关系。

第九条 国家保护集体土地所有者的合法权益,保护承包方的土地承包经营权,任何组织和个人不得侵犯。

第十六条 承包方享有下列权利:(一)依法享有承包地使用、收益和土地承包经营权流转的权利,有权自主组织生产经营和处置产品;(二)承包地被依法征收、征用、占用的,有权依法获得相应的补偿;(三)法律、行政法规规定的其他权利。

第五十九条 违反土地管理法规,非法征收、征用、占用土地或者贪污、挪用土地征收征用补偿费用,构成犯罪的,依法追究刑事责任;造成他人损害的,应当承担损害赔偿等责任。

出卖宅基地后还可以再向村委会申请么?

葛某系葛家庄村民,自家有一处宅基地,2012年,葛某在自己宅基地旁建了一座二层的小楼,同年,由于其终生没有结婚的哥哥去世,葛某又继承了他哥哥的三间房屋。同村村民赵某多年在外打工,2012年回村,由于自家住宅紧张,遂与葛某协商,想购买葛某的二层小楼,出价15万元,双方签订了书面合同,且赵某于2013年1月份搬进了小楼,葛某则搬进了从哥哥处继承来的三间房屋。2013年2月,葛某将三间房屋拆除,欲重建新房。村委会知道后前往制止,双方发生争议,葛某不管村里的劝阻,依旧盖房,后村委会将葛某诉至法院,要求停止侵权。而葛某则认为,自己家的房屋已经卖了,没有地方住,自己目前重建房屋的地方原是自己哥哥的房屋,建在他的宅基地上,自己有权利建设新房。

　　法院经过审理认为,根据我国法律规定,一户村民只能有一处宅基地,葛某原有一处宅基地且建设了一座二层小楼,但此楼已经卖给了同村的赵某,根据土地管理法的规定,农村村民出卖、出租住房后,再申请宅基地的,不予批准;对于其兄长所遗留的房屋,属于遗产,葛某可以合法继承,但是继承的标的物是房屋,而并非宅基地,宅基地的所有权属于村集体所有,现在由于葛某已经将原来的三间房屋拆除,继承的标的物已经不存在了,对于此宅基地,村里可以收回。现在,由于葛某已经将房屋出卖,无权再申请宅基地,也没有权利使用其兄长遗留下的宅基地,因此,不能够在该宅基地上盖房,葛某应当停止建房行为。

　　我国的城市和农村建设日新月异,许多农村居民选择到城市中打工,学习,或是因为别的原因离开了农村,或者虽然没有离开农村,但对外出卖了宅基地使用权。宅基地是我国为了保护农村人口的合法权益,使农村集体经济组织内的成员依法享有的在农民集体所有的土地上建造个人住宅的权利,城市居民无法拥有这一权利。根据法律规定,农村村民建住宅只能使用本集体经济组织所有的集体土地,因此,农村居民只能在户口所在村内申请宅基地,不能到其他乡村内申请宅基地。这主要是对新申请宅基地而言,但因为房产继承等合法原因形成的多处住宅包括宅基地在内,原则上不作处理,农村村民可以出卖等方式处理,也可以维护原状,但房屋不得翻建,房屋损坏后,多余的宅基地应当退出。

　　在本案中,葛某本来拥有属于自己的宅基地,但是后来其将宅基地上的房屋卖掉,宅基地使用权也随之转移;至于葛某从哥哥处继承来的房屋,其对于该三间房屋拥有合法所有权,但并不享有宅基地使用权,宅基地不能被继承,在继承了该三间房屋后,葛某将房屋拆除,继承的标的物不存在了,也就丧失了对该宅基地的使用权,从而,葛某没有权利在不属于他拥有宅基地使用权的土地上建造房屋。

法条链接:
《土地管理法》第十条　农民集体所有的土地依法属于村农民集体所有的,由村集体经济组织或者村民委员会经营、管理;已经分别属于村内两个以上农村集体经济组织的农民集体所有的,由村内各该农村集体经济组织或者村民小组经营、管理;已经属于乡(镇)农民集体所有的,由乡(镇)农村集体经济组织经营、管理。

　　第六十二条　农村村民一户只能拥有一处宅基地,其宅基地的面积不得超过省、自治区、直辖市规定的标准。农村村民建住宅,应当符合乡(镇)土地利用总体规划,并尽量使用原有的宅基地和村内空闲地。农村村民住宅用地,经乡(镇)人民政府审核,由县级人民政府批准;其中,涉及占用农用地的,依照本法第四十四条的规定办理审批手续。农村村民出卖、出租住房后,再申请宅基地的,不予批准。

《侵权责任法》第三条 被侵权人有权请求侵权人承担侵权责任。

第六条 行为人因过错侵害他人民事权益,应当承担侵权责任。根据法律规定推定行为人有过错,行为人不能证明自己没有过错的,应当承担侵权责任。

《继承法》第十条 遗产按照下列顺序继承:第一顺序:配偶、子女、父母。第二顺序:兄弟姐妹、祖父母、外祖父母。继承开始后,由第一顺序继承人继承,第二顺序继承人不继承。没有第一顺序继承人继承的,由第二顺序继承人继承。本法所说的子女,包括婚生子女、非婚生子女、养子女和有扶养关系的继子女。本法所说的父母,包括生父母、养父母和有扶养关系的继父母。本法所说的兄弟姐妹,包括同父母的兄弟姐妹、同父异母或者同母异父的兄弟姐妹、养兄弟姐妹、有扶养关系的继兄弟姐妹。

《确定土地所有权和使用权的若干规定》第四十九条 接受转让、购买房屋取得的宅基地,与原有宅基地合计面积超过当地政府规定标准,按照有关规定处理后允许继续使用的,可暂确定其集体土地建设用地使用权。继承房屋取得的宅基地,可确定集体土地建设用地使用权。

土地承包合同无效,责任由谁来承担?

1973年出生的李某于2001年12月与当时的村委会签订了一份土地承包合同。合同约定,村委会将村属的15亩承包地承包给李某经营,承包期限为30年。合同签订后,李某对所承包的土地进行了重新规范和整理,并在投资近3 000元的承包土地上新打了一眼深井。2002年10月,李某所在的村委会进行了换届选举。换届后的村委会以原村委会与李某所签订的土地承包合同没有召开村民大会,违反民主议定原则为由,将李某所承包的土地强行收回。李某将村委会告上法庭,要求确认合同有效,被告继续履行合同;如果确认合同无效,要求赔偿2万元经济损失。

法院经审理后认为,原告李某与原村委会之间签订的土地承包合同违反了民主议定原则,属于无效合同。原村委会在签订合同中存在明显过错,应当对因合同无效给原告李某造成的经济损失进行赔偿。但法院在判决中只对因合同无效给李某造成的直接损失作了认定,判决村委会赔偿李某整地和打井费用5 000元,而对李某自行委托价格认证中心认证的不能继续履行合同后两年的土地可得利益损失13 000元,以"属于期待利益,不是直接损失,且村委会有异议"为由,不予支持。①

---

① 农村土地承包纠纷案例分析:http://china.findlaw.cn/info/jingjifa/jjjf/384803.html

本案主要涉及土地承包合同被认定无效后,责任应如何分担的问题。在本案中,李某承包土地是在村委会换届之前确定的,属于经过村委会同意的承包行为。但是在换届后,新的村委会以没有经过民主决议为由回收了承包土地,这一点得到人民法院的认可,也是符合《农村土地承包法》第18条、第19条规定的。但在本案中,原村委会也存在明显的过错,作为村集体应当依法履行土地承包的程序,故法院也认定村委会需要赔偿李某的直接损失5 000元。但是,本案的问题在于,人民法院认定李某自行委托的价格认证中心认证的费用,不能够简单地以"属于期待利益"为理由而驳回,而应当根据双方的过错予以分担。

我国对于农村土地总体上采取以管制为主的政策,村民承包土地必须要经过集体民主决议,未经决议而承包土地的,依照《土地承包经营法》以及《合同法》的规定,承包协议应当归于无效,农民也无法取得土地承包经营权。

法条链接:
《农村土地承包法》第十八条 土地承包应当遵循以下原则:
(一)按照规定统一组织承包时,本集体经济组织成员依法平等地行使承包土地的权利,也可以自愿放弃承包土地的权利;
(二)民主协商,公平合理;
(三)承包方案应当按照本法第十二条的规定,依法经本集体经济组织成员的村民会议三分之二以上成员或者三分之二以上村民代表的同意;
(四)承包程序合法。

第十九条 土地承包应当按照以下程序进行:
(一)本集体经济组织成员的村民会议选举产生承包工作小组;
(二)承包工作小组依照法律、法规的规定拟订并公布承包方案;
(三)依法召开本集体经济组织成员的村民会议,讨论通过承包方案;
(四)公开组织实施承包方案;
(五)签订承包合同。

下 编

农村老人犯罪与预防

一、涉及农村老人生命权、健康权的犯罪

不堪受虐棒杀亲子，老人犯罪谁之过？

王某今年58岁，住丹江口市六里坪镇杨家村，多年来一直受其子王小某的虐待。2008年5月初，王小某因嫌父母吃饭慢便打骂二人，将其父王某的门牙打掉，致轻伤。当年10月30日，法院以故意伤害罪判处王小某有期徒刑一年。2009年8月，王小某刑满释放后仍不思悔改，多次打骂父母并索要钱财。2011年1月4日18时许，王小某再次向王某索要5000元钱未果，便威逼其母跪在地上，扬言次日不给钱，便将王某杀死。次日凌晨6时许，王某起床后到王小某卧室大衣柜找衣服，开柜门声惊动了王小某。王小某再次威胁其父："你今天给老子借5000块钱，不然今天要你的命"！王某担心无法满足儿子的要求，害怕儿子要自己的命，绝望之中，便从稻场柴堆拿了一根木棒到王小某卧室，用木棒朝正在床上熟睡的王小某头部猛击数下，直到王小某没有呼吸为止。然后，被告人自己到派出所投案自首。经法医鉴定，被害人王小某系被他人用钝器多次打击头部，致颅脑严重损伤、口鼻部溺于血泊中窒息而死亡。案发后，被告人王某居住地的杨家村众多村民联名上书请愿，认为被告人王某为民除害，要求对其从轻处理。

这是一起典型的故意杀人罪案件，我国刑法规定的故意杀人罪，是指故意非法剥夺他人生命的行为。实践中认定本罪需注意：首先，本罪的对象是行为人以外的"他人"，其范围没有限定，不管是中国人，还是外国人或无国籍人，也不论被害人的性别、种族、职业、身份等状况。因此，即使是亲属之间的故意杀人行为，也应以故意杀人罪论处。其次，本罪的行为内容表现为剥夺他人生命即杀人，其特点是直接或间接作用于人的肌体，在他人自然死亡之前终结其生命。这种杀人行为，既可以是以物理的方式，如刺杀、枪杀，也可以是心理的方式，如以辱骂等精神刺激的方式导致心脏病患者死亡。杀人行为发生死亡结果的，成立故意杀人罪的既遂；没有发生死亡结果的，成立故意杀人罪的未遂、中止或预备。最后，与其他案件有所不同的是，本案中的犯罪主体是老年人。从医学的角度讲，人在进入老年期后，身体器官和组织逐渐萎缩，身体机能逐渐衰退，如听力下降，视力减退，从而使控制行为的能力减弱，极易在特定情况下实施犯罪行为。所以我国法律出于人道主义的考虑，对老年人犯罪的情况，通常给予从宽处罚，如《刑法》第十七条之一规定，已满75周岁的人故意犯罪的，可以从轻或者减轻处罚；过失犯罪的，应当从轻或者减轻处罚。

夕阳无限好，含饴弄群孙，本是农村老年人所向往的幸福生活。而本案中的犯罪人

王某却在儿子的逼迫下,不得不亲手结束了儿子的生命,让自己在暮年之际承受法律的惩罚,实在可悲可叹。后法院审理认为:被告人王某与被害人虽系父子关系,但长期遭受儿子王小某的打骂虐待,且在自己人身权利面临威胁而绝望的情况下,用木棒打死亲生儿子,非法剥夺了他人生命,其行为已构成故意杀人罪。案发后,被告人主动投案,并如实供述了全部犯罪事实,应当认定为投案自首,具有法定减轻处罚情节。且本案被害人具有严重过错,依法可以减轻对被告人的处罚,且对被告人适用缓刑不致再危害社会,遂作出从轻处理的判决。

法条链接:

《刑法》第二百三十二条 故意杀人的,处死刑、无期徒刑或者十年以上有期徒刑;情节较轻的,处三年以上十年以下有期徒刑。

根据2015年3月4日最高人民法院、最高人民检察院、公安部、司法部**《关于依法办理家庭暴力犯罪案件的意见》**规定,依法准确定罪处罚。对故意杀人、故意伤害、强奸、猥亵儿童、非法拘禁、侮辱、暴力干涉婚姻自由、虐待、遗弃等侵害公民人身权利的家庭暴力犯罪,应当根据犯罪的事实、犯罪的性质、情节和对社会的危害程度,严格依照刑法的有关规定判处。对于同一行为同时触犯多个罪名的,依照处罚较重的规定定罪处罚。

充分考虑案件中的防卫因素和过错责任。对于长期遭受家庭暴力后,在激愤、恐惧状态下为了防止再次遭受家庭暴力,或者为了摆脱家庭暴力而故意杀害、伤害施暴人,被告人的行为具有防卫因素,施暴人在案件起因上具有明显过错或者直接责任的,可以酌情从宽处罚。对于因遭受严重家庭暴力,身体、精神受到重大损害而故意杀害施暴人;或者因不堪忍受长期家庭暴力而故意杀害施暴人,犯罪情节不是特别恶劣,手段不是特别残忍的,可以认定为刑法第二百三十二条规定的故意杀人"情节较轻"。在服刑期间确有悔改表现的,可以根据其家庭情况,依法放宽减刑的幅度,缩短减刑的起始时间与间隔时间;符合假释条件的,应当假释。被杀害施暴人的近亲属表示谅解的,在量刑、减刑、假释时应当予以充分考虑。

逗一时之快"骂死"老人,要偿命吗?

在我国古代,"骂死人"曾是一门学问,不用动手就可要人命,如三国中诸葛亮,先是骂死周瑜,后又骂死王郎,曾被传为美谈。而在当今社会,骂死人恐怕不再是"壮举",因为很有可能引来牢狱之灾。

巷口村的张大爷和李姐是邻居。两家一直不合,时有争吵。2014年3月底的一天,张大爷家的狗在李姐家门口拉了一泡屎,张大爷不知情故未收拾。李姐看到后,非常生气,认为张大爷应该主动将狗屎清理干净,否则自己会晦气倒霉。但是李姐并未直接知会张大爷狗拉屎这件事情,而是拿了一个砧板和一把菜刀,坐在家门口开始骂起来,边骂边剁砧板,诅咒张大爷全家死光光。张大爷这才知道事情的经过,认为李姐如果直接告诉他,他肯定马上会将狗屎打扫干净,李姐这样诅咒自己实在太不应该。而李姐并不理会张大爷的辩解,而是历数了这几年来张大爷的种种不是,并将张大爷祖孙上下几代人骂了个遍。张大爷根本插不上话,大约几分钟后,张大爷脸色苍白,突然倒地不起,后抢救无效身亡。

根据生活常识,一般的辱骂并不会导致对方死亡,在"骂死人"的案件中,死者往往患有心脏病。因此,确切地说,辱骂者恶语相向导致对方情绪激动,心脏病猝发才是死亡的关键。从刑法的角度而言,我国刑法与死亡有关的罪名包括故意杀人罪、过失致人死亡罪以及不构成犯罪的意外事件。其中,故意杀人罪是指故意非法剥夺他人生命的行为;过失致人死亡罪是指因过失致使他人死亡的行为;意外事件是指行为在客观上虽然造成了死亡结果,但不是出于行为人的故意或者过失,而是由于不能预见的原因所引起的情况。在发生死亡结果的情况下,根据行为人的主观心态不同,可分如下几种情况处理:(1)如果行为人明知对方有心脏病,不能受刺激,却故意恶语相向,希望对方因此心脏病猝发而死亡的,由于行为人对死亡结果持故意心态,构成故意杀人罪;(2)如果行为人应该预见到对方有心脏病不能受刺激,因疏忽大意而没有预见到,或者已经预见到对方有心脏病却轻信自己的言语不会刺激对方心脏病发作的,由于行为人对死亡结果持过失的心态,构成过失致人死亡罪;(3)如果对方是年轻体壮者,行为人无论如何也不可能预见到对方患有心脏病,最后因谩骂导致对方心脏病发作死亡时,由于行为人主观上对死亡结果没有故意或者过失,属于意外事件,无须负刑事责任。具体到本案中来,如果李姐明知张大爷有心脏病,受不了刺激,却故意用言语刺激张大爷,导致其心脏病发作而死亡的,因为主观上对张大爷的死亡有故意,客观上有辱骂刺激行为,应构成故意杀人罪;如果李姐虽不明知张大爷有心脏病,但是从社会常识来讲,老年人大多心脏不好受不了刺激,因此不应用言语刺激老人,则李姐的心态可能是应当预见自己的辱骂行为会导致张大爷心脏病发作而因疏忽大意没有预见的情况,可考虑构成过失致人死亡罪。

从民法的角度讲,当骂人行为与引发疾病致死之间有一定程度的因果关系时,行为人需要承担一定的民事赔偿责任。赔偿数额依责任比例而定,而如何划分双方的责任,则要看引起冲突的过错在谁、冲突的情节、侵权的程度,以及是否明知对方有心脏病、事后有无积极救治等。赔偿金额一般包括丧葬费、死亡赔偿金、精神抚慰金等在内。

俗话说,君子动口不动手。但即使是"动口",也最好留有口德,不要因日常生活琐事大动干戈,致使事件恶化,酿成不良后果。特别是遇到年老体弱多病者,更要理性谦让,道理很简单——你不知道对方身体是否有病。

法条链接：

《**刑法**》第十六条　行为在客观上虽然造成了损害结果，但是不是出于故意或者过失，而是由于不能抗拒或者不能预见的原因所引起的，不是犯罪。

第二百三十二条　故意杀人的，处死刑、无期徒刑或者十年以上有期徒刑；情节较轻的，处三年以上十年以下有期徒刑。

第二百三十三条　过失致人死亡的，处三年以下七年以上有期徒刑；情节较轻的，处三年以下有期徒刑。本法另有规定的，依照规定。

两妯娌相约自杀，法律该处罚谁？

58岁左某和62岁黄某系妯娌关系，两人的老公和子女为谋生计均外出打工。2007年7月19日，左某与黄某因琐事发生争执，觉得活着无趣，便相约到水库跳水自杀。当日中午11时，二人一前一后地走到村附近一小水库边，在水库边黄某先扑到水里去，左某走到水里，因想到家里有猪、鸭无人喂养而反悔，便停止自杀行为。左某（会游泳）看到黄某在水中挣扎并不实施救助，待黄某溺水而死后，左某回到住处后打电话报警自首。左某不进行救助的行为是否构成犯罪？

生命是人最重要的权利，不允许他人非法剥夺，但对于自己结束自己生命的自杀行为，法律一般会尊重个人选择，即使自杀未遂，一般不追究自杀者的刑事责任。但在印度等国家，因为强调个人对国家的义务及宗教的影响，刑法规定自杀既遂时不构成犯罪，但自杀未遂时构成自杀罪，仍要受到法律的惩罚。而在我国，法律认为自己剥夺自己的生命并不构成犯罪，但如果故意非法剥夺他人生命则可能构成犯罪。本案所涉及的是在相约自杀情况下，未死亡的一方对另一方的死亡是否要负刑事责任。所谓相约自杀，是指二人以上相互约定自愿共同自杀的行为。通常认为，成立相约自杀必须具备以下条件：(1)相约自杀的参与者必须具有真实的自杀决意。如果是以相约自杀为名，诱骗他人自杀，而自己不自杀的，应以故意杀人罪论处。(2)相约自杀的参与者必须有共同自杀的谋议。如果行为人意欲自杀，并希望他人一起自杀，但未经谋议而先将他人杀害，而自己自杀未成的，也应以故意杀人罪论处。

实践中相约自杀并非都构成故意杀人罪，以下两种情况不构成犯罪：(1)相约各方均自杀身亡的，因为自杀本身不构成犯罪，而且当事人均已死亡，不存在刑事责任问题；(2)双方相约共同自杀，一方未对他方实施教唆、帮助或诱使行为。在这种情况下，虽然相约自杀而没有死亡者的行为对对方起到精神支持作用，但由于客观上没有教唆、帮助或诱使行为，因此不应对他方的死亡负故意杀人罪的刑事责任。例如，张某与王某相约共同跳河自杀，张某跳入河中溺水而亡，王某也跳入河中却被救起。王某不应对张某的死亡负刑事责任。本案中，黄某是自己扑到水中，左某并没有对其自杀行为起到任何作用,因而无需对黄某的死亡负刑事责任。当然,从道义上讲,左某在他人生命面临巨大危险的情况下,如果能给予救助却故意不救助,的确应受到道德的谴责,但这不是刑法所要讨论的问题。

自杀是社会演化的一种产物,人在寻找生活、生命意义过程当中产生的孤独、无助等情绪,是导致自杀的最根本原因。尤其是对老人而言,有时因为琐事难免心情郁结又无人倾诉,容易因失意产生自杀情绪,在得不到正确的引导后走上绝路,最终给自己和家人留下遗憾。因此,如何对农村老人的心理问题给予正确的引导和干预治疗,是今后维持农村和谐稳定必须关注的难题。

法条链接:

《刑法》第二百三十二条　故意杀人的,处死刑、无期徒刑或者十年以上有期徒刑;情节较轻的,处三年以上十年以下有期徒刑。

孝子用农药送患病母亲"安乐死",法律该处罚吗?

2011年5月16日,70多岁的李阿婆因中风患病二十多年,被儿子邓某送食农药后死亡。因涉嫌故意杀人,广州市番禺区检察院于2011年5月31日批准逮捕邓某。邓某交代,案发前,"母亲对我说,这几天她睡不着,很辛苦,让我给她买瓶农药,开始我不愿意,我说吃农药会死,但她一直抓着我的手不放开,一定要我去买农药。我没有办法,只好去买。"农药买回来后,"我母亲让我把农药拿给她,并要求我打开瓶盖给她喝。我递给她,她接过农药喝了两三口,过了两三分钟她就闭上眼睛,头侧向一边,嘴边冒出一点白色泡泡,我用纸帮她擦掉。一会儿,我用手推她,她就没反应了"。因此,邓某认为自己是应母亲要求为其实施安乐死,不构成故意杀人罪。据查,邓某现年41岁,小学文化,四川人,来广州务工,租住在番禺区石基镇石普村。事后亲朋邻友普遍反映邓某平时对母亲甚是孝顺,细心服侍患病母亲十多年,且邓某是在母亲的不断请求下购买、喂服母亲农药以帮助母亲自杀、脱离疾病的折磨。而检察机关认为,这并不能成为免责的理由。邓某帮母亲购买、喂服农药致母亲死亡的行为符合刑法上规定的故意杀人罪的构成要件,检察院遂对邓某以故意杀人罪作出批准逮捕的决定。对于那些身患绝症、无药可医又极度痛苦的亲人,提前结束其生命,似乎是一种人道主义的做法,但这种"安乐死"会得到法律的认可吗?①

所谓安乐死,又称"尊严死",是指对于身患绝症,治愈无望,处于难以忍受的极度痛

---

① 《儿子买农药助母安乐死 亲邻反映:邓某是孝子》,http://news.dayoo.com/guangzhou/201107/12/73437_17903646.htm.

苦之中濒临死亡的病人,应其本人的要求,采取措施,使其死亡或者加速死亡的发生。安乐死可分为"积极安乐死"和"消极安乐死"。前者指采取积极措施致其死亡,如注射致死的麻醉剂等;后者指停止或撤销维持和延续患者生命的措施,如停止继续施以药物治疗、关闭呼吸机等。在国际上,一般认为后者不存在法律责任问题。但对于前者,应否使其合法化?是否构成故意杀人罪?则存在争议。在西欧,安乐死在一些国家已屡见不鲜,英国、法国、瑞典、丹麦、意大利、荷兰等国家都出现了"安乐死"的案例。特别是荷兰,一个医生平均每天6次有意识地为那些要求从病痛中得以解脱的晚期病人提供致命的药物,平均每天20次对那些最终没有治愈希望的病人停止进行仅仅是延缓生命的治疗措施。

关于安乐死问题,我国也曾展开过广泛的讨论,大多数人还是赞成安乐死的。认为对一个身患绝症、濒临死亡又极端痛苦的病人实施安乐死,不仅对病人是种解脱,而且也解除了国家、社会及其家庭经济上和精神上的负担。1986年,陕西公民王明成为身患肝癌晚期绝症的母亲夏素文申请"安乐死",主治医生同意,为他母亲注射了100毫克的复方冬眠灵。王明成成了我国首例"安乐死"案的主要当事人,轰动了整个司法界。王明成和主治医生被陕西汉中人民检察院以故意杀人罪提起公诉,并刑事拘留。两年后被法院宣布无罪释放。

总之,"安乐死"是一个涉及法律、道德、医学、伦理、生命观念等诸多方面的问题,也牵连着社会、家庭、医院等诸多关系,必须谨慎对待。虽然也有不少人呼吁在我国应仿效荷兰,制定安乐死法,使安乐死合法化。但救死扶伤是医务人员的职责,对于生命垂危、痛不欲生的患者,应尽量给予医务上的治疗和精神上的安慰,以减轻其痛苦。人为地提前结束患者生命的做法,还难以得到一般公民的认可;即使被害人同意了,这种行为也是对他人生命的侵害。特别是在法律对于积极安乐死的条件、方法、程序等没有明确规定的情况下,实施积极安乐死将引起很多不可预想的后果。在我国法律还未明确规定的情况下,实施积极安乐死仍构成故意杀人罪,但考虑到行为的特殊情况,应当依法从宽处罚。

至于今后,安乐死已作为一种价值选择趋势为大多数国家所接受,在我国或许会有限制地允许适用安乐死,这是一个回避不了的问题。

法条链接:
《刑法》第二百三十二条 故意杀人的,处死刑、无期徒刑或者十年以上有期徒刑;情节较轻的,处三年以上十年以下有期徒刑。

二、与农村老人人身自由、性自由相关的犯罪

讨债不成,非法拘禁他人反获刑?

2011年4月,史某向温某借款30万元,约定期满后一直未能偿还。2012年6月,经双方协商,史某重新给温某出具了一张借款42万元的欠条,并让自己经营超市的舅舅孙某(64岁)担保该债务。但后来还款期满后史某仍然未能归还温某的欠款。为此,2013年7月12日上午,温某伙同吕某等驱车来到担保人孙某的超市,强行将孙某带到温某经营的酒店内,将其扣押了一天多,这期间还对孙某进行了殴打。经法医鉴定,孙某的伤情构成轻伤一级。后法院审理认为,被告人温某、吕某以索要债务为由,伙同非法限制他人人身自由,并致被害人孙某轻伤,其行为构成非法拘禁罪。鉴于温某、吕某认罪态度较好,积极赔偿了被害人损失,并取得了被害人的谅解,遂依法分别判处被告人温某有期徒刑7个月,判处吕某拘役5个月。

温某、吕某之所以构成非法拘禁罪,是因为这种非法拘禁债务人或其担保人的行为侵犯了他人的人身自由权利。人身自由权利,是公民按照自己的意志自由支配自己身体活动的权利,是公民的一项基本权利。我国宪法第三十七条规定:"中华人民共和国公民的人身自由不受侵犯。任何公民,非经人民检察院批准或者决定或者人民法院决定,并由公安机关执行,不受逮捕。禁止非法拘禁和以其他方法非法剥夺或者限制公民的人身自由。禁止非法搜查公民的身体。"可见,只有依法律规定被法律授权的单位和个人才能依法剥夺其公民的人身自由权利,除此以外,任何单位和个人均不得以任何理由或借口非法剥夺公民的人身自由权利。

为了严惩非法剥夺公民人身自由权利的行为,我国刑法还规定了非法拘禁罪,是指以拘押、禁闭或者其他强制方法,非法剥夺他人人身自由的犯罪行为。这里的"他人"没有限制,既可以是守法公民,也可以是犯有错误或有一般违法行为的人,还可以是犯罪嫌疑人。行为特征是非法拘禁他人或者以其他方法非法剥夺他人的身体自由,如非法逮捕、拘留、监禁、扣押、绑架,办封闭式"学习班""隔离审查"等。概括起来分为两类:一类是直接拘束人的身体,剥夺其身体活动自由,如捆绑使其动弹不得;另一类是间接拘束人的身体,剥夺其身体活动自由,即将他人监禁于一定场所,使其难以离开、逃出。此外,这种非法拘禁行为还具有非法性,主要表现为:一是无权拘禁他人的一般公民以非法手段拘禁他人,使其失去人身自由,如本案中的温某、吕某拘禁被害人孙某的行为;二是有权拘禁的司法工作人员滥用职权,违反法定程序和条件,非法剥夺他人人身自由。本罪的

主体既可以是国家工作人员,也可以是一般公民。从实际发生的案件来看,多为掌握一定职权的国家工作人员或基层农村干部。本罪主观上多为故意,并以剥夺他人人身自由为目的,而非法拘禁他人的动机则是多种多样的。有的因法制观念差,把非法拘禁视为合法行为;有的出于泄愤报复,打击迫害;有的是不重视调查研究,凭主观武断、逼取口供;有的是闹特权、耍威风;有的是滥用职权、以势压人;也有的是居心不良,另有所图。不论动机如何,都不影响本罪的成立。

法条链接:

《**刑法**》第二百三十八条 非法拘禁他人或者以其他方法非法剥夺他人人身自由的,处三年以下有期徒刑、拘役、管制或者剥夺政治权利,具有殴打、侮辱情节的,从重处罚。

犯前款罪,致人重伤的,处三年以上十年以下有期徒刑;致人死亡的,处十年以上有期徒刑。使用暴力致人伤残、死亡的,依照本法第二百三十四条、第二百三十二条的规定定罪处罚。

为索取债务非法扣押、拘禁他人的,依照前两款的规定处罚。

国家机关工作人员利用职权犯非法拘禁罪的,依照前三款的规定从重处罚。

根据 2000 年 7 月 13 日最高人民法院《**关于对为索取法律不予保护的债务非法拘禁他人行为如何定罪问题的解释**》,行为人为索取高利贷、赌债等不受法律保护的债务,非法扣押、拘禁他人的,依照刑法第二百三十八条的规定定罪处罚。

根据 2006 年 7 月 26 日最高人民检察院《**关于渎职侵权犯罪案件立案标准的规定**》,非法拘禁罪是指以拘禁或者其他方法非法剥夺他人人身自由的行为。国家机关工作人员利用职权非法拘禁,涉嫌下列情形之一的,应予立案:1. 非法剥夺他人人身自由二十四小时以上的;2. 非法剥夺他人人身自由,并使用械具或者捆绑等恶劣手段,或者实施殴打、侮辱、虐待行为的;3. 非法拘禁,造成被拘禁人轻伤、重伤、死亡的;4. 非法拘禁,情节严重,导致被拘禁人自杀、自残造成重伤、死亡,或者精神失常的;5. 非法拘禁三人次以上的;6. 司法工作人员对明知是没有违法犯罪事实的人而非法拘禁的;7. 其他非法拘禁应予追究刑事责任的情形。

2010 年 9 月 13 日最高人民法院《**人民法院量刑指导意见(试行)**》,就非法拘禁罪的量刑指导意见如下:

1. 构成非法拘禁罪的,可以根据下列不同情形在相应的幅度内确定量刑起点:

(1) 未造成伤害后果的,可以在三个月拘役至六个月有期徒刑幅度内确定量刑起点。

(2) 致一人重伤的,可以在三年至四年有期徒刑幅度内确定量刑起点。

(3) 致一人死亡的,可以在十年至十二年有期徒刑幅度内确定量刑起点。

2. 在量刑起点的基础上,可以根据非法拘禁人数、次数、拘禁时间、致人伤亡后果等其他影响犯罪构成的犯罪事实增加刑罚量,确定基准刑。

3. 有下列情节之一的,可以增加基准刑的20%以下:

(1) 具有殴打、侮辱情节的;

(2) 国家机关工作人员利用职权非法扣押、拘禁他人的。

4. 为索取合法债务、争取合法权益而非法扣押、拘禁他人的,可以减少基准刑的30%以下。

老汉为还赌债绑架合伙人孙子,法律该怎么罚?

俗话说,君子爱财,取之有道。随着我国经济的发展,贫富差距日益扩大,有的人越来越富,相比较之下,有的人越来越穷,而且穷得不安心。因此,不少人在仇富心理下,以绑架他人勒索财物作为"脱贫致富"的捷径,有时为了毁灭证据甚至杀人灭口,这是严重侵犯公民人身权利的犯罪行为,要受到法律的严惩。

60多岁的周某与张某是同村人,两人曾合伙在外地做生意,后因意见不合散伙。此后,周某因迷恋赌博,生意一落千丈,而张某则因为勤劳经营,生意蒸蒸日上。2015年3月14日早上,周某来到张某家门口,对张某5岁的孙子小张说带他出去玩,小张被周某连哄带骗诱至其私人轿车内后,周某凶相毕露,将小张绑架。之后,周某使用预先购置的手机卡号,通过短信、电话等方式,向小张的爷爷张某及家人索要赎金40万元。次日凌晨,周某在与张某约定的村后小树林取赎金时,被早已守候在此的民警抓获。事后,周某供称,自己因着迷农村地下赌场开设的赌博牌局,欠了不少赌债,听说以前的合伙人张某非常有钱,才出此下策绑架了张某的孙子。后法院认为,周某诱拐小张并使用言语威胁等方法控制小张作为人质,要挟小张家人勒索人民币40余万元,其行为已构成绑架罪。

这种绑架勒索的案件时有发生,对老百姓的生活造成了极大的恐慌。因此,我国刑法第二百三十九条规定了绑架罪,它是指利用被绑架人的近亲属或者其他人对被绑架人安危的忧虑,以勒索财物或满足其他不法要求为目的,使用暴力、胁迫或者麻醉方法劫持或以实力控制他人的行为。绑架的手段包括暴力、胁迫或其他手段。其中,暴力,是指对被绑架人实施殴打、捆绑等,使被害人不敢、不能反抗的人身强制行为;胁迫,是指对被绑架人以将要实施杀害、伤害等进行威胁、恫吓,使其不敢反抗的精神强制行为;其他手段,是指除暴力、胁迫之外,使被绑架人处于不知反抗或不能反抗的人身强制行为,如诱骗、用酒灌醉、用迷药迷晕等方法。实践中,行为人在绑架人质后,通常会以一定的方式将绑架人质的事实通知被害人的家属或其他利害关系人或有关的机关、政府部门,并以继续控制人质或加以伤害、杀害相要挟,勒令对方在一定时间内交付一定数额的金钱,或满足其他的目的,以换取人质。可见,绑架罪同时侵犯了被害人质的人身自由、生命健康权和公私财产的所有权等多项权利,而且给被绑架人的近亲属或其他人造成了痛苦和担忧,是一种极为严重的犯罪,因而应受到法律的严惩。

合法财富的取得,要靠自己的辛苦劳动和合法经营,国家保护公民的合法财产。那些古代英雄豪杰所谓的"均贫富"的杀富济贫行为,已成为不少暴徒试图一夜暴富的非法手段,理应受到法律的制裁。而对于被绑架的人来说,是不是也应反省一下,在拥有巨额的、让人羡慕的财富时,除了关注如何维护财产外,更应考虑如何维护自己的人身安全,不让坏人有机可乘。

法条链接:

《刑法》第二百三十九条 以勒索财物为目的绑架他人的,或者绑架他人作为人质的,处十年以上有期徒刑或者无期徒刑,并处罚金或者没收财产;情节较轻的,处五年以上十年以下有期徒刑,并处罚金。

犯前款罪,杀害被绑架人的,或者故意伤害被绑架人,致人重伤、死亡的,处无期徒刑或者死刑,并处没收财产。

以勒索财物为目的偷盗婴儿的,依照前两款的规定处罚。

老汉与智力障碍的精神病人发生性关系,犯法吗?

老年人本是社会广泛尊重的一个群体,一直以来,也是法律特别关照的弱势群体。然而,近年来,这一受到社会关爱和尊重的群体,却频繁爆出性犯罪的丑闻,不断刷新了人们的心理底线。

2013年9月6日,经辽宁省某市检察院立案监督并提起公诉,四名老年被告人杨某某(78岁)、李某某(72岁)、徐某某(68岁)、张某某(70岁)因强奸罪分别被判处有期徒刑七年、九年不等。杨某某等四名被告人均系该市杨屯乡杨店村农民,2010年以来,以给零花钱或牙膏、牙刷、小手绢等物为诱饵,先后多次分别与本村患有精神痴呆症的女村民王某发生性关系。2012年7月9日,李某某在自家果园里与王某再次发生两性关系时,被王某的丈夫撞见,遂告发到当地派出所,该派出所未予立案,只对李、杨等人作了罚款处理。该院去年受理群众举报后,经调查取证和司法精神病鉴定,确认王某精神发育迟滞,是无性防卫能力的精神病患者,认定杨某某等人已涉嫌强奸犯罪,应予追究刑事责任,依法予以立案监督,并及时批准逮捕、移送起诉。

也许有人会奇怪,我国刑法规定的强奸罪,是指违背妇女意志,强行与妇女发生性关系的行为。而本案中的四位被告人均是在王某自愿的情况下与其发生性关系的,并没有违背其意志,怎么就构成强奸罪呢?这里需要注意的是,与女性精神病人性交的定性不能以该女性是否表示同意为标准来判定,而应以男方是否明知该女性是或者可能是精神病人以及该女性对自己的行为是否有辨认、控制能力来综合认定。首先,必须查清以下事实:1.作为被害人的女性精神病人病情的轻重以及辨认能力和控制能力的程度;2.犯罪人是否明知该女性是精神病人。其次,在此基础上分情况处理:1.如果间歇性精神病人正处在精神正常期,精神发育不全的轻度患者并未完全丧失辨认能力和控制能力,只要性行为不违背其意志,就不能定性强奸罪;2.无论女性精神病人的病情轻重以及辨认能力和控制能力如何,只要行为人以暴力、胁迫等手段强行与其发生性关系的,一律构成强奸罪;3.明知对方是因患精神病而失去辨认、控制能力的女性精神病人,虽然通过各种手段确实得到对方的同意而与之性交的,也构成强奸罪;4.确实不知对方是女性精神病患者,在得到其同意,甚至受到其挑逗的情况下与之发生性关系的,不构成强奸罪。本案中的四位被告人,就是乘被害人是精神病人,不能辨认和控制自己的行为的情况下,诱惑其与自己发生性关系,应认定为强奸罪。

据统计,近年来,农村老年人涉性类犯罪呈现"两高(高发和高龄)"性、群体性和犯罪对象单一性三大特点。因为老人个体身体机能衰弱的原因,农村老人在实施性犯罪时往往采取非暴力的手段,攻击性较弱,侵犯的对象也往往是容易上当受骗的女性精神病人和幼女,作案地点通常在本村范围内,有时甚至在自己家中。老年人涉性犯罪高发的主要原因包括:一是受生理问题的影响。目前农村丧偶的单身老人占较大比例,生理需求长期得不到满足,自控能力较差,因此常通过非法途径来解决生理需求。二是法律意识淡薄。部分涉案老人自认为给女性精神病患者提供些物品,对方不反抗,与其发生性关系就不犯法了。三是缺乏关爱。很多农村老人面临经济条件较差、丧偶、子女外出打工或另立门户等问题,导致长期孤独,内心的寂寞得不到排解。因此,从犯罪预防的角度讲,今后应做好如下工作:1.加大对农村老人的普法工作。通过各种形式来普及法律知识,使农村老人对自己行为的性质和社会危害性以及可能受到的处罚有明确认知,以警惕其不要随意触犯法律。2.关注农村老人,尤其是丧偶老人的心理和生理健康问题。可组织多种形式的文娱活动帮助农村老人在健康积极的心态下安度晚年。3.对已发生的农村老年人性犯罪行为,应依法惩处,决不姑息,以起到一般预防的作用。

法条链接:

《**刑法**》第二百三十六条 以暴力、胁迫或者其他手段强奸妇女的,处三年以上十年以下有期徒刑。

奸淫不满十四周岁的幼女的,以强奸论,从重处罚。

强奸妇女、奸淫幼女,有下列情形之一的,处十年以上有期徒刑、无期徒刑或者死刑:(一)强奸妇女、奸淫幼女情节恶劣的;(二)强奸妇女、奸淫幼女多人的;(三)在公共场所当众强奸妇女的;(四)二人以上轮奸的;(五)致使被害人重伤、死亡或者造成其他严重后果的。

2010年9月13日最高人民法院《人民法院量刑指导意见(试行)》,就强奸罪的量刑指导意见如下:

1. 构成强奸罪的,可以根据下列不同情形在相应的幅度内确定量刑起点:

(1)强奸妇女一人的,可以在三年至五年有期徒刑幅度内确定量刑起点。奸淫幼女一人的,可以在四年至七年有期徒刑幅度内确定量刑起点。

(2)有下列情形之一的,可以在十年至十三年有期徒刑幅度内确定量刑起点:强奸妇女、奸淫幼女情节恶劣的;强奸妇女、奸淫幼女三人的;在公共场所当众强奸妇女的;二人以上轮奸妇女的;强奸致被害人重伤或者造成其他严重后果的。依法应当判处无期徒刑以上刑罚的除外。

2. 在量刑起点的基础上,可以根据强奸妇女、奸淫幼女情节恶劣程度、强奸人数、致人伤害后果等其他影响犯罪构成的犯罪事实增加刑罚量,确定基准刑。

强奸多人多次的,以强奸人数作为增加刑罚量的事实,强奸次数作为调节基准刑的量刑情节。

诬告他人犯罪,结果自己先坐牢?

2014年8月,来自江西某农村的沈老汉承包了一项外墙保温工程,之后他找到曹某负责的施工队帮其干活,半个月后曹某找到沈老汉说工人们希望先支取一些生活费,之后再招几个工人加快工程进度,沈老汉表示同意,但因当时不便外出,便将自己的银行卡和身份证交给曹某,并告诉其银行卡密码,委托曹某先取出1万元钱给工人发生活费。晚上,沈老汉给曹某打电话,发现曹某手机关机联系不上,事后一打听才知道曹某带着所有工人连夜逃跑了,自己的银行卡也被曹某取走了5万元!怀恨在心的沈老汉决定报复曹某,当即向当地公安机关报案,他故意隐瞒事实真相,声称曹某将其放在车内的银行卡、身份证盗走,并取走了卡上现金5万元。公安机关对此案进行了立案侦查,通过网上追逃,同年10月在广州将曹某抓获,通过调查询问,发现了沈老汉涉嫌诬告陷害曹某的事实,之后检察机关批捕沈某并提起公诉。

生活中类似"泼脏水"的例子不少,不少人因为挟嫌报复,妒贤嫉能而诬告陷害他人。这种行为不仅有损他人声誉,给他人造成恶劣的社会影响,而且误导和干扰了司法机关正常的司法活动,浪费国家司法资源。因此,不少国家对此类诬告陷害行为作出了规定。我国宪法第三十八条规定:"中华人民共和国公民的人格尊严不受侵犯。禁止用任何方法对公民进行侮辱、诽谤和诬告陷害。"行为人公然贬低他人人格、破坏他人名誉,情节严重构成犯罪的,应当负刑事责任。相应地,我国刑法第二百四十三条规定了诬告陷害罪,即捏造事实,向司法机关或者有关单位、组织告发,意图使他人受刑事追究,情节严重的行为。捏造事实包括以下四种情况:(1)无中生有、完全杜撰,行为人凭空虚构完全不存在的犯罪事实;(2)在存在一定的犯罪事实的情况下,行为人捏造证据,对他人予以栽赃陷害;(3)借题发挥,把他人的不道德行为、错误行为或违法违纪行为等非犯罪行为上升为犯罪行为;(4)行为人故意歪曲事实,将构成轻罪的犯罪事实扩大为重罪的犯罪事实,以期加重他人的犯罪行为。

诬告陷害罪的犯罪对象即被害人,各国法律一般规定为"他人",自我诬告一般不构成犯罪。但对于诬告单位的行为如何处罚则存在争议?一般地,单纯诬告单位的行为不会使某个公民的人身权利受到损害,故不构成本罪。但如果单位是个体企业、外商独资企业、私有企业等,诬告单位犯罪事实上也是诬告这些企业的业主犯罪。此时,诬告单位犯罪的,也可以构成本罪。此外,构成本罪,要求行为人诬告陷害的目的是使被害人受到刑事追究,如果行为人只是想使被害人受到刑事追究以外的处分,如受到上级领导的批评,或者受到行政处罚等,也不构成本罪。

这里要将诬告陷害罪和错告、检举失实区分开来,错告、检举失实的行为人也可能是出于报复、邀功请赏等动机,但他们并不捏造、歪曲事实,之所以出现错告、检举失实,主要是行为人误信他人传言或认识上出现偏差所致。由于行为人主观上不具有意图使他人受刑事追究的目的,因而对这种行为不应作犯罪处理。

本案中,被告人沈老汉与被害人曹某之间的纠纷,本来可以通过法律途径解决,而沈老汉却犯此糊涂之举,虽然存在经济纠纷,但不影响本案定性,仍应以诬告陷害罪定罪处罚。后法院判决沈老汉构成诬告陷害罪,判处拘役三个月。

法条链接:

《**刑法**》第二百四十三条 捏造事实诬告陷害他人,意图使他人受刑事追究,情节严重的,处三年以下有期徒刑、拘役或者管制;造成严重后果的,处三年以上十年以下有期徒刑。国家机关工作人员犯前款罪的,从重处罚。不是有意诬陷,而是错告,或者检举失实的,不适用前两款的规定。

制造现代"包身工"也是犯罪?

夏衍笔下的"包身工"是二十世纪三十年代的纺织业中出现的,是旧中国变相的贩卖奴隶的方式,"干得比驴累,吃得比猪差"是对包身工的生活的真实写照。没有人身自由,低工资,动则被打骂等等不人道待遇,本应随着旧社会一同消失,现在却在我国很多地方出现,尤其是处在社会底层的民工们,已是现代版"包身工",不得不引起人们的重视。

2006年1月24日,强迫职工劳动的河南两窑场主闫迎春、龚合中,被河南省驻马店市驿城区人民法院各判处有期徒刑八个月,并处罚金人民币一万元。据悉,2005年年初,河南省南阳市淅川县盛湾镇土地岭村22组农民闫迎春,与驻马店市高新技术开发区关王庙乡孙吴庄村民宋东签订了一份承包合同,由闫迎春承包孙吴庄窑场,负责该窑场的用工及生产。在承包后的生产过程中,闫迎春和龚合中、龚合亭、贾国朝、杨勇(三人均在逃)等人管理该窑场,采用强迫劳动、对工人进行殴打、夜间锁门限制工人随意出入等方法限制工人人身自由,使工人进行长时间的无偿劳动。直至2005年5月26日,公安机关到该窑场进行突击检查时,才将50余名被困工人成功解救。

劳动是每个社会个体的权利,我国劳动法规定,劳动者应享有平等就业和选择职业的权利、取得劳动报酬的权利、休息休假的权利和获得劳动安全卫生保护的权利等劳动权利,并规定用人单位应当保障劳动者享有劳动权利。以限制人身自由的方法强迫职工劳动的行为,不仅侵犯了职工的劳动权利,而且同时侵犯了他人的人身自由。《劳动法》第九十六条规定:用人单位有下列行为之一的,由公安机关对责任人员处以十五日以下拘留、罚款或者警告;构成犯罪的,对责任人员依法追究刑事责任:(一)以暴力、威胁或者非法限制人身自由的手段强迫劳动的;(二)侮辱、体罚、殴打、非法搜查和拘禁劳动者的。相应的,我国刑法第二百四十四条规定了强迫职工劳动罪,是指以自然人或者单位暴力、威胁或者限制人身自由的方法强迫他人劳动,或者明知他人以暴力、胁迫或者限制人身自由的方法强迫他人劳动,而为其招募、运送人员或者有其他方式协助强迫他人劳动的行为。可见,本罪可分为两个类型:一是直接强迫劳动,二是协助强迫劳动。实践中具有下列情形之一的应予立案追诉:(一)强迫他人劳动,造成人员伤亡或者患职业病的;(二)采用殴打、胁迫、扣发工资、扣留身份证件等手段限制人身自由,强迫他人劳动的;(三)强迫妇女从事井下劳动、国家规定的第四级体力劳动强度的劳动或者其他禁忌从事的劳动,或者强迫处于经期、孕期和哺乳期妇女从事国家规定的第三级体力劳动强度以上的劳动或者其他禁忌从事的劳动的;(四)强迫已满十六周岁未满十八周岁的未成年人从事国家规定的第四级体力劳动强度的劳动,或者从事高空、井下劳动,或者在爆炸性、易燃性、放射性、毒害性等危险环境下从事劳动的;(五)其他情节严重的情形。

本案经驻马店市驿城区人民法院审理认为,被告人闫迎春作为与职工建立劳动关系的窑场的承包人,与直接负责该窑场的管理人员即被告人龚合中违反劳动管理法规,采取对窑场职工进行殴打、非法限制职工人身自由的方法,强迫职工劳动而不给报酬,在社会上造成恶劣影响,情节严重,已构成强迫职工劳动罪。

法条链接:

《刑法》第二百四十四条 以暴力、威胁或者限制人身自由的方法强迫他人劳动的,处三年以下有期徒刑或者拘役,并处罚金;情节严重的,处三年以上十年以下有期徒刑,并处罚金。

明知他人实施前款行为,为其招募、运送人员或者有其他协助强迫他人劳动行为的,依照前款的规定处罚。

单位犯前两款罪的,对单位判处罚金,并对其直接负责的主管人员和其他直接责任人员,依照第一款的规定处罚。

根据2008年6月25日最高人民检察院、公安部关于《**最高人民检察院、公安部关于公安机关管辖的刑事案件立案追诉标准的规定(一)**》第三十一条,用人单位违反劳动管理法规,以限制人身自由方法强迫职工劳动,涉嫌下列情形之一的,应予立案追诉:

(一)强迫他人劳动,造成人员伤亡或者患职业病的;

(二)采用殴打、胁迫、扣发工资、扣留身份证件等手段限制人身自由,强迫他人劳动的;

(三)强迫妇女从事井下劳动、国家规定的第四级体力劳动强度的劳动或者其他禁忌从事的劳动,或者强迫处于经期、孕期和哺乳期妇女从事国家规定的第三级体力劳动强度以上的劳动或者其他禁忌从事的劳动的;

(四)强迫已满十六周岁未满十八周岁的未成年人从事国家规定的第四级体力劳动强度的劳动,或者从事高空、井下劳动,或者在爆炸性、易燃性、放射性、毒害性等危险环境下从事劳动的;

(五)其他情节严重的情形。

三、侵犯农村老人婚姻家庭关系的犯罪

老汉举报村干部反遭报复，法律会袖手旁观吗？

浙江省文成县某村民夏老汉，因反映了原村主任夏某和现任村支部书记张某存在涉嫌骗取政府征地补偿款等腐败行为，遭到了夏某和张某的多次打击报复。2013年底，本该发放给夏老汉夫妇的老年补助金被夏某莫名克扣，说是村里暂时拿不出钱来，让等着。2014年4月，夏老汉身体强壮的小儿子在征兵过程中因体检"不合格"被莫名刷下来。同年5月，夏老汉的房子又被夏某的儿子和儿媳妇用数十块石头堵住门口，门窗和部分墙壁被毁，家中财物被砸，夏老汉的妻子也被殴打住院。直至2015年上级部门调查证实夏某在与某污水处理厂征地过程中虚报耕地骗取征地款等问题属实，并将夏某与张某逮捕，夏老汉才松了口气。只因一次伸张正义的举报行为，却为自己和家人招来了一系列莫名的"倒霉事"，夏老汉有时也怀疑自己当初的举报行为是否值得？

在当前民主社会与法治国家的建设中，我国各地纷纷设立了很多举报机构，以方便广大群众参与国家管理，加强人民的监督意识。但随着举报事件的增多，各地报复陷害举报人的现象也有所增加，很多国家工作人员并不虚心地反省自己的错误，而是对检举人怀恨在心，伺机报复，也就是我们常说的"穿小鞋"。报复手段五花八门，有的甚至残忍地杀害举报人。这种报复陷害行为是对民主权利的扼杀，是违法犯罪行为乃至政治腐败的一种具体表现，应予以严惩。

我国宪法规定，任何公民都有控告、申诉和批评监督的权利。国家机关工作人员滥用职权，打击报复陷害控告人、申诉人、批评人、举报人的行为，既违背了国家工作人员的应尽职责，又侵犯了公民的控告权、申诉权、批评监督权等民主权利，同时也妨害了国家机关的正常活动。因此，国家机关工作人员利用职权打击报复，情节严重的，应负刑事责任。对此，我国刑法第二百五十四条规定了报复陷害罪，是指国家机关工作人员滥用职权、假公济私，对控告人、申诉人、批评人实行报复陷害或者对执法人员和检举人员、证人进行打击报复的行为。司法实践中，很多国家机关工作人员不仅为了自己，有时为了小集团、小集体的利益，也会滥用职权，制造种种"理由"以合法或非法形式对控告人、申诉人、批评人或举报人进行报复陷害。常见的方式包括：制造种种"理由"和"借口"，非法克扣、停发工资、奖金或其他福利；调动工作，降职降薪甚至免除职务、开除公职；压制提职晋级和学术、技术职称的评定；借口"工作需要"，故意制造生活上的困难；栽赃陷害，小题大做，歪曲事实欺骗有关领导和单位，使被害人受到行政处罚或刑事处罚等。

人都会犯错误,身为国家机关的工作人员也是如此,但是犯错后要虚心接受批评,并及时加以改正,而不是打击报复他人,否则,只会在错误的道路上越走越远。

法条链接:

《刑法》第二百五十四条 国家机关工作人员滥用职权、假公济私,对控告人、申诉人、批评人、举报人实行报复陷害的,处二年以下有期徒刑或者拘役;情节严重的,处二年以上七年以下有期徒刑。

2006年7月26日最高人民检察院发布《关于渎职侵权犯罪案件立案标准的规定》,报复陷害罪是指国家机关工作人员滥用职权、假公济私,对控告人、申诉人、批评人、举报人实行打击报复、陷害的行为。涉嫌下列情形之一的,应予立案:

1. 报复陷害,情节严重,导致控告人、申诉人、批评人、举报人或者其近亲属自杀、自残造成重伤、死亡,或者精神失常的;
2. 致使控告人、申诉人、批评人、举报人或者其近亲属的其他合法权利受到严重损害的;
3. 其他报复陷害应予追究刑事责任的情形。

愚昧父母暴力干涉子女婚姻自由,如何处罚?

自由地选择人生伴侣,是每个即将步入婚姻殿堂的年轻人最大的希望。而做父母的则更相信"门当户对"这一千百年来的至理名言,要求的婚姻有"父母之命、媒妁之言"。于是,不同年龄阶段的人对于婚姻便产生了代沟,如果有一方愿意妥协的话,也就万事大吉;倘若双方都不愿意妥协,甚至有一方态度过于激烈,就会造成不少悲剧。

张某(男)与李某(女)都在村附近的工厂打工,两人互生好感后确立了恋爱关系。2012年元旦两人正式向双方家长提出结婚的想法,不料却遭到李某父母的坚决反对。李某父母认为张家太穷,自己的女儿嫁过去会吃亏。为断绝女儿的念头,李某父母将李某关在房间里,不许出门,并对其进行打骂。身心疲惫的李某因得不到父母理解无法与心爱的人在一起,绝望之下选择了服毒自杀。后法院审理认为李某父母的行为构成暴力干涉婚姻自由罪,判处有期徒刑4年。

这是一起典型的暴力干涉婚姻自由罪案件。我国《宪法》规定禁止破坏婚姻自由;《婚姻法》规定实行婚姻自由、一夫一妻、男女平等的婚姻制度,禁止包办、买卖婚姻和其他干涉婚姻自由的行为。《妇女权益保障法》进一步明确规定:"国家保护妇女的婚姻自主权。禁止干涉妇女的结婚、离婚自由。"暴力干涉妇女的婚姻自由,侵犯了妇女的婚姻自由权和人身权利,使得妇女不能按自己的意愿结婚或离婚,身心遭受伤害,严重的甚至造成妇女自杀、精神失常、离家出走等严重后果。因此,对于情节严重的暴力干涉婚姻自由行为,应当追究刑事责任。为此,我国刑法第二百五十七条规定了暴力干涉妇女婚姻自由罪,它是指以捆绑、殴打、禁闭、强抢等暴力手段,阻挠和干涉妇女结婚、离婚自由的行为。其中,使用"暴力"干涉是构成本罪的重要特征,如果没有使用暴力,如仅是谩骂、断绝经济供给、断绝亲属关系等,则不构成本罪。实践中,实施暴力干涉婚姻自由行为的一般是被害人的家长或亲属。主观方面往往都是故意,并有干涉他人婚姻自由的目的,至于动机则多种多样,如贪财、攀附权贵等。刑法同时规定,犯本罪时告诉才处理。这是因为被害人和被告人往往关系亲密,具有亲属血缘关系,且案件大多涉及被害人的隐私,法律不宜过多干预,将是否诉诸法律的权利交给被害人行使更合适。

对于抢婚是否构成暴力干涉婚姻自由罪?在我国某些少数民族地方有抢婚习俗,虽然从形式上看也具有暴力干涉婚姻自由罪的种种特征,但它只是民间的一种结婚仪式,并不具有本罪所应有的社会危害性,因而一般情况下不能以暴力干涉婚姻自由罪论处。如果因向女方求婚遭到拒绝,纠集多人使用暴力将女方劫持或绑架于男方家中,强迫女方与之结婚的,构成暴力干涉婚姻自由罪。如果因向女方求婚遭到拒绝,为造成既有事实而纠集多人使用暴力将女方劫持或绑架在男方家中,男方强行与女方发生性关系的,则构成强奸罪。

法条链接:

《刑法》第二百五十七条　以暴力干涉他人婚姻自由的,处二年以下有期徒刑或者拘役。犯前款罪,致使被害人死亡的,处二年以上七年以下有期徒刑。第一款罪,告诉的才处理。

老汉冒充银行高管与 6 名女子生育 7 个孩子,涉嫌重婚?

《孟子》中的齐人,虽无甚本事,却有一妻一妾,千百年来不知羡煞多少人。我国自古也有一夫多妻的婚姻制度,在这种传统文化的沿袭下,生活中包二奶的现象普遍存在,"家里红旗不倒,外面彩旗飘飘"已成为很多成功男士的惯例。

年近六十的项某到市里某亲戚开的公司打工,留下妻儿在老家务农。虽然文化程度不高,但头脑聪明的项某不仅很快学会了使用电脑、手机等网络工具,而且因为常随亲戚出入高档消费场所谈生意等,耳濡目染也有了一些大老板们常有的"派头"。此后,项某常在网上和网友聊天,自称是美国大学毕业的博士,从没结过婚,现担任北京某银行党委委员、办公室主任,享受副行长待遇诸如此类。凭着这些"背景",项某不但先后有过 2 次合法婚姻,在第 2 次合法婚姻存续期间,又和另外 3 名女子分别在北京、江苏、上海等地登记结婚、同居或举办结婚仪式。这 5 名女子共为他生育了 7 个孩子,最大的 9 岁,最小的才 2

岁。2013年5月26日,项某因涉嫌诈骗被查时他的婚姻闹剧才浮出水面。后法院审理认为,被告人项某有配偶而重婚,依照我国刑法的有关规定,已构成重婚罪,应处二年以下有期徒刑或者拘役。鉴于项某到案后如实供述自己的罪行,依法可以从轻处罚。

一夫一妻是我国婚姻法的一项基本原则,它要求任何人在婚姻存续期间只能有一个配偶,不允许一夫多妻或一妻多夫现象存在,否则势必会给婚姻的另一方带来痛苦,影响家庭关系,有违公序良俗。对于一夫一妻的婚姻关系的维护,无论是我国《婚姻法》,还是《刑法》都有规定。根据2001年4月28日修正后的《婚姻法》第八条规定:"要求结婚的男女双方必须亲自到婚姻登记机关进行结婚登记。符合本法规定的,予以登记,发给结婚证。取得结婚证,即确立夫妻关系。未办理结婚登记的,应当补办登记。"我国《刑法》第二百五十八条规定的重婚罪是指有配偶而重婚的,或者明知他人有配偶而与之结婚的。简单来说,就是前后两个婚姻关系的重叠。

从民法理论上来讲,婚姻可以分为事实婚和法律婚,法律婚是指符合婚姻法规定的结婚的实质要件,并且经过登记的婚姻关系;而事实婚虽然客观存在,但是否为法律承认则有所区分。根据最高人民法院《关于适用〈中华人民共和国婚姻法〉若干问题的解释》第五条规定,未按《婚姻法》第八条规定办理结婚登记而以夫妻名义共同生活的男女,起诉到人民法院要求离婚的,应当区别对待:(1)1994年2月1日民政部《婚姻登记管理条例》公布实施以前,男女双方已经符合结婚实质要件的,按事实婚姻处理。(2)1994年2月1日民政部《婚姻登记管理条例》公布实施以后,男女双方符合结婚实质要件的,人民法院应当告知其在案件受理前补办结婚登记;未补办结婚登记的,按解除同居关系处理。在上述第一种情况下,事实婚具有与法律婚相同的法律效力,在第二种情况下,法律则是有限制地承认事实婚姻的效力,即要求符合结婚实质要件的应补办结婚登记。归纳起来,目前我国婚姻关系(夫妻关系)的法律形态共有两种:一是登记(包括补登记)婚姻关系;二是1994年2月1日前符合结婚法定条件的事实婚姻关系。最高人民法院1994年12月14日《关于〈婚姻登记管理条例〉施行后发生的以夫妻名义同居的重婚案件是否以重婚罪定罪处罚的批复》规定:"新的《婚姻登记管理条例》(1994年1月12日国务院批准,1994年2月1日民政部发布)发布施行后,有配偶的人与他人以夫妻名义同居生活的,或者明知他人有配偶而与之以夫妻名义同居生活的,仍应按重婚罪定罪处罚。"

婚姻是夫妻双方合意的结果,不是一纸婚书就可以固定的。重婚罪的发生,大多是夫妻中的一方已背叛了原有的协议。法律只能从外在形式来调解夫妻关系,如何在这个诱惑颇多的社会保持良好的夫妻关系,恐怕就不是法律所能解决的了。

法条链接:

《刑法》第二百五十八条 有配偶而重婚,或者明知他人有配偶而与之结婚的,处二年以下有期徒刑或者拘役。

根据1994年最高人民法院《关于〈婚姻登记管理条例〉施行后发生的以夫妻名义非法同居的重婚案件是否以重婚罪定罪处罚的批复》，新的《婚姻登记管理条例》(1994年1月12日国务院批准，1994年2月1日民政部发布)发布施行后，有配偶的人与他人以夫妻名义同居生活的，或者明知他人有配偶而与之以夫妻名义同居生活的，仍应按重婚罪定罪处罚。

养母不堪养子虐待跳湖自尽该如何处罚？

我们常说家是人心灵的港湾，少有所养，老有所依，更是每个人对家庭生活的期待。因此，对于与自己朝夕相处有血缘关系的家庭成员，我们更应关怀呵护。而现实生活中，偏偏有些人却出于种种原因，不顾人伦之情，对家庭成员动辄打骂，理应受到道德的谴责与法律的惩罚。

2012年8月14日上午，河南某县人民法院审结了一起虐待养母致养母跳湖自杀案，被告人李某某犯虐待罪被判处有期徒刑三年。据悉，被告人李某某从一周岁的时候就被其同村的婶婶王某某收养。随着李某某的长大成人，老两口本以为晚年有指望了，可没想到李某某从1997年起就开始对其养父母进行打骂，两位老人觉得家丑不可外扬，就默默地忍受着。李某某的养父在2006年去世后，李某某更是肆无忌惮地对其养母进行打骂。2012年4月，被告人李某某酒后再次对其养母进行打骂。其养母王某某再也无法忍受了，跳入了村后的池塘中，自杀身亡了。县检察院以虐待罪对李某某提起了公诉。县人民法院认为，被告人无视国法，虐待养母，致养母自杀身亡，情节恶劣，故依法做出上述判决。

我国刑法中规定的虐待罪是指对共同生活的家庭成员，经常以打骂、饿冻、紧闭、强迫过度劳动、有病不给治疗、限制自由、凌辱人格等手段，从肉体上和精神上进行摧残、折磨，情节严重的行为。虐待行为侵犯了共同生活的家庭成员在家庭生活中的平等权利和被害人的身心健康，其结果是使被害人身心遭受摧残，甚至重伤、死亡，但这种结果是日积月累造成的。这也就意味着本罪中的虐待行为要求具有经常性、一惯性，偶尔一次的虐待还不构成本罪，必须是长期性的虐待才能构成本罪。此外，虐待罪侵犯的对象只能是共同生活的同一家庭成员，按家庭关系的来源主要包括：(1) 因婚姻关系而形成的家庭成员，包括丈夫与妻子、继父母与继子女；(2) 因血缘关系而形成的家庭关系，包括两类：一是由直系血亲关系而联系起来的父母、子女、孙子女、曾孙子女以及祖父母、曾祖父母、外祖父母等，前者不因成家立业以及经济上的分开而解除家庭成员的法律地位；二是由旁系血亲而联系起来的兄、弟、姐、妹、叔、伯、姑、姨、舅等家庭成员，后者随着成家立业及经济上的分开而丧失原家庭成员的法律地位；(3) 因收养关系而形成的家庭成员，即养父母与养子女。如本案中的被害人与被告人的关系即如此。

我国刑法同时规定,虐待家庭成员,情节恶劣的,处两年以下有期徒刑、拘役或者管制,但被害人告诉才处理。之所以规定这种轻微的虐待罪告诉才处理,是因为行为人与被害人之间往往具有一定的亲属或收养关系,并共同生活在一个家庭,且被害人在经济上往往依赖于行为人。因此,为维持家庭的和谐稳定,宜通过其他方法解决这个问题。只有当被害人不堪忍受虐待而提出告诉时,司法机关才处理。但被害人因受强制、威吓无法告诉或无能力告诉的,人民检察院或其近亲属也可以告诉。如果被害人经常受虐待逐渐造成身体的严重损伤或导致死亡,或者由于被害人不堪忍受虐待而自杀、自伤,造成死亡或重伤的,对行为人应处两年以上七年以下有期徒刑,并且不适用告诉才处理这一规定。

法条链接:

《刑法》第二百六十条　虐待家庭成员,情节恶劣的,处二年以下有期徒刑、拘役或者管制。

犯前款罪,致使被害人重伤、死亡的,处二年以上七年以下有期徒刑。

第一款罪,告诉的才处理,但被害人没有能力告诉,或者因受到强制、威吓无法告诉的除外。

根据2015年3月4日最高人民法院、最高人民检察院、公安部、司法部**《关于依法办理家庭暴力犯罪案件的意见》**规定,依法准确定罪处罚。对故意杀人、故意伤害、强奸、猥亵儿童、非法拘禁、侮辱、暴力干涉婚姻自由、虐待、遗弃等侵害公民人身权利的家庭暴力犯罪,应当根据犯罪的事实、犯罪的性质、情节和对社会的危害程度,严格依照刑法的有关规定判处。对于同一行为同时触犯多个罪名的,依照处罚较重的规定定罪处罚。

依法惩处虐待犯罪。采取殴打、冻饿、强迫过度劳动、限制人身自由、恐吓、侮辱、谩骂等手段,对家庭成员的身体和精神进行摧残、折磨,是实践中较为多发的虐待性质的家庭暴力。根据司法实践,具有虐待持续时间较长、次数较多;虐待手段残忍;虐待造成被害人轻微伤或者患较严重疾病;对未成年人、老年人、残疾人、孕妇、哺乳期妇女、重病患者实施较为严重的虐待行为等情形,属于刑法第二百六十条第一款规定的虐待"情节恶劣",应当依法以虐待罪定罪处罚。

准确区分虐待犯罪致人重伤、死亡与故意伤害、故意杀人犯罪致人重伤、死亡的界限,要根据被告人的主观故意、所实施的暴力手段与方式、是否立即或者直接造成被害人伤亡后果等进行综合判断。对于被告人主观上不具有侵害被害人健康或者剥夺被害人生命的故意,而是出于追求被害人肉体和精神上的痛苦,长期或者多次实施虐待行为,逐渐造成被害人身体损害,过失导致被害人重伤或者死亡的;或者因虐待致使被害人不堪忍受而自残、自杀,导致重伤或者死亡的,属于刑法第二百六十条第二款规定的虐待"致使被害人重伤、死亡",应当以虐待罪定罪处罚。对于被告人虽然实施家庭暴力呈现出经常性、持续性、反复性的特点,但其主观上具有希望或者放任被害人重伤或者死亡的故意,持凶器实施暴力,暴力手段残忍,暴力程度较强,直接或者立即造成被害人重伤或者死亡的,应当以故意伤害罪或者故意杀人罪定罪处罚。

89岁老妇被拒门外六天六夜饿死,谁之过?

《孝经》有言:"夫孝,天之经也,地之义也。"孝是天经地义之事,赡养老人更是中华民族传统道德所要求做到的行为。然而近年来,媒体不断报道了多起高龄老人被子女遗弃后死亡的案例,再次给大家敲响了警惕传统伦理道德沦丧的警钟。

2010年5月12日,《京华时报》报道,北京市通州区张家湾镇张辛庄村,年过八旬的柴老太死于家中半个月竟无人知晓,法医尸检结果:"胃内少许褐色黏液,胃黏膜菲薄,并可见散在出血点;各脏器均腐败自溶。分析死者死因不排除重度营养不良致多器官功能衰竭死亡。"也就是说柴老太是被活活饿死的。2012年10月23日,中央电视台《今日说法——老人的心愿》报道,江苏省泰兴市马甸镇永新村89岁的林兰珠老人,因大儿子拒绝赡养,被拒门外七天七夜,最终在雷雨交加的夜晚因寒冷饥饿死亡。2014年12月26日,中央电视台《今日说法——母亲的呼救》报道,重庆市万州区解昌英老人,因子女拒绝赡养,身体饥饿体力不支摔倒在两个儿子的家门外,导致体内出血,两儿子听见老母大声呼救,而置之不理,最终85岁的解昌英因体内出血达20%,休克死亡。

从上述案例来看,这些老人并非无儿无女,反而是有众多子女,都有赡养能力,却因财产分配等各种家庭琐事引起纷争。最后子女都不愿赡养老人,将老人遗弃后,任其自生自灭,最终导致老人死亡,令人唏嘘不已。对于这些丧尽天良的子女,法律该如何处罚呢?

"赡养"是指子女在物质上和经济上为父母提供必要的生活条件。子女作为赡养人,应当履行对老年人经济上供养、生活上照料和精神上慰藉的义务,照顾老年人的特殊需要。从法律上讲,赡养义务分为两种:(1)子女对父母的赡养义务。如《宪法》第四十九条规定成年子女有赡养扶助父母的义务;《老年人权益保障法》的第十条规定,老年人养老主要依靠家庭,家庭成员应当关心和照料老人;《婚姻法》也规定子女对父母有赡养扶助的义务,子女不履行赡养义务时,无劳动能力或生活困难的父母,有要求子女付给赡养费的权利。(2)晚辈对长辈的赡养义务,即隔代赡养。如《婚姻法》规定有负担能力的孙子女、外孙子女,对于子女已经死亡的祖父母、外祖父母,有赡养义务。上述规定是保护老人合法权益的重要法律措施。此外,我国《刑法》第二百六十一条还规定了遗弃罪,它是指对于年幼、年老、患病或者其他没有独立生活能力的人,负有扶养义务而拒绝扶养,情节恶劣的行为。从司法实践来看,"情节恶劣"主要包括遗弃被赡养人而致被赡养人重伤、死亡;被赡养人因被遗弃而生活无着,流离失所,被迫沿街乞讨;因遗弃而使被害人走投无路被迫自杀;行为人屡经教育,拒绝改正而使被害人的生活陷入危难境地;遗弃手段十分恶劣的（如在遗弃中又有打骂、虐待行为的）等。本罪的行为主体为特殊主体,必须是对被遗弃者负有法律上的赡养义务而且具有赡养能力的人。但是,根据立法精神和社会通常观念,具有以下情形的,可考虑行为人负有赡养的权利义务关系：由法律上不负有抚养义务的人抚养成人的人,对抚养人应负有赡养扶助的义务；在长期生活中互相形成的道义上的抚养关系,如老保姆不计较待遇,多年帮助雇主抚育子女、操持家务等,雇主言明养其晚年,对于这种赡养扶助关系,应予确认和保护。本罪在主观方面表现为故意,即明知自己应履行赡养义务而拒绝扶养。拒绝赡养的动机是各种各样的,如有的把老人视为累赘而遗弃；有的因为老人分配财产不均而怀恨在心等。但动机如何,不影响本罪的成立。

我们每个人都有老去的一天,都有需要子女赡养的时候,如果我们都不好好赡养自己的长辈,又怎么能奢望自己的子女以后好好孝敬自己呢？所以奉劝那些无情无义的子女在不赡养老人时,也想一想什么是"上行下效"和因果报应。

法条链接：

《刑法》第二百六十一条规定,对于年老、年幼、患病或者其他没有独立生活能力的人,负有扶养义务而拒绝扶养,情节恶劣的,处五年以下有期徒刑、拘役或管制。

根据2015年3月4日最高人民法院、最高人民检察院、公安部、司法部**《关于依法办理家庭暴力犯罪案件的意见》**规定,依法准确定罪处罚。对故意杀人、故意伤害、强奸、猥亵儿童、非法拘禁、侮辱、暴力干涉婚姻自由、虐待、遗弃等侵害公民人身权利的家庭暴力犯罪,应当根据犯罪的事实、犯罪的性质、情节和对社会的危害程度,严格依照刑法的有关规定判处。对于同一行为同时触犯多个罪名的,依照处罚较重的规定定罪处罚。

依法惩处遗弃犯罪。负有扶养义务且有扶养能力的人,拒绝扶养年幼、年老、患病或者其他没有独立生活能力的家庭成员,是危害严重的遗弃性质的家庭暴力。根据司法实践,具有对被害人长期不予照顾、不提供生活来源；驱赶、逼迫被害人离家,致使被害人流离失所或者生存困难；遗弃患严重疾病或者生活不能自理的被害人；遗弃致使被害人身体严重损害或者造成其他严重后果等情形,属于刑法第二百六十一条规定的遗弃"情节恶劣",应当依法以遗弃罪定罪处罚。

准确区分遗弃罪与故意杀人罪的界限,要根据被告人的主观故意、所实施行为的时间与地点、是否立即造成被害人死亡,以及被害人对被告人的依赖程度等进行综合判断。对于只是为了逃避扶养义务,并不希望或者放任被害人死亡,将生活不能自理的被害人弃置在福利院、医院、派出所等单位或者广场、车站等行人较多的场所,希望被害人得到他人救助的,一般以遗弃罪定罪处罚。对于希望或者放任被害人死亡,不履行必要的扶养义务,致使被害人因缺乏生活照料而死亡,或者将生活不能自理的被害人带至荒山野岭等人迹罕至的场所扔弃,使被害人难以得到他人救助的,应当以故意杀人罪定罪处罚。

四、与农村老人财产权相关的犯罪与预防

迷晕老人拿钱财,抢劫还是盗窃?

老年人是社会的弱势群体,一些不法分子,趁机利用老年人在生理、思维上的退化,以及心理上的孤独、失落,实施不法行为,尤其是没有家人和子女陪同的空巢老年人,更容易被不法分子侵害。

被告人韩某系黑龙江省通河县人,现年52岁。来到天津后,她对外自称叫王静,并认识了不少老年人。后来,韩某想到了一个抢劫钱财的"高招"。一天中午,韩某给杜大爷打电话,说要去看他。韩某来到杜大爷家,闲聊中掏出一袋咖啡让杜大爷喝下去,见杜大爷有些犹豫,韩某一把按住他,将咖啡连同一个绿色小胶囊一起灌进了他的嘴里。灌完后,韩某对杜大爷说,这个胶囊和咖啡一起吃下去,对身体很好。杜大爷没太在意,点燃一根香烟抽了起来,没想到刚抽了几口,就倒下睡着了,直到第二天才清醒过来。这时,他发现家中的1 800元现金和照相机、手机、白酒和电饭煲不见了。过了几天,韩某又来到刘大爷家,闲聊中掏出两粒药,对刘大爷说:"大爷,这药可以治很多病,您吃了就可以长寿!"韩某将药塞进了他的嘴里,仅仅过了几分钟,老人不省人事,直到第二天中午才慢慢醒了过来。老人急忙给女儿打电话。女儿赶到后,将他送到医院。直到回来后,老人才发现,他家一对玉狮子、一对白玉罐儿、照相机及现金、银戒指统统不见了。韩某屡试不爽,又采用同样的手法,给彭大爷下了迷药,得手一部手机、白酒和4 200元现金。就在韩某自鸣得意之时,被害人彭大爷的家属怀疑是她作案,立即报警,并将她叫到家中质问。民警赶到,了解情况后将韩某控制。法院经审理后,以抢劫罪判处韩某有期徒刑14年,并处罚金2万元。①

抢劫罪,是指以非法占有为目的,以暴力、胁迫或其他令被害人不能抗拒的方法,当场强行劫取公私财物的行为。与其他财产犯罪不同,本罪的危害一方面表现为行为人违反他人意思取得了财物,侵犯了他人的财产占有权,另一方面表现为侵犯他人的生命、身体、自由等。由于抢劫行为对人身具有直接高度危险性,因而抢劫罪的社会危害性大大高于其他侵犯财产犯罪,历来是严厉打击的重点。

暴力行为,是指犯罪分子对被害人身体实行的打击、强制手段,如殴打、捆绑、禁闭、

---

① 《入户喂老人麻药大肆抢劫》,http://news.163.com/14/0902/14/A556U8QO00014AEE.html。

伤害等。行为人使用暴力的目的是排除被害人的反抗以劫取财物,因此,暴力的程度如何一般不影响抢劫罪的成立。具体而言:(1)暴力必须是在取得财物时当场实施。如果不是当场实施暴力、夺取财物,而是以将要对之实施暴力相威胁,而迫使对方限期交出财物,不构成抢劫罪。(2)暴力必须是针对被害人的身体而采取的打击或者强制,暴力不要求必须达到危及人身健康、生命或者使被害人不能抗拒的程度,只要达到使被害人恐惧,反抗能力受到一定程度的抑制即可。(3)暴力是犯罪分子故意实施的,也就是说,犯罪分子积极利用殴打等强制手段为排除被害人反抗并抢走财物创造条件;如果行为人出于其他目的对被害人实施暴力,之后又临时起意的不构成抢劫罪。

胁迫行为,是指对被害人以立即实施暴力侵害相威胁,实行精神强制,使被害人恐惧而不敢反抗,被迫当场交出财物或者任财物被劫走的手段。胁迫的方式,可以是语言,也可以是某种动作。胁迫必须是行为人以立即实施侵害行为相威胁,例如殴打、伤害、当场杀害等威胁的方式,可以是口头的、文字的或者是动作的表示。如果没有任何胁迫的表现,只是被害人自己感到恐惧,眼见行为人盗窃其财物而不敢制止,不能认为是抢劫。威胁的目的是当场夺取财物或者迫使被害人当场交付财物,如果是要求被害人答应日后交付财物,也不能构成抢劫罪,只能构成敲诈勒索罪。

其他方法,是指犯罪分子使用暴力或者胁迫方法之外的使被害人不知反抗或者丧失反抗能力的方法。行为人使用的"其他方法"有很多,如用酒灌醉、用药物麻醉、使用催眠术等。如果不是行为人以某种行为使被害人处于不能反抗或不知反抗的状态,而是利用由被害人自己的原因(如喝醉熟睡、因病昏迷等)或其他原因(如被他人打昏、撞伤等)所致不能反抗的状态乘机掠夺其财物的,只能构成盗窃罪或其他犯罪,不能构成抢劫罪。

本案中,韩某既没有采用暴力手段强行劫取财物,也没有使用胁迫手段强行劫取财物,而是给老人喂下迷药,利用老人昏迷之际搜取钱财,这就是所谓的"其他方法"。老人昏迷的状态是韩某的行为直接导致的,因而韩某的喂药行为与取财行为之间具有因果关系,构成了抢劫罪。如果韩某是趁老人自己熟睡之际,拿取财物的,属于秘密窃取,构成盗窃罪。本案中,韩某实施了三次抢劫,而且每一次都是入户抢劫,根据刑法规定,多次抢劫或者入户抢劫的,应当被判处十年以上有期徒刑、无期徒刑或者死刑,并处罚金或者没收财产。

所谓"入户抢劫",是指为实施抢劫行为而进入他人生活的与外界相对隔离的住所,包括封闭的院落、牧民的帐篷、渔民作为家庭生活场所的渔船、为生活租用的房屋等进行抢劫的行为。对于入户盗窃,因被发现而当场使用暴力或者以暴力相威胁的行为,应当认定为入户抢劫。刑法之所以对"入户抢劫"加重处罚,主要是因为抢劫罪本身就是以暴力、胁迫等强制方法压迫被害人反抗进而取财,其对人身安全造成了极大的危险,行为人入户抢劫是在封闭的空间内实施暴力行为的,这种空间性决定了行为人一旦入户便很可能使被害人陷入孤立无援状态,行为人便可以肆无忌惮地对被害人实施暴力,损害性极大。因此,判决韩某14年有期徒刑是妥当的。

麻醉抢劫的案例告诉我们，一定不要轻信陌生人，尤其不要喝陌生人给的饮料，更不要吃他人给的糖果、药丸。

法条链接：

《**刑法**》第二百六十三条　以暴力、胁迫或者其他方法抢劫公私财物的，处三年以上十年以下有期徒刑，并处罚金。有下列情形之一的，处十年以上有期徒刑、无期徒刑或者死刑，并处罚金或者没收财产：（一）入户抢劫的；（二）在公共交通工具上抢劫的；（三）抢劫银行或者其他金融机构的；（四）多次抢劫或者抢劫数额巨大的；（五）抢劫致人重伤、死亡的；（六）冒充军警人员抢劫的；（七）持枪抢劫的；（八）抢劫军用物资或者抢险、救灾、救济物资的。

2005年最高人民法院《**关于审理抢劫、抢夺刑事案件适用法律若干问题的意见**》第一条　认定"入户抢劫"时，应当注意以下三个问题：一是"户"的范围。"户"在这里是指住所，其特征表现为供他人家庭生活和与外界相对隔离两个方面，前者为功能特征，后者为场所特征。一般情况下，集体宿舍、旅店宾馆、临时搭建工棚等不应认定为"户"，但在特定情况下，如果确实具有上述两个特征的，也可以认定为"户"。二是"入户"目的的非法性。进入他人住所须以实施抢劫等犯罪为目的。抢劫行为虽然发生在户内，但行为人不以实施抢劫等犯罪为目的进入他人住所，而是在户内临时起意实施抢劫的，不属于"入户抢劫"。三是暴力或者暴力胁迫行为必须发生在户内。入户实施盗窃被发现，行为人为窝藏赃物、抗拒抓捕或者毁灭罪证而当场使用暴力或者以暴力相威胁的，如果暴力或者暴力胁迫行为发生在户内，可以认定为"入户抢劫"；如果发生在户外，不能认定为"入户抢劫"。

第十条　抢劫罪侵犯的是复杂客体，既侵犯财产权利又侵犯人身权利，具备劫取财物或者造成他人轻伤以上后果两者之一的，均属抢劫既遂；既未劫取财物，又未造成他人人身伤害后果的，属抢劫未遂。据此，刑法第二百六十三条规定的八种处罚情节中除"抢劫致人重伤、死亡的"这一结果加重情节之外，其余七种处罚情节同样存在既遂、未遂问题，其中属抢劫未遂的，应当根据刑法关于加重情节的法定刑规定，结合未遂犯的处理原则量刑。

歹徒劫杀七旬老人，是抢劫罪还是故意杀人罪？

"杀人"是最严重的人身犯罪，"抢劫"是最严重的财产犯罪，二者之所以严重就是因为涉及的暴力是最严重的。在农村，由于老年人反抗能力弱等特点，有些歹徒就瞄准了老年人实施抢劫。当"抢劫杀人"这种骇人听闻的事情发生后，我们会问这个歹徒该如何处置？是构成抢劫罪，还是故意杀人罪？

年近七旬的张某身体硬朗，在村蔬菜收购市场旁边开了一家小卖部。早上7点多，张某的儿媳刘某给张某送饭时，发现张某躺在床上，脸上都是血，儿媳赶紧拨打110。经综合排查，最终在刘家村一冷藏厂职工宿舍将犯罪嫌疑人姜某抓获。姜某，江西人，27岁，来到山东打工数年。姜某交代，之前为了找新工作，曾到过大张村，还来过张某小店。4月11日晚上9点多，姜某的钱用完了，新工作还没找到，觉得再不弄点钱就没办法生活下去了。于是他随身带了一把自制刀，骑着电动自行车来到张某小店对面。停下车后，姜某在小店附近徘徊了2个多小时，等到菜市场收菜的差不多散场时，姜某下定决心实施抢劫。当时，小店的木门并没有上锁，姜某用力一推就进去了。张某听到动静就大声喊起来，姜某一时慌张掏出刀朝张某捅去，张某倒在了床上，姜某就开始在店内翻找财物。姜某拿着在店内搜到的279元现金，骑电动自行车逃离现场。

七十多岁的周老太与儿子一家生活在一起，儿子白天在镇上的食品厂上班。2014年11月23日下午，赵某朝因欠债还钱，向哥哥赵某刚提议抢劫，赵某刚表示同意。当日16时许，赵某朝和赵某刚行至大洼村周老太家，见其院落和北屋门未锁，停车后直接进入北屋。之后，两人关上北屋门，持尖刀威逼周老太从卧室拿出钱包，内有一张存折，逼其交出身份证后，强行用绳子捆绑其手脚。赵某刚又将周老太的儿媳陈某拖至卧室，并接过赵某朝手中的尖刀控制陈某。周老太挣脱捆绑，大声呼救，赵某刚为了灭口用绳子将其勒死，一不做二不休，二人又将妇女陈某当场杀害。

抢劫罪，是指以非法占有为目的，以暴力、胁迫或其他令被害人不能抗拒的方法，当场强行劫取公私财物的行为。其中的暴力方法，是指犯罪分子对被害人身体实行的打击、强制手段，如殴打、捆绑、禁闭、伤害等，而以故意杀人的方式强行劫取他人财物，是暴力方法中的最严重类型。所以，以故意杀人的方式强行劫取他人财物的，属于最严重的抢劫罪。

我国刑法规定，抢劫致人重伤、死亡的，处十年以上有期徒刑、无期徒刑或死刑。杀人可以作为暴力手段之一，成为抢劫罪的手段行为，抢劫致人死亡包括故意和过失，是抢劫罪的加重情节。刑法之所以这样规定，是因为缺少了暴力（杀人）行为，抢劫罪就无法成立，如果将这种情况的抢劫杀人以抢劫罪和故意杀人罪数罪并罚，将是对杀人行为重复评价，重复处罚。如果是抢劫行为实施完毕之后，为杀人灭口而故意杀人的，则以抢劫罪和故意杀人罪数罪并罚，因为前面的抢劫行为和后面的故意杀人行为是两个独立的行为。因此，抢劫杀人并不是按照统一模式处理，而是要看杀人行为在抢劫杀人中的地位。具体来说：

第一，事先只有非法剥夺他人生命的目的，而无抢劫他人财物的目的，杀人以后，见财起意又将被害人财物拿走的，触犯的是故意杀人罪和盗窃罪，应两罪并罚。

第二，实施抢劫财物过程中先杀人后劫物，即在抢劫财物过程中，先将财物的所有人、经管人杀死，剥夺其反抗能力，当场劫走其财物，杀人是劫走财物的暴力手段，触犯的是抢劫罪一个罪。

第三，实施暴力抢劫财物后，为了杀人灭口而又将被害人杀死的，由于杀人行为是抢劫罪完成之后的行为，与抢劫没有内在联系，因此行为人触犯的是两个独立的犯罪，应分别定抢劫罪和故意杀人罪，实行两罪并罚。

前一个案例中，被告人姜某为了抢劫财物而在抢劫过程中将小店老板杀死进而劫取财物，属于在劫取财物过程中为制服被害人反抗而故意杀人，应以抢劫罪论处。后一案例中被告人在对周老太及其儿媳进行抢劫之后，为免被害人求救而致使自己暴露，故意杀人，属于抢劫之后额外所犯的故意杀人罪，因而应当以抢劫罪、故意杀人罪数罪并罚。

法条链接：

《**刑法**》第二百六十三条　以暴力、胁迫或者其他方法抢劫公私财物的，处三年以上十年以下有期徒刑，并处罚金；有下列情形之一的，处十年以上有期徒刑、无期徒刑或者死刑，并处罚金或者没收财产：（一）入户抢劫的；（二）在公共交通工具上抢劫的；（三）抢劫银行或者其他金融机构的；（四）多次抢劫或者抢劫数额巨大的；（五）抢劫致人重伤、死亡的；（六）冒充军警人员抢劫的；（七）持枪抢劫的；（八）抢劫军用物资或者抢险、救灾、救济物资的。

2001年最高人民法院《**关于抢劫过程中故意杀人案件如何定罪问题的批复**》　行为人为劫取财物而预谋故意杀人，或者在劫取财物过程中，为制服被害人反抗而故意杀人的，以抢劫罪定罪处罚。行为人实施抢劫后，为灭口而故意杀人的，以抢劫罪和故意杀人罪定罪，实行数罪并罚。

2005年最高人民法院《**关于审理抢劫、抢夺刑事案件适用法律若干问题的意见**》第八条　行为人实施伤害、强奸等犯罪行为，在被害人未失去知觉，利用被害人不能反抗、不敢反抗的处境，临时起意劫取他人财物的，应以此前所实施的具体犯罪与抢劫罪实行数罪并罚；在被害人失去知觉或者没有发觉的情形下，以及实施故意杀人犯罪行为之后，临时起意拿走他人财物的，应以此前所实施的具体犯罪与盗窃罪实行数罪并罚。

不满妻子提离婚竟破门搬走岳父财产，女婿是否构成盗窃罪？

一般而言，盗窃他人财物，数额较大的，应当构成盗窃罪。但是，法律也并非不讲人情，基于人道与温情的立场，有些盗窃行为也可以不作为盗窃罪处理。

2013年3月,曹某的妻子以夫妻感情不和为由提起离婚诉讼,并带着自己日常生活用品离开了家,曹某对此十分不满。曹某经多次跟踪后发现,妻子在位于江苏省如东县掘港镇某小区的岳父母家居住。同年5月的一天,曹某请来货车司机及自己多位朋友,趁着岳父家里没人,采取卸门入室的方式,搬走该房内电脑、电视机、洗衣机、电吹风等电器及高低床、真皮沙发、餐桌等家具,并予以变卖。同年年底,曹某主动向公安机关投案自首。经鉴定,该案所涉及的电器价值1.1万余元,其他家具因无实物而无法鉴定。一审法院审理后认为,曹某秘密窃取家庭成员财物,数额较大,其行为已构成盗窃罪。综合曹某属盗窃亲属财物及自首情节,法院一审判决曹某犯盗窃罪,免予刑事处罚,对曹某犯罪所得财物予以追缴,并发还给被害人。曹某不服,称其与被害人系翁婿关系,不构成盗窃罪,请求二审法院改判其无罪。江苏省南通市中级人民法院审理后认为,曹某与被害人系女婿与岳父关系,不是刑法意义上的近亲属关系,其盗窃岳父财物的行为不能视为偷拿近亲属的财物。本案属盗窃亲戚财物,可综合认定上诉人曹某犯罪情节较轻,一审法院据此对上诉人曹某决定免予刑事处罚正确,遂裁定驳回上诉,维持原判。①

盗窃罪是相当常见的财产犯罪,是指以非法占有为目的,以秘密窃取的方式将他人财物占为己有。盗窃罪是国家追诉的犯罪,禁止个人之间进行私了,根据各地标准不同,盗窃数额较大的,公安机关就可以立案,行为人会受到刑罚处罚。

关于数额较大的标准,各地可以自己确定。例如,北京市、上海市、重庆市、江苏省、山东省、安徽省、辽宁省、河南省、河北省、湖南省、湖北省、江西省等规定的盗窃罪"数额较大"标准为2 000元;浙江省、福建省规定的盗窃罪"数额较大"标准为3 000元;云南省、宁夏回族自治区等规定的盗窃罪"数额较大"标准为1 500元;四川省规定的盗窃罪"数额较大"标准为1 600元,其中牧区偷牛盗马价值的"数额较大"标准为3 000元。更复杂的是广东省:① 一类地区是广州、深圳、珠海、汕头、佛山、东莞、中山等七个市,盗窃数额较大的标准为2 000元;② 二类地区是惠州、江门、湛江、茂名、肇庆、潮州、揭阳、汕尾等八个市,盗窃数额较大的标准为1 500元;③ 三类地区是河源、云浮、阳江、清远、梅州、韶关等六个市,盗窃数额较大的标准是1 000元。

盗窃罪的犯罪主体是年满16周岁且具有正常行为能力的人,但基于家庭成员之间盗窃行为的特殊性,2013年最高人民法院、最高人民检察院发布的《关于办理盗窃刑事案件适用法律若干问题的解释》第八条规定:"偷拿家庭成员或者近亲属的财物,获得谅解的,一般可以不认为是犯罪;追究刑事责任的,应当酌情从宽。"那么,女婿曹某与岳父之间是否属于"家庭成员或者近亲属"?

首先,关于近亲属的范围。我国刑法没有对近亲属进行规定,按照《刑事诉讼法》第一百零六条第六项的规定,近亲属是指"夫、妻、父、母、子、女、同胞兄弟姊妹"。按照最高人民法院《关于贯彻执行〈中华人民共和国民法通则〉若干问题的意见》第十二条的规定,

---

① 《不满离婚破门搬走岳父财产》,http://legal.people.com.cn/n/2015/0405/c188502-26800740.html。

民法通则中规定的近亲属包括"配偶、父母、子女、兄弟姐妹、祖父母、外祖父母、孙子女、外孙子女"。按照最高人民法院《关于执行〈中华人民共和国行政诉讼法〉若干问题的解释》第十一条的规定,近亲属的范围包括"配偶、父母、子女、兄弟姐妹、祖父母、外祖父母、孙子女、外孙子女和其他具有抚养、赡养关系的亲属"。可见,法律承认的近亲属的最小范围是"夫、妻、父、母、子、女、同胞兄弟姊妹",这毫无疑问属于近亲属;除此之外,法律承认的近亲属的最大范围还包括祖父母、外祖父母、孙子女、外孙子女和其他具有抚养、赡养关系的亲属。我国法律对近亲属之间相互盗窃的处理方式,与一般的盗窃案件有所区别,其原因正是为了维护亲属、亲戚关系的稳定,维护一个和谐的亲情伦理关系,并且中国人历来强调家族观念、家丑不可外扬。而且,在日常生活中,爷爷、奶奶、外公、外婆也是我们最亲近的人,把他们视为近亲属完全能够接受,因而"偷拿近亲属的财物"中的近亲属是一个最广泛意义上的范畴,包括配偶、父母、子女、兄弟姐妹、祖父母、外祖父母、孙子女、外孙子女和其他具有抚养、赡养关系的亲属。

其次,关于"家庭成员"的范围。"家庭成员"不是一个法律用语,而是一个生活俗语。一般认为,家庭成员就是在一个家中共同生活的成员,包括一起共同生活具有血缘关系、姻亲关系、收养关系的亲属,也包括长期吃住在一起的其他亲属或非亲属。例如,父母、祖父母、兄弟姐妹、夫妻以及一起生活的外祖父母、叔伯、姑舅姨等。如果义兄义弟、义子义父等长期吃住在一起,能够形成相互生活上相互帮扶、互相信赖的"一家人",则也属于"家庭成员"。可见,家庭成员的范围比近亲属的范围更广,而且家庭成员与近亲属之间存在交叉重合。

最后,关于财产范围。基于盗窃罪本身的特征,盗窃行为必须针对的是他人占有的财物,因而行为人盗窃的不仅是家庭成员或者近亲属所有的财物,而且是家庭成员或者近亲属占有的财物。具体来说,指① 如果偷拿的财物属于其他家庭成员或近亲属"所有"的财物,即财物所有权归他们,当然属于"偷拿家庭成员或者近亲属的财物"。② 如果其他家庭成员或近亲属将他们自己"所有"的财物借给了行为人的"家庭成员或者近亲属的财物"以外的第三人,那么行为人再去偷拿的,就成为普通盗窃罪。③ 如果行为人偷拿的不是"家庭成员或者近亲属"的财物,而是属于"家庭成员或者近亲属"从第三人如邻居那里借来的财物,那么也不属于"偷拿家庭成员或者近亲属的财物",也跟普通盗窃罪一样处罚。④ 行为人偷拿家庭成员或近亲属共有的财物,由于财物归二者共同所有和占有,行为人压根儿不属于"偷拿",不构成盗窃罪。

本案中,曹某的岳父属于亲属或者亲戚,但不属于司法解释中的"近亲属"范畴,而且岳父与曹某平时不在一起生活,不属于家庭成员(如果曹某是上门女婿的话,则属于家庭成员)。曹某不满妻子提出离婚并离家出走,秘密潜入岳父家中行窃,构成盗窃罪。曹某盗窃1.1万元的行为属于盗窃数额较大,且是入户盗窃,但考虑到其有自首这一从宽情节,法院对其进行从宽处理。

法条链接：

《刑法》第二百六十四条　盗窃公私财物，数额较大的，或者多次盗窃、入户盗窃、携带凶器盗窃、扒窃的，处三年以下有期徒刑、拘役或者管制，并处或者单处罚金；数额巨大或者有其他严重情节的，处三年以上十年以下有期徒刑，并处罚金；数额特别巨大或者有其他特别严重情节的，处十年以上有期徒刑或者无期徒刑，并处罚金或者没收财产。

2013年最高人民法院、最高人民检察院《关于办理盗窃刑事案件适用法律若干问题的解释》第七条　盗窃公私财物数额较大，行为人认罪、悔罪、退赃、退赔，且具有下列情形之一，情节轻微的，可以不起诉或者免予刑事处罚；必要时，由有关部门予以行政处罚：

（一）具有法定从宽处罚情节的；
（二）没有参与分赃或者获赃较少且不是主犯的；
（三）被害人谅解的；
（四）其他情节轻微、危害不大的。

第八条　偷拿家庭成员或者近亲属的财物，获得谅解的，一般可以不认为是犯罪；追究刑事责任的，应当酌情从宽。

2006年最高人民法院《关于审理未成年人刑事案件具体应用法律若干问题的解释》

第九条　已满十六周岁不满十八周岁的人盗窃自己家庭或者近亲属财物，或者盗窃其他亲属财物但其他亲属要求不予追究的，可不按犯罪处理。

扒窃老人一百块，换来徒刑一年整！

在人多的公共场所，如火车站、公交车上，很多人都有被小偷扒窃过的经历。对农村老年人来说，经常出入的公共场所当属集市、超市、庙会，在这些场所，应当格外注意保护自己的财物。以前，扒窃只是一种小偷小摸，即便被抓到了，也会因为扒窃的数额过少，只会罚款或行政拘留，构不成犯罪，打击力度很小。但是，自2011年5月1日之后，刑法已经将入户盗窃、携带凶器盗窃、扒窃单独入罪，而且不计数额。因此，如果有人还胆敢小偷小摸，那么他真就摊上大事儿了！

2015年5月3日，农历三月十五，孙家庄三皇庙迎来了开春第一场盛大香会，每年这个时候庙会上香客云集、表演纷呈、人山人海、热闹非凡，这天恰逢五一小长假，赶庙会的人特别多。龙山派出所为了维护庙会秩序，防止发生意外情况，提前安排民警带领协警赶到庙会现场维持秩序。5月3日上午9点许，警务室民警连续接到三个老人的报警，三人反映自己随身携带的钱包连同里面的现金、钥匙、身份证等不见了，因连香火钱都没有了,只好来找警察求助。警务室民警经过分析,认定庙会上肯定有扒窃分子,他们将年老反应迟钝的人作为作案对象,因此安排协警将主要视线放在了老年人周边的人身上。经过半个多小时的观察,细心的民警发现一名中年男子形迹可疑。该男子身穿一件灰褐色外套,一只手穿在袖子里面,另一只手则放在外套里面,而且手在衣服的掩盖下乱动,后经过跟踪,在该案犯正在实施扒窃的过程中,民警立即行动来个人赃并获,并收缴了作案用的刀片。经讯问,该窃贼张某事先知道孙家庄有庙会,便赶来庙会现场实施扒窃,专挑年迈老年人入手。张某在被民警同志抓获前,已经成功作案三起,前两次扒窃得手112元、身份证一个、钥匙一串;第三次作案时,张某窃一个红纸包,以为里面是现金,打开之后发现那只是写给庙里神仙的"文书";当他第四次出手时,被抓获。最终,张某因盗窃罪被法院判处有期徒刑一年,罚金2000元。

根据《刑法》第二百六十四条的规定,盗窃罪是指以非法占有为目的,秘密窃取公私财物数额较大或者多次盗窃、入户盗窃、携带凶器盗窃、扒窃公私财物的行为。盗窃罪是最古老的侵犯财产犯罪,也是最经常侵犯老年人财产权的犯罪。

盗窃数额较大,是指盗窃数额在1000元至3000元以上,各地按照经济发展水平确定入罪数额,如江苏省的数额较大的标准是2000元。

多次盗窃,是指二年内盗窃三次以上。对于两年内盗窃不足三次,且窃取财物数额较小的,又不属于下面所说的入户盗窃、携带凶器盗窃、扒窃的,不应认为是犯罪,必要时可给予治安管理处罚(行政拘留、罚款等)。

入户盗窃是指非法进入供他人家庭生活,与外界相对隔离的住所。入户实施盗窃被发现后,行为人为窝藏赃物、抗拒抓捕或者毁灭罪证而当场使用暴力或者以暴力相威胁的,如果暴力或者暴力胁迫行为发生在户内的,直接转化为入户抢劫,构成抢劫罪。

携带凶器盗窃是指携带枪支、爆炸物、管制刀具等国家禁止个人携带的器械盗窃。只要外观上足以使人产生危险感觉,客观上具有杀伤力的器物都可以视为凶器,但行为人为方便扒窃而携带尺寸很短的刀片的,不属于携带凶器盗窃。

扒窃是指在车站、码头、商场、集贸市场等公共场所或公共交通工具上盗窃他人随身携带的财物。窃取被害人贴身衣物或包中的财物的,是扒窃;不直接接触被害人身体,但乘被害人不备,将距离被害人很近、占有关系紧密的财物拿走的,也是扒窃。例如,将他人自行车前筐中的财物拿走的,也属于扒窃。

本案中,张某在人群集中的庙会上,专门盗窃老年人随身携带的财物,属于扒窃行为。对于扒窃型盗窃罪(以及入户盗窃、携带凶器盗窃),我国刑法没有规定数额限度,不需要达到数额较大的程度,张某先后扒窃获得112元现金、身份证、钥匙等财物,已经构成盗窃罪,给予刑罚处罚。

法条链接:

《治安管理处罚法》第四十九条　盗窃、诈骗、哄抢、抢夺、敲诈勒索或者故意损毁公私财物的,处5日以上10日以下拘留,可以并处500元以下罚款;情节较重的,处10日以上15日以下拘留,可以并处1 000元以下罚款。

《刑法》第二百六十四条 盗窃公私财物,数额较大的,或者多次盗窃、入户盗窃、携带凶器盗窃、扒窃的,处三年以下有期徒刑、拘役或者管制,并处或者单处罚金;数额巨大或者有其他严重情节的,处三年以上十年以下有期徒刑,并处罚金;数额特别巨大或者有其他特别严重情节的,处十年以上有期徒刑或者无期徒刑,并处罚金或者没收财产。

2013年最高人民法院、最高人民检察院**《关于办理盗窃刑事案件适用法律若干问题的解释》第一条** 盗窃公私财物价值一千元至三千元以上、三万元至十万元以上、三十万元至五十万元以上的,应当分别认定为刑法第二百六十四条规定的"数额较大""数额巨大""数额特别巨大"。

各省、自治区、直辖市高级人民法院、人民检察院可以根据本地区经济发展状况,并考虑社会治安状况,在前款规定的数额幅度内,确定本地区执行的具体数额标准,报最高人民法院、最高人民检察院批准。

在跨地区运行的公共交通工具上盗窃,盗窃地点无法查证的,盗窃数额是否达到"数额较大""数额巨大""数额特别巨大",应当根据受理案件所在地省、自治区、直辖市高级人民法院、人民检察院确定的有关数额标准认定。

盗窃毒品等违禁品,应当按照盗窃罪处理的,根据情节轻重量刑。

第二条 盗窃公私财物,具有下列情形之一的,"数额较大"的标准可以按照前条规定标准的百分之五十确定:

(一)曾因盗窃受过刑事处罚的;

(二)一年内曾因盗窃受过行政处罚的;

(三)组织、控制未成年人盗窃的;

(四)自然灾害、事故灾害、社会安全事件等突发事件期间,在事件发生地盗窃的;

(五)盗窃残疾人、孤寡老人、丧失劳动能力人的财物的;

(六)在医院盗窃病人或者其亲友财物的;

(七)盗窃救灾、抢险、防汛、优抚、扶贫、移民、救济款物的;

(八)因盗窃造成严重后果的。

第三条 二年内盗窃三次以上的,应当认定为"多次盗窃"。

非法进入供他人家庭生活,与外界相对隔离的住所盗窃的,应当认定为"入户盗窃"。

携带枪支、爆炸物、管制刀具等国家禁止个人携带的器械盗窃,或者为了实施违法犯罪携带其他足以危害他人人身安全的器械盗窃的,应当认定为"携带凶器盗窃"。

在公共场所或者公共交通工具上盗窃他人随身携带的财物的,应当认定为"扒窃"。

第六条 盗窃公私财物,具有本解释第二条第三项至第八项规定情形之一,或者入户盗窃、携带凶器盗窃,数额达到本解释第一条规定的"数额巨大""数额特别巨大"百分之五十的,可以分别认定为刑法第二百六十四条规定的"其他严重情节"或者"其他特别严重情节"。

盗窃十几个苹果,何以换来七年铁窗生活?

盗窃是秘密获得公私财物的行为,一般情况下,数额较大的才会判刑。但是,实践中有很多情况,小偷偷了十几块钱的东西,甚至什么都没偷着,最终还是被判了好几年,而且罪名根本是不是盗窃罪,而是抢劫罪。这是怎么回事?

鹿楼镇是当地远近闻名的苹果之乡,每到收获的季节到处都是熟透的苹果。然而就在这时节,经常有果农反映有人偷苹果。2009年10月的某天晚上,陈某等人吃完饭后,提议到附近果园摘些苹果吃,其他人也觉得摘苹果又不犯法,于是就跟了去。陈某等人来到王老汉的果园,扯开篱笆桩,打着手电筒挑选大个苹果,往袋子装。当他们热火朝天地摘苹果时,王老汉从家里赶到苹果园转悠,看看有没有贼来。当他走到果园北侧时,发现篱笆桩被毁,果园里有个手电筒在闪,他立马知道有人在偷苹果。王老汉以为里面就一个人,所以拿了旁边一个木棍壮着胆子在篱笆桩的破口处等待小偷出来。王老汉对着果园大喊,"抓偷苹果的"!陈某一伙听到赶紧往外跑。当陈某从破口处出来的时候,王老汉一把抓住陈某,陈某见到只有王老汉一个人,便和他扭打在一起,王老汉被陈某打倒在地。一起来偷苹果的朱某夺过王老汉手里的棍子朝王老汉腰部死死地敲了一棍,几个人随即拎着十几个苹果离开了现场,王老汉被打成轻伤。最终,陈某被判处有期徒刑7年,其他3位参加者被判处3、6、7年有期徒刑。①

根据我国刑法第二百六十九条的规定,犯盗窃、诈骗、抢夺罪,为窝藏赃物、抗拒抓捕或者毁灭罪证而当场使用暴力或者以暴力相威胁的,以抢劫罪定罪处罚。这是我国刑法对转化型抢劫,也即"事后抢劫"或"转化型抢劫"的相关规定。可见,一开始是盗窃行为,也可能会转化为抢劫犯。

首先,要构成事后抢劫必须以犯盗窃、诈骗、抢夺罪为前提,但这并不意味着先前的行为一定要构成盗窃罪、诈骗罪或抢夺罪,只要有盗窃、诈骗、抢夺行为就可以了。

其次,还必须当场使用了暴力或者以暴力相威胁,这是向抢劫罪转化的客观条件。暴力、威胁的对象,可以是财物的所有人、公安人员或其他任何参与抓捕的人。具体来说:

(1) 行为人在实施盗窃、诈骗、抢夺行为之外,又对他人实施了暴力或以暴力相威

---

① 《十几个苹果换来两年铁窗生活》,http://www.qh.xinhuanet.com/2010-04/14/content_19510154.htm.

胁。所谓"使用暴力或者以暴力相威胁",是指犯罪分子对他人故意实施撞击、殴打、伤害等危及人体健康和生命安全的行为或者以立即实施这些行为相威胁。

(2) 暴力威胁必须是当场实施的。所谓的"当场",一般是指实施盗窃、诈骗、抢夺犯罪行为的作案现场。如果犯罪分子在逃离现场时被人发现,在受到追捕或者围堵的情况下使用暴力的,也应视为当场使用暴力。如果犯罪分子作案时没有被及时发现,而是在其他时间、地点被发现,在抓捕过程中行凶拒捕或者在事后为掩盖罪行杀人灭口的,不转化为抢劫罪。

最后,要构成事后抢劫,还要求是基于特定的目的,即为了窝藏赃物、抗拒抓捕或者毁灭罪证而当场实施暴力或以暴力威胁。所谓"窝藏赃物",是指转移、隐匿盗窃、诈骗、抢夺所得到的公私财物的行为。所谓"抗拒抓捕",是指犯罪分子抗拒司法机关依法对其采取的拘留、逮捕等强制措施,以及在犯罪时或者犯罪后被及时发现,抗拒群众将其扭送到司法机关的行为。所谓"毁灭罪证",是指犯罪分子为逃避罪责,湮灭作案现场遗留的痕迹、物品以及销毁可以证明其罪行的各种证据。如果不是出于以上目的实施暴力或者以暴力相威胁,不能按刑法第二百六十九条处理。如果行为人在着手盗窃、诈骗、抢夺过程中,尚未取得财物即被发觉,而改用暴力、威胁方法强行取得财物,则直接属于第二百六十三条的抢劫罪。如果盗窃、诈骗、抢夺后又出于报复、灭口等动机伤害、杀害被害人的,则犯了两个罪:一个是伤害、杀人行为构成故意伤害罪或者故意杀人罪,另一个就是这里的盗窃罪、诈骗罪或者抢夺罪,对行为人应当数罪并罚。

另外,根据最高人民法院2005年《关于审理抢劫、抢夺刑事案件具体应用法律若干问题的意见》,对于入户盗窃,因被发现而当场使用暴力或者以暴力相威胁的行为,应当认定直接转化为入户抢劫。

本案中,陈某等人在盗窃王老汉的苹果时,被王老汉当场发现,陈某等人为了抗拒抓捕对王老汉使用暴力,已经由盗窃转化为抢劫,构成抢劫罪。常言道,浪子回头金不换,对于盗窃、诈骗、抢夺违法犯罪行为,如果被发现而及时收手还有可能不受处罚,如果再"动手"对他人的人身造成威胁,将只能"一念成魔",不仅构成犯罪,还要为自己引来更重的惩罚,到时只能后悔莫及!

法条链接:

《刑法》第二百六十九条 犯盗窃、诈骗、抢夺罪,为窝藏赃物、抗拒抓捕或者毁灭罪证而当场使用暴力或者以暴力相威胁的,依照本法第二百六十三条的规定定罪处罚。

2005年最高人民法院**《关于审理抢劫、抢夺刑事案件具体应用法律若干问题的意见》**第一条 入户实施盗窃被发现,行为人为窝藏赃物、抗拒抓捕或者毁灭罪证而当场使用暴力或者以暴力相威胁的,如果暴力或者暴力胁迫行为发生在户内,可以认定为"入户抢劫";如果发生在户外,不能认定为"入户抢劫"。

2001年最高人民法院《关于抢劫过程中故意杀人案件如何定罪问题的批复》行为人为劫取财物而预谋故意杀人，或者在劫取财物过程中，为制服被害人反抗而故意杀人的，以抢劫罪定罪处罚。行为人实施抢劫后，为灭口而故意杀人的，以抢劫罪和故意杀人罪定罪，实行数罪并罚。

老汉砍伐自己承包的林木被判刑，"我的财产谁做主？"

随着农村经济体制改革的深入，很多农村老人由于精力有限，不再从事繁重的种植业，而选择承包一片山林，这比种粮食、蔬菜、水果成本低，周期长，平时没有那么辛苦，适合尚具有劳动能力的农村老人。本来，农民承包土地种粮、种菜时，可以在自己的土地上想种啥就种啥，想啥时候卖就啥时候卖，完全自己说了算，毕竟那全部是自己的财产。但是，林地是否也如此呢？生活中，为什么有的老人明明砍伐自己承包的林木，还要坐监狱呢？这是哪门子规矩？看了下面这个案例，或许你就明白了。

2006年4月至10月间，家住闽清县的黄老汉承包了闽清县上莲乡大嵙村"下坑尾"山场内的一片林场。为了造林，黄老汉在没有办理林木采伐许可证的情况下，擅自雇佣民工到林场内砍伐阔叶树和杉木。之后，黄老汉将被伐的林木销售，得款4 400元。经闽清县林业局林业案件鉴定工作小组鉴定，被采伐的阔叶树、杉木立木蓄积量44.696 2立方米，经济价值8 262元。一审法院认为，黄老汉违反《中华人民共和国森林法》的规定，在未办理林木采伐许可证的情况下，擅自雇人砍伐林木，共计采伐林木立木蓄积量44.696 2立方米，数量较大，其行为已构成滥伐林木罪，公诉机关指控的罪名成立。但案发后，被告人黄老汉能如实供述自己的罪行，且在庭审中亦表示自愿认罪，且系65周岁老年人犯罪，是初犯、偶犯。鉴于以上情节，对黄老汉酌情从轻处罚。最终以滥伐林木罪，判处黄老汉有期徒刑十个月，并处罚金人民币8 000元。黄老汉不服，向二审法院提出上诉。其上诉理由是，其是山场的承包者，只是采伐被他人压坏的林木和毛竹，采伐林木是为了造林而不是为了牟利，且系初犯、偶犯，又患有肝炎等多种疾病，请求从轻处罚并可适用缓刑。二审法院审理后，驳回上诉，维持原判。①

林木是财产，盗伐、滥伐林木罪属于农村很常见的一种财产犯罪。盗伐林木罪是指行为人实施了盗伐森林或者其他林木，且数量较大的行为。滥伐林木罪，是指违反森林法的规定，滥伐森林或者其他林木，数量较大的行为。

所谓盗伐，是属于盗窃的性质，因而盗伐必须是擅自砍伐他人的林木。具体来说，包

---

① 《未办采伐许可证砍伐自己承包的林地上的林木也要坐牢》，http://fzszy.chinacourt.org/public/detail.php? id=8897&quot．

括擅自砍伐国家、集体、他人所有或者他人承包经营管理的森林或者其他林木；擅自砍伐本单位或者本人承包经营管理的森林或者其他林木；在林木采伐许可证规定的地点以外采伐国家、集体、他人所有或者他人承包经营管理的森林或者其他林木。至于行为人是偷偷砍伐还是公开砍伐，对于成立本罪并不重要。

所谓滥伐，区别于盗伐，滥伐不是擅自砍伐他人的林木，而是擅自砍伐自己的或者本单位的、本集体的林木。具体来说，滥伐是指违反森林法的规定，未经林业行政主管部门及法律规定的其他主管部门批准并核发林木采伐许可证，或者虽持有林木采伐许可证，但违反采伐许可证所规定的时间、数量、树种、方式，而任意砍伐本单位所有或本人所有的森林或者其他林木的；超过林木采伐许可证规定的数量采伐他人所有的森林或者其他林木。此外，林木权属争议一方在林木权属确权之前擅自砍伐森林或者其他林木，数量较大的，以滥伐林木罪论处。

根据司法解释的规定，违反森林法的规定，在林木采伐许可证规定的地点以外，采伐本单位或者本人所有的森林或者其他林木的，除农村居民采伐自留地和房前屋后个人所有的零星林木以外，属于"未经林业行政主管部门及法律规定的其他主管部门批准并核发林木采伐许可证"规定的情形。本罪属于数额犯，只有滥伐林木数量较大的才构成本罪。

林业资源是一项极其宝贵的资源，对改善人类生存环境具有十分重要的意义。因此，国家制定了成套的法规，对林业资源予以保护，任何单位与个人不得非法采伐林木。盗伐林木的行为首先侵犯了他人的财产权；盗伐林木行为的危害性还表现在破坏了国家森林资源。而滥伐林木的行为，针对的是自己承包的或者本集体承包的林地，是在没有采伐许可证的情况下擅自砍伐的；本来这些林木是自己或者集体所有，如果不是林木而是其他庄稼，则不需要采伐许可证，但林业同时属于国家森林资源，个人不得任意砍伐，自己种的树木，也要申请砍伐许可证。《森林法》第三十二条规定，采伐林木必须申请采伐许可证，按许可证的规定进行采伐；农村居民采伐自留地和房前屋后个人所有的零星林木除外。因此，除了采伐自留地和房前屋后个人所有的零星林木以外，砍伐其他林木需要申请许可证。

本案中，黄老汉在没有向林业主管部门申请采伐许可证的情况下，擅自砍伐自己承包的林木，属于滥伐林木的行为，其滥伐林木数量较大，构成滥伐林木罪。

总之，林木属于森林资源的重要组成部分，森林资源的功能具有不可替代性，因此为了保护、培育和合理利用森林资源，我国专门制定了《森林法》，从立法的高度对森林资源的合理利用进行法律保护。所以，林木不同于其他财物，不是想怎么砍就怎么砍，想什么时候砍就什么时候砍。

法条链接：

《**森林法**》第三十二条　采伐林木必须申请采伐许可证，按许可证的规定进行采伐；农村居民采伐自留地和房前屋后个人所有的零星林木除外。

国有林业企业事业单位、机关、团体、部队、学校和其他国有企业事业单位采伐林木，由所在地县级以上林业主管部门依照有关规定审核发放采伐许可证。

铁路、公路的护路林和城镇林木的更新采伐，由有关主管部门依照有关规定审核发放采伐许可证。

农村集体经济组织采伐林木，由县级林业主管部门依照有关规定审核发放采伐许可证。

农村居民采伐自留山和个人承包集体的林木，由县级林业主管部门或者其委托的乡、镇人民政府依照有关规定审核发放采伐许可证。

采伐以生产竹材为主要目的的竹林，适用以上各款规定。

第三十五条　采伐林木的单位或者个人，必须按照采伐许可证规定的面积、株数、树种、期限完成更新造林任务，更新造林的面积和株数不得少于采伐的面积和株数。

第三十九条　盗伐森林或者其他林木的，依法赔偿损失；由林业主管部门责令补种盗伐株数十倍的树木，没收盗伐的林木或者变卖所得，并处盗伐林木价值三倍以上十倍以下的罚款。

滥伐森林或者其他林木，由林业主管部门责令补种滥伐株数五倍的树木，并处滥伐林木价值二倍以上五倍以下的罚款。

拒不补种树木或者补种不符合国家有关规定的，由林业主管部门代为补种，所需费用由违法者支付。

盗伐、滥伐森林或者其他林木，构成犯罪的，依法追究刑事责任。

第四十条　违反本法规定，非法采伐、毁坏珍贵树木的，依法追究刑事责任。

《刑法》第三百四十五条　盗伐森林或者其他林木，数量较大的，处三年以下有期徒刑、拘役或者管制，并处或者单处罚金；数量巨大的，处三年以上七年以下有期徒刑，并处罚金；数量特别巨大的，处七年以上有期徒刑，并处罚金。

违反森林法的规定，滥伐森林或者其他林木，数量较大的，处三年以下有期徒刑、拘役或者管制，并处或者单处罚金；数量巨大的，处三年以上七年以下有期徒刑，并处罚金。

非法收购、运输明知是盗伐、滥伐的林木，情节严重的，处三年以下有期徒刑、拘役或者管制，并处或者单处罚金；情节特别严重的，处三年以上七年以下有期徒刑，并处罚金。

盗伐、滥伐国家级自然保护区内的森林或者其他林木的，从重处罚。

2000年最高人民法院**《关于审理破坏森林资源刑事案件具体应用法律若干问题的解释》**第三条　以非法占有为目的，具有下列情形之一，数量较大的，依照刑法第三百四十五条第一款的规定，以盗伐林木罪定罪处罚：

（一）擅自砍伐国家、集体、他人所有或者他人承包经营管理的森林或者其他林木的；

（二）擅自砍伐本单位或者本人承包经营管理的森林或者其他林木的；

（三）在森木采伐许可证规定的地点以外采伐国家、集体、他人所有或者他人承包经营管理的森林或者其他林木的。

第四条 盗伐林木"数量较大"，以二至五立方米或者幼树一百至二百株为起点；盗伐林木"数量巨大"，以二十至五十立方米或者幼树一千至二千株为起点；盗伐林木"数量特别巨大"，以一百至二百立方米或者幼树五千至一万株为起点。

第五条 违反森林法的规定，具有下列情形之一，数量较大的，依照刑法第三百四十五条第二款的规定，以滥伐林木罪定罪处罚：

（一）未经林业行政主管部门及法律规定的其他主管部门批准并核发林木采伐许可证，或者虽持有林木采伐许可证，但违反林木采伐许可证规定的时间、数量、树种或者方式，任意采伐本单位所有或者本人所有的森林或者其他林木的；

（二）超过林木采伐许可证规定的数量采伐他人所有的森林或者其他林木的。

林木权属争议一方在林木权属确权之前，擅自砍伐森林或者其他林木，数量较大的，以滥伐林木罪论处。

第六条 滥伐林木"数量较大"，以十至二十立方米或者幼树五百至一千株为起点；滥伐林木"数量巨大"，以五十至一百立方米或者幼树二千五百至五千株为起点。

男子持假币专骗淳朴老人，道德败坏罪难饶！

随着农村留守老人数量不断攀升，他们的生活现状值得我们关心，他们屡次被骗的社会现象值得我们关注。如何让农村留守老人精神得到慰藉，远离被人诈骗的窘境，需要全社会的思考。对此，刑法所能做的就是严厉处罚诈骗犯罪分子，震慑他们不敢对农村老人下手。

家住黔江区石墨村的七旬陈大爷开着代步车到加油站加油，油加满后，他从身上掏出100元付油费，但工作人员告诉他，他的钱是假钱。陈大爷猝然一惊，不知所措。随后，加油站工作人员拨打电话报警。接到报警后，民警赶到加油站，将陈大爷带回派出所调查。据陈大爷讲，身上携带的现金是前一天两名骑摩托车的男子到他家以零换整钱的方式换的，共换了2400元。民警到陈大爷家中取出其余2300元，发现全是假钞。显然，两男子以零钞换整钞的方式，骗了陈大爷。民警推断，此类案件很可能是流窜作案，便分多路调查。经排查，发现辖区连续发生类似诈骗案有4起，四川达县男子彭某、伍某有重大作案嫌疑。随后，民警在当地公安机关协助下，将二人抓获。经二人交代，2014年，彭某因赌博欠债，得知亲戚因零钱换整被骗后，便萌生用此方式诈骗老人钱财的念头。后与伍某商量，两人一拍即合。2015年初，两人买了面额为100元，总额为4万元的假钞和一辆摩托车。两人开着摩托车,到黔江、酉阳、秀山、石柱等地偏远农村,利用农村老人的淳朴和对真假钱的辨别能力有限,以零钱换整钱、调包真假钞的方式,实施诈骗。两人共作案15起,涉案金额3万元。①

诈骗罪,是以非法占有为目的,采用虚构事实或者隐瞒真相的方法,骗取数额较大的公私财物的行为。在诈骗过程中有一个因果链条:行为人实施诈骗行为→对方陷入或者继续维持认识错误→对方基于错误认识处分了财产→行为人取得或者使第三人取得财产→被害人遭受财产损失。本罪的主要危害性在于侵犯了公私财产所有权,也就是说诈骗罪侵犯的对象限于公私财物,如果骗取的是其他非法利益,如假冒身份或职称而骗婚、骗色的,不构成诈骗罪。

诈骗的手段多种多样,五花八门,概括起来表现为虚构事实和隐瞒真相。虚构事实,即编造某种根本不存在的或者不可能发生的,足以使他人受蒙蔽的事实骗取他人财物。这类诈骗,常常是利用有些人缺乏警惕,或愚昧无知,或贪财图利等不健康心理,而使之受害。隐瞒真相,即隐瞒客观上存在的事实情况,既可以是隐瞒部分事实真相,也可以是隐瞒全部事实真相,从而使得公私财物的所有人、管理人陷入错误,"自愿"交付财物。

本案中,彭某、伍某用百元假币欺骗老年人,让老年人以零星真币换取他提供的假币,二人实施了隐瞒真相的手段使老人们陷入错误认识,误以为自己换来的百元大钞是真币并将自己的零散真币交出,最终彭某、伍某二人获得利益,老人们遭受损失。整个行为过程,完全符合诈骗罪的逻辑,彭某、伍某构成诈骗罪。

法条链接:

《刑法》第二百六十六条　诈骗公私财物,数额较大的,处三年以下有期徒刑、拘役或者管制,并处或者单处罚金;数额巨大或者有其他严重情节的,处三年以上十年以下有期徒刑,并处罚金;数额特别巨大或者有其他特别严重情节的,处十年以上有期徒刑或者无期徒刑,并处罚金或者没收财产。本法另有规定的,依照规定。

2011年最高人民法院、最高人民检察院《关于办理诈骗刑事案件具体应用法律若干问题的解释》第一条　诈骗公私财物价值三千元至一万元以上、三万元至十万元以上、五十万元以上的,应当分别认定为刑法第二百六十六条规定的"数额较大""数额巨大""数额特别巨大"。

各省、自治区、直辖市高级人民法院、人民检察院可以结合本地区经济社会发展状况,在前款规定的数额幅度内,共同研究确定本地区执行的具体数额标准,报最高人民法院、最高人民检察院备案。

---

① 《零钞换整钞,偷梁换柱调包真假钞》,http://www.maxlaw.cn/cqqianjiang/news/851679614980.shtml.

第二条　诈骗公私财物达到本解释第一条规定的数额标准,具有下列情形之一的,可以依照刑法第二百六十六条的规定酌情从严惩处:

（一）通过发送短信、拨打电话或者利用互联网、广播电视、报纸杂志等发布虚假信息,对不特定多数人实施诈骗的;

（二）诈骗救灾、抢险、防汛、优抚、扶贫、移民、救济、医疗款物的;

（三）以赈灾募捐名义实施诈骗的;

（四）诈骗残疾人、老年人或者丧失劳动能力人的财物的;

（五）造成被害人自杀、精神失常或者其他严重后果的。

第三条　诈骗公私财物虽已达到本解释第一条规定的"数额较大"的标准,但具有下列情形之一,且行为人认罪、悔罪的,可以根据刑法第三十七条、刑事诉讼法第一百四十二条的规定不起诉或者免予刑事处罚:

（一）具有法定从宽处罚情节的;

（二）一审宣判前全部退赃、退赔的;

（三）没有参与分赃或者获赃较少且不是主犯的;

（四）被害人谅解的;

（五）其他情节轻微、危害不大的。

第四条　诈骗近亲属的财物,近亲属谅解的,一般可不按犯罪处理。诈骗近亲属的财物,确有追究刑事责任必要的,具体处理也应酌情从宽。

第五条　诈骗未遂,以数额巨大的财物为诈骗目标的,或者具有其他严重情节的,应当定罪处罚。

利用发送短信、拨打电话、互联网等电信技术手段对不特定多数人实施诈骗,诈骗数额难以查证,但具有下列情形之一的,应当认定为刑法第二百六十六条规定的"其他严重情节",以诈骗罪（未遂）定罪处罚:

（一）发送诈骗信息五千条以上的;

（二）拨打诈骗电话五百人次以上的;

（三）诈骗手段恶劣、危害严重的。

实施前款规定行为,数量达到前款第（一）、（二）项规定标准十倍以上的,或者诈骗手段特别恶劣、危害特别严重的,应当认定为刑法第二百六十六条规定的"其他特别严重情节",以诈骗罪（未遂）定罪处罚。

老人遭遇飞来横祸,飞车抢夺者也能被判死刑?

在僻静的乡镇小道上,突然一辆疾驶的摩托车横在了面前,当行人还没有明白过来是怎么回事时,摩托车后座上的人已抢下了其手中的钱包等物品,疾驶而去。这样的画面曾经出现在电影里,也不止一次出现在现实生活中。"飞车党"也因此名噪一时。飞车夺物是"飞车党"的嗜好,如果飞车抢夺本来就十分柔弱的老年人,其危害性就不仅仅是夺走了财物,往往还对老人的生命健康造成严重的威胁,那么飞车夺物该如何定罪呢?"飞车党"又当受到怎样的处罚呢?

肖某出生于湖南省安仁县,曾在部队服过役,退役后担任健身教练,年富力强,本应有着美好的前程,却想着不劳而获,投机取巧,靠买地下六合彩一夜暴富,结果越陷越深,欠下了巨额债务。为了捞钱还债和继续买码,2010年2月至6月,肖某驾驶摩托车从安仁县流窜到鸿毛镇,抢夺作案7次,抢夺财物总价值人民币8万余元。他选择的抢夺犯罪地点均为公共场所,犯罪次数多。6月30日下午肖某准备实施第7次抢夺,在农业银行门口锁定了被害人王大爷,原来王大爷一个人来银行取钱,把钱放进了随身斜挎的包内,由于王大爷本身脚部有残疾,就被肖某盯上。肖某依照老方法,先是尾随王某,趁其不备加油冲上去抓住王某挎包,用力夺走后逃离现场。但是,王大爷因为里面有3万元,这对他来说已经是全部家当,于是紧抓挎包不放,肖某强行拽取挎包,把王某拽倒在地,王某头部撞到路边的阶梯上,当场昏迷,后经县人民医院抢救无效死亡。肖某七次抢夺,抢得人民币23 880元,港币7 000元,劳力士手表、诺基亚手机等物品价值共计55 229元。2011年3月,株洲市中级人民法院以抢夺罪判处肖某有期徒刑12年,以抢劫罪判处肖某死刑;最终决定数罪并罚,合并决定执行死刑。①

抢夺罪,是指以非法占有为目的,乘人不备,公开夺取数额较大的公私财物的行为。抢夺罪的行为方式主要有两种:一是直接乘人不备的抢夺,如在被害人注意力不集中的瞬间直接从财物所有人或保管人手中、身上用力夺走财物;二是创造他人不注意的机会,如欺骗他人使之转移注意力,然后将财物取走,或者故意以自行车、摩托车与他人"碰瓷",乘机取得被害人财物。

抢夺与抢劫罪都属于夺取型的财产犯罪,两罪都涉及一定程度的暴力行为,因而两罪的区分值得讨论。抢劫罪,是指以非法占有为目的,当场使用暴力、胁迫或者其他方法强行劫取公私财物的行为,因而抢劫罪中暴力程度必须是直接针对被害人人身的,是使被害人不能反抗、不知反抗的暴力。抢夺罪中的暴力是直接针对财物的,是强力索取财物,抢夺的暴力不直接针对被害人。但有时抢夺行为对财物的暴力也会直接涉及人身安全,因为行为人抢夺行为针对的对象可能属于被害人紧密占有、贴身占有,如果强行夺取财物,就会直接造成被害人本身的伤亡。

本案中,肖某骑车抢夺他人财物,前6次作案中直接夺取他人财物,其行为中的暴力限度直接针对财物,而并未对被害人人身安全造成危害构成抢夺罪。第7次抢夺时,被害人王大爷紧抓手包不放,被告人明知被害人为老年人,身体经不起拖拽,骑车强行拽取

---

① 《健身教练沉迷六合彩飞车抢夺致人死亡获死刑》,http://news.sina.com.cn/o/2011-03-18/095622138856.shtml.

王大爷挎包会造成被害人摔倒伤亡,但肖某不仅不放弃行动,而且继续拖拽,放任伤亡结果的发生,其主客观方面已经符合抢劫罪的犯罪特征,第七次夺取财物的行为构成抢劫罪。抢夺罪的最高刑是无期徒刑,没有死刑,抢劫罪最高刑有死刑。本案被告人实施的行为分别构成抢夺罪与抢劫罪,应当数罪并罚,最高刑可以判处死刑。

法条链接:

《刑法》第二百六十七条　抢夺公私财物,数额较大的,处三年以下有期徒刑、拘役或者管制,并处或者单处罚金;数额巨大或者有其他严重情节的,处三年以上十年以下有期徒刑,并处罚金;数额特别巨大或者有其他特别严重情节的,处十年以上有期徒刑或者无期徒刑,并处罚金或者没收财产。

携带凶器抢夺的,依照本法第二百六十三条的规定定罪处罚。

2005年最高人民法院《关于审理抢劫、抢夺刑事案件适用法律若干问题的意见》第十一条　对于驾驶机动车、非机动车(以下简称"驾驶车辆")夺取他人财物的,一般以抢夺罪从重处罚。但具有下列情形之一,应当以抢劫罪定罪处罚:

(1)驾驶车辆,逼挤、撞击或强行逼倒他人以排除他人反抗,乘机夺取财物的;

(2)驾驶车辆强抢财物时,因被害人不放手而采取强拉硬拽方法劫取财物的;

(3)行为人明知其驾驶车辆强行夺取他人财物的手段会造成他人伤亡的后果,仍然强行夺取并放任造成财物持有人轻伤以上后果的。

2013年最高人民法院、最高人民检察院《关于办理抢夺刑事案件适用法律若干问题的解释》第一条　抢夺公私财物价值一千元至三千元以上、三万元至八万元以上、二十万元至四十万元以上的,应当分别认定为刑法第二百六十七条规定的"数额较大""数额巨大""数额特别巨大"。

各省、自治区、直辖市高级人民法院、人民检察院可以根据本地区经济发展状况,并考虑社会治安状况,在前款规定的数额幅度内,确定本地区执行的具体数额标准,报最高人民法院、最高人民检察院批准。

第二条　抢夺公私财物,具有下列情形之一的,"数额较大"的标准按照前条规定标准的百分之五十确定:

(一)曾因抢劫、抢夺或者聚众哄抢受过刑事处罚的;

(二)一年内曾因抢夺或者哄抢受过行政处罚的;

(三)一年内抢夺三次以上的;

(四)驾驶机动车、非机动车抢夺的;

(五)组织、控制未成年人抢夺的;

(六)抢夺老年人、未成年人、孕妇、携带婴幼儿的人、残疾人、丧失劳动能力人的财物的；

（七）在医院抢夺病人或者其亲友财物的；

（八）抢夺救灾、抢险、防汛、优抚、扶贫、移民、救济款物的；

（九）自然灾害、事故灾害、社会安全事件等突发事件期间，在事件发生地抢夺的；

（十）导致他人轻伤或者精神失常等严重后果的。

第五条 抢夺公私财物数额较大，但未造成他人轻伤以上伤害，行为人系初犯，认罪、悔罪、退赃、退赔，且具有下列情形之一的，可以认定为犯罪情节轻微，不起诉或者免予刑事处罚；必要时，由有关部门依法予以行政处罚：

（一）具有法定从宽处罚情节的；

（二）没有参与分赃或者获赃较少，且不是主犯的；

（三）被害人谅解的；

（四）其他情节轻微、危害不大的。

第六条 驾驶机动车、非机动车夺取他人财物，具有下列情形之一的，应当以抢劫罪定罪处罚：

（一）夺取他人财物时因被害人不放手而强行夺取的；

（二）驾驶车辆逼挤、撞击或者强行逼倒他人夺取财物的；

（三）明知会致人伤亡仍然强行夺取并放任造成财物持有人轻伤以上后果的。

老村长聚众哄抢，不抢白不抢？

在高速公路上，货车发生交通事故翻车导致满车货物散落是常有的事，货车上散落的货物被公路附近的村民哄抢的事件，时常见诸报端。例如，《大连晚报》2014年4月19日报道《酸奶车翻车遭百人哄抢，村民：不抢是傻子》；凤凰网2015年4月13日报道《货车拉22吨中华鲟等鱼侧翻，村民驾车而来哄抢一空》；江苏卫视2015年5月1日报道《大货车侧翻，两吨苹果遭哄抢》。每当发生类似事件，我们在同情车主，谴责哄抢村民时，很少看到有人因为哄抢而被处罚或者判刑。难道真的因为"法不责众"就没有人会被处罚吗？

2012年8月7日，那坡县宏鑫冶炼有限公司的一辆大货车运载净重为67吨的硅锰合金产品，途径靖西县湖润镇叠岭路段时发生翻车事故致使硅锰合金产品洒落路面。当天16时许，叠岭村村民小李发现了散落硅锰合金产品，随即打电话报告自己的大伯李大爷，李大爷是叠岭村的老村长。李大爷得知发生了交通事故后，就喊了一伙村民前去"捡便宜"。李大爷和小李带领10多人到现场哄抢硅锰合金产品，堆放在路边后，打电话给李大爷的女婿谢某驾农用车过来帮忙运走出售。谢某驾驶农用车到现场帮助李大爷运到湖润街收购站出售，未支付货款。当晚23时许，湖润街收购站老板不敢收购该矿产品,打电话给谢某把矿拉走。8月8日凌晨4时许,小李、谢某等人连夜把矿装车到大新县下雷镇,以1.9万低价卖给"红星废品收购站",收购站老板明知是他人非法所得仍以明显低于市场价格收购,并以3.1万元高价转手卖给外号为"广东佬"的孙姓老板。根据靖西县价格认证中心核定,在当地同含量、质量的硅锰合金市值6 080元每吨,李大爷等人哄抢所得的硅锰合金产品价值为36 115元。2013年2月27日,65岁的李大爷、小李、谢某被以聚众哄抢罪起诉,最终法院以聚众哄抢罪判处被告人李大爷有期徒刑两年、缓刑三年并处罚金5 000元,判决小李有期徒刑一年、缓刑两年并处罚金2 000元,判决谢某有期徒刑一年、缓刑一年并处罚金2 000元。

聚众哄抢罪,是指以非法占有为目的,聚集多人,公然夺取公私财物,数额较大或者有其他严重情节的行为。"聚众",是指纠集、纠合多人,一般为3人以上。"哄抢",是指不采取暴力等人身强制方法,一哄而上公然夺取公私财物。本罪的行为对象是他人占有的财物,应当只限于动产,如上所述,现实中经常发生的就是哄抢煤炭、林木、水产品、农产品、金属器材、食品等等。哄抢行为不要求使用暴力,这是本罪与抢劫罪的最大区别。

由于聚众哄抢依仗人多势众,制造混乱局面,在财物占有人难以控制的情况下取得财物,所以犯罪行为具有相对的平和性,最多是对物使用有形力而不对人使用暴力。在聚众哄抢过程中,行为人使用暴力、胁迫方法压制财物占有人的反抗并强取财物的,构成抢劫罪,而不构成本罪。

虽然"聚众哄抢"要受到刑法的制裁,那么是否凡参与哄抢者都要纳入刑法的管辖范围呢?根据刑法的规定,对聚众哄抢的行为人,只对首要分子和积极参加者定罪处罚。"首要分子"是指在聚众哄抢活动中起组织、策划、指挥作用的人。"积极参加者"是指主动参加哄抢活动,或者在哄抢活动中发挥主要作用,以及哄抢财物较多的人。因此,在实际案例中对参与哄抢的行为人是否追究刑事责任,取决于他们在哄抢过程中所起的作用。因此,并不是"一哄而上"瓜分财物,就一定构成犯罪,参与哄抢有可能构成犯罪,但如果不是首要分子或积极参加者就不追究刑事责任,这一方面是为了分化瓦解聚众犯罪,另一方面也是基于缩小打击面的考虑。

本案中,被告人李大爷、小李纠合了十余人哄抢硅锰合金产品,价值3.6万余元,李大爷、小李是组织之人,是此次哄抢过程中的首要分子,应当追究其聚众哄抢的刑事责任。谢某是负责运输者,在哄抢活动中发挥主要作用,也要按照刑法的规定使其承担刑事责任。其他人如果不是以上各种情况,只是参与者,则不能以犯罪论处,只能对其进行治安管理处罚。

法条链接:

《**治安管理处罚法**》第四十九条 盗窃、诈骗、哄抢、抢夺、敲诈勒索或者故意损毁公私财物的,处5日以上10日以下拘留,可以并处500元以下罚款;情节较重的,处10日以上15日以下拘留,可以并处1000元以下罚款。

《刑法》第二百六十八条 聚众哄抢公私财物,数额较大或者有其他严重情节的,对首要分子和积极参加的,处三年以下有期徒刑、拘役或者管制,并处罚金;数额巨大或者有其他特别严重情节的,处三年以上十年以下有期徒刑,并处罚金。

2000年最高人民法院《关于审理破坏森林资源刑事案件具体应用法律若干问题的解释》第十四条 聚众哄抢林木五立方米以上的,属于聚众哄抢"数额较大";聚众哄抢林木二十立方米以上的,属于聚众哄抢"数额巨大",对首要分子和积极参加的,依照刑法第二百六十八条的规定,以聚众哄抢罪定罪处罚。

女子设计"仙人跳"专门诱骗老年人,该当何罪?

仙人跳是女子以从事淫秽活动为由头,利用一些男人的某种猎艳心理(一般是去找妓女),两人到某处,准备做些见不得人的勾当的时候,这个女的同伙(一般是一男性)突然出现在眼前,为了不让事情张扬出去,以求自保,好色男会把身上的钱给女子的同伙,最终女子与同伙达到取财的目的。现在,一些女性看准六七十岁的老年人,诱骗单身老人上钩。

"大叔,进来按摩一下吧?包您舒服!"3月12日,家住宁远村的张老汉正在菜市场附近转悠,突然间,站在路边的一个美艳少妇向他微笑地打招呼。"怎么个按摩法?"张老汉驻足打量了一番这名陌生女子,见其姿色似乎还不错,便抱着既新奇又好玩的心态回了一句。"你跟我来就知道了嘛!"那名女子见张老汉搭讪,一边嗲声嗲气地说话,一边开始用手挽住张老汉的手。一进屋,女子迫不及待地要求张老汉先将衣服脱掉,在卧室里,该女子又对他进行了百般挑逗。然而,正当张老汉兴起之时,突然房门被撞开,近来一男一女,男的体型健硕,女的性格泼辣,怒斥张老汉强奸自己的妹妹,直嚷嚷着打电话报警。在张老汉的请求下,男子答应不报警,但必须掏出7000元现金私了。张老汉为了不让这件事传出去,将用来买建筑材料的5000元现金和一块价值1000元的老手表给了该男子。后来,张老汉越想越气,就去派出所报了警。最终,法院以敲诈勒索罪判决三人有期徒刑一年。

敲诈勒索罪,是指以非法占有为目的,对被害人以将要实施暴力或其他损害相威胁,强行索要公私财物,数额较大的行为。即使用威胁或者要挟的方法,迫使被害人交付财物。威胁和要挟,是指通过对被害人及其亲属精神上的强制,使其在心理上产生恐惧,产生压力。

威胁与要挟的方法可以有多种表现：可以面对被害人直接发出，也可以通过第三者或者用书信等方式发出；既可以采用明示的方法，也可以通过暗示达到目的。从威胁的内容上看，可以以危害生命、健康、自由相威胁，也可以以损害人格、名誉或者毁坏财产相要挟，这种威胁必须是非法的。假如为追回合法债务而以打官司相威胁，就不属于敲诈勒索罪中的威胁。就敲诈勒索的对象而言，可以是财物的所有者、保管者，也可以是他们的亲属。

敲诈勒索是一种威胁取财，抢劫罪也是一种威胁取财，但两者存在重大差别。第一，威胁实施的对象和方式不同。抢劫罪的威胁，是当场直接向被害人发出的；而敲诈勒索罪的威胁可以是面对被害人公开实行，也可以是利用书信、通信设备或者通过第三人转告被害人的方法实施。第二，威胁的内容不同。抢劫罪的威胁，是直接针对生命健康的暴力威胁，如以杀害相威胁；敲诈勒索罪威胁的内容较广泛，可以是以对人身实施暴力、伤害相威胁，也可以是以毁人名誉、毁坏财产、设置困境等相威胁，如揭发被害人隐私等。第三，威胁内容可能付诸实施的时间不同。抢劫罪的暴力威胁一般在当场予以实施；而敲诈勒索罪的威胁可以是当场实施，也可以是在将来某个时间付诸实施。第四，取得财物的时间不同。抢劫罪只能是当场取得财物，敲诈勒索罪非法取得利益的时间，可以是当场，更多的是在若干时日以后。

敲诈勒索罪是一种侵犯财产的犯罪，因而应当以是否取得财物作为犯罪既遂与未遂的区别标准。如果使用威胁、要挟手段使被害人产生恐惧而交出财物的，构成敲诈勒索罪的既遂；如果着手实施威胁后，被害人未产生恐惧而没有交付财物，或者虽产生恐惧，但最终没有交出财物的，属于因意志以外的原因而未完成，构成敲诈勒索罪未遂。如果因被害人没有交出财物，行为人又立即实施暴力威胁，进而当场取得财物的，应当构成抢劫罪。值得注意的是，刑法还单独规定"多次敲诈勒索"只要达到一定次数即可构成犯罪既遂。

本案中，张老汉色迷心窍，进入女子为他设计的桃色陷阱。被告人以报警相威胁，让张老汉拿钱息事宁人，张老汉迫于这种威胁，只好拿出钱财。整个过程中，被告人没有使用压制被害人反抗的暴力，其行为的暴力程度仍然属于敲诈勒索罪的范畴，被告人构成敲诈勒索罪。

其实，"仙人跳"取财的形式还有很多种，除了敲诈勒索之外，有的是在嫖娼男子洗澡之际将财物秘密偷走；有的是趁男子给付嫖资之际，卖淫女趁嫖娼男不备，一把夺走钱财；有的是在男子兴奋之间，闯进几个彪形大汉，对嫖娼男子实施暴力、殴打，进行抢劫。对于这些"仙人跳"，行为人构成的就是盗窃罪、抢夺罪、抢劫罪。所以，人们一定要管住自己，洁身自好，不给任何不法之徒以可乘之机。如果一旦上当，遭受非法侵害时，一定要及时报警，给不法分子应有的惩罚。

法条链接：

《**刑法**》第二百七十四条　敲诈勒索公私财物，数额较大或者多次敲诈勒索的，处三年以下有期徒刑、拘役或者管制，并处或者单处罚金；数额巨大或者有其他严重情节的，处三年以上十年以下有期徒刑，并处罚金；数额特别巨大或者有其他特别严重情节的，处十年以上有期徒刑，并处罚金。

2013年最高人民法院、最高人民检察院《**关于办理敲诈勒索刑事案件适用法律若干问题的解释**》第一条　敲诈勒索公私财物价值二千元至五千元以上、三万元至十万元以上、三十万元至五十万元以上的，应当分别认定为刑法第二百七十四条规定的"数额较大""数额巨大""数额特别巨大"。

各省、自治区、直辖市高级人民法院、人民检察院可以根据本地区经济发展状况和社会治安状况，在前款规定的数额幅度内，共同研究确定本地区执行的具体数额标准，报最高人民法院、最高人民检察院批准。

第二条　敲诈勒索公私财物，具有下列情形之一的，"数额较大"的标准可以按照本解释第一条规定标准的百分之五十确定：

（一）曾因敲诈勒索受过刑事处罚的；

（二）一年内曾因敲诈勒索受过行政处罚的；

（三）对未成年人、残疾人、老年人或者丧失劳动能力人敲诈勒索的；

（四）以将要实施放火、爆炸等危害公共安全犯罪或者故意杀人、绑架等严重侵犯公民人身权利犯罪相威胁敲诈勒索的；

（五）以黑恶势力名义敲诈勒索的；

（六）利用或者冒充国家机关工作人员、军人、新闻工作者等特殊身份敲诈勒索的；

（七）造成其他严重后果的。

第三条　二年内敲诈勒索三次以上的，应当认定为刑法第二百七十四条规定的"多次敲诈勒索"。

第五条　敲诈勒索数额较大，行为人认罪、悔罪、退赃、退赔，并具有下列情形之一的，可以认定为犯罪情节轻微，不起诉或者免予刑事处罚，由有关部门依法予以行政处罚：

（一）具有法定从宽处罚情节的；

（二）没有参与分赃或者获赃较少且不是主犯的；

（三）被害人谅解的；

（四）其他情节轻微、危害不大的。

第六条　敲诈勒索近亲属的财物，获得谅解的，一般不认为是犯罪；认定为犯罪的，应当酌情从宽处理。

被害人对敲诈勒索的发生存在过错的，根据被害人过错程度和案件其他情况，可以对行为人酌情从宽处理;情节显著轻微危害不大的,不认为是犯罪。

男子大闹"重阳宴",往老人饭菜里泼粪该当何罪?

我们通常见到的故意毁坏财物的情况是甲把乙家的电视机、电冰箱等砸烂了,丙把丁家里的大门砸烂了,等等。实践中,有人居然向他人的食物中倒撒粪便,导致浪费很多粮食,这个行为该如何评价?是犯罪吗?犯的是什么罪?

农历九月九日,是重阳节,是敬老爱老的日子,上蔡村人举行了一年一度的重阳宴,给老人过重阳节,55周岁以上的村民都在受邀之列,重阳宴的费用由一家快递公司赞助。重阳节当天,54岁的王某去上蔡村一公厕方便。出来后,看到村里重阳宴的现场摆放着一盆盆的食材,王某见此情景心怀不满,误认为老人摆酒花的钱,是村里的房子出租所得的租金,房子是大家凑钱建起来的,大家都应该有份。尤其是,王某身份证上的年龄比现实年龄小一岁,不在受邀请之列。于是,王某就用公厕旁边的一只瓢从粪坑里舀了粪便,倒在盛满食材的盆里,随后迅速离开现场。经鉴定,损失的食材价值为15 220元。案发后不久,王某就离开了当地,被网上通缉,在12月31日王某向警方投案自首。归案后的王某觉得自己太糊涂了,可是后悔已经来不及了。检察机关认为,虽然该案目前已达成民事赔偿协议,并已取得被害人的谅解,王某也赔偿了上蔡村老人协会的相关损失。但他故意毁坏他人财物,数额较大,其行为已触犯《刑法》,涉嫌故意毁坏财物罪,遂向法院提起公诉。最终法院审理后,判决王某触犯故意毁坏财物罪,判处有期徒刑一年。①

故意毁坏财物罪,是指故意毁灭或者损坏公私财物,数额较大或者情节严重的行为。所谓毁坏,是指毁灭、损坏,也就是使财物的价值或使用价值全部丧失或使物品受到破坏而部分地丧失价值或使用价值。故意毁坏公私财物必须达到数额较大或情节严重的程度。

故意毁坏财物的行为人可能是出于对财物所有人的打击报复、嫉妒心理或其他类似有针对性的心理态度,毁坏财物使所有人的财产受到损失就是其犯罪目的。本罪的主体是一般主体,凡年满16周岁且具备刑事责任能力的自然人均能构成本罪。本案中王某大闹老人们的重阳宴,在食材内撒入大粪,造成所有食物不能食用,全部丧失使用价值,构成了对财物的毁坏,因而构成故意毁坏财物罪。

法条链接:

《刑法》第二百七十五条　故意毁坏公私财物,数额较大或者有其他严重情节的,处

---

① 《"泼粪男"往老人饭菜里泼粪被检方提起公诉》,http://zjnews.zjol.com.cn/system/2013/11/28/019730716.shtml。

三年以下有期徒刑、拘役或者罚金;数额巨大或者有其他特别严重情节的,处三年以上七年以下有期徒刑。

2008年最高人民检察院、公安部《关于公安机关管辖的刑事案件立案追诉标准的规定(一)》第三十三条 故意毁坏公私财物,涉嫌下列情形之一的,应予立案追诉:

(一)造成公私财物损失五千元以上的;

(二)毁坏公私财物三次以上的;

(三)纠集三人以上公然毁坏公私财物的;

(四)其他情节严重的情形。

老农的果树被砍光,刑法怎能坐视不管?

现在很多农村大面积种植经济作物,农民的收入全部指望它们,所以保护好这些作物,很大程度上就是保护农民的经济命脉。但是,生活中总会发生很多让人气愤的事,有的人为了寻仇泄愤或者其他莫名其妙的原因,对这些作物下黑手,让农民精心培育的作物绝收。对此,刑法作为最严厉的法律,必须挺身而出,坚决惩处不法之徒。

75岁的张某在他60岁那年,为响应中央调整农业经济结构精神,承包了三亩堤坝荒地种植镇政府倡导的油桃树,承包期限30年。张某还和镇政府于2000年签订了果园承包合同,镇人民政府作为合同主体方签字盖章,镇司法所、土地管理所、村委会为监督执行单位,合同期内张某按照合同规定的内容履行了各项义务,同时果园长势喜人、丰收可观。2013年11月,一个外地老板杨某看中了张某的桃园周围的土地,想在这里建厂,派人来与张老汉协商,但张老汉舍不得自己辛苦培育十多年的果树,只答应砍伐100棵,给杨某建厂开辟一条通道。不料,2014年4月10日,果园花朵锦簇之时,杨老板雇佣谢某杰、谢某强、谢某兴、谢某勇等四名村霸手持电锯闯入果园,肆意砍伐,300多棵果树全部被伐,造成张某直接经济损失6万余元,从此以后果树全部绝收。最终,法院以破坏生产经营罪判决杨某有期徒刑6年,谢某杰等四人有期徒刑5年。

破坏生产经营罪,是指由于泄愤报复或者其他个人目的,毁坏机器设备、残害耕畜或者以其他方法破坏经营的行为。破坏生产经营罪的主要危害性在于损害了各种经济单位生产经营活动的正常进行,这里的生产经营活动,既包括国有单位和集体所有制单位的生产经营活动,也包括个体经营户、私有经济、外资企业等非公有制经济单位的生产经营活动。

破坏生产经营罪的行为方式主要是以毁坏机器设备、残害耕畜或者其他方法破坏生产经营的行为。毁坏机器设备是指破坏用于生产经营的机器设备,如灌溉用的水泵、脱粒机等。残害耕畜最常见的类型就是投毒。其他方法主要是指破坏电源、水源,制造停电、停水事故,破坏种子、秧苗,毁坏庄稼、果树,制造设备事故等等。

破坏生产经营的结果是导致生产经营活动完全无法进行或者使已经进行的部分归于无效。破坏的对象,必须是与各种生产经营活动有着直接联系,否则,就不构成本罪。例如,破坏已经闲置不用的机器设备、毁坏仓库里储存备用的生产工具和收获的粮食的行为,由于它们与各种生产经营活动的正常进行并无直接联系,因而不构成破坏生产经营罪。但是,由于这些机器设备、仓库的粮食等无疑属于财物,故意毁坏这些东西,如果数额较大或者有其他严重情节的,则应以故意毁坏财物罪定罪处罚。

由于破坏生产经营罪的行为方式是破坏,因而一切具有破坏作用的行为如放火、投毒、决水、爆炸等方法都与这里的破坏生产经营罪存在重合。例如,利用爆炸、投毒等方式破坏厂矿、企业的机器设备、生产设施、电力设备、交通工具、耕畜、农具以及其他生产资料等,如果这些行为足以危害公共安全的,也构成相关的危害公共安全罪,这些危害公共安全罪与破坏生产经营罪存在竞合,应当以危害公共安全罪这个重罪进行处罚,即分别判决放火罪、投放危险物质罪、决水罪、爆炸罪、破坏电力设备罪等罪名,而不是破坏生产经营罪。如果以放火、投毒、决水、爆炸等方法破坏生产经营,尚不足以危害公共安全的,应认定为破坏生产经营罪。

因此,从行为方式及其客观危害看,以拆卸机器零部件为例:① 如果拆卸方式危害公共安全的,则以危害公共安全罪处罚;② 如果拆卸方式没有危害公共安全,但影响了生产经营的,则以破坏生产经营罪处罚;③ 如果拆卸方式,既没有危害公共安全,也没有影响生产经营的,则以故意毁坏财物罪进行处罚;④ 故意毁坏财物,没有达到数额较大或没有其他严重情节的,则只需给予治安管理处罚,即罚款、行政拘留。

破坏生产经营罪明显是在故意支配下实施的行为,并且具有泄愤报复或者其他个人目的。也即,行为人主要基于个人得失的各种心怀不满、愤恨、厌恶等报复目的,引起这种犯罪目的的因素很多,往往都是各种纠纷琐事、误解等。例如,由于受批评、处分等而对领导不满,或者对批评、揭发其错误、违纪、违法行为的人不满;由于没有被提职、提级、提薪或者奖金少而不满;对其工作岗位不如意、厌恶而不满;对其他人的成就、获益、被重用等嫉妒、不满;对与其发生口角、吵架的人不满;听信他人逸言,无故敌视他人;等等。不小心对生产经营活动造成破坏,不构成破坏生产经营罪,但可能成立其他犯罪。

本案中,杨某指使谢某杰等四人砍伐张老汉的果园,使得张老汉的果树被砍光,直接经济损失6万余元,从此以后果树绝收,间接损失不可估量,严重影响了张老汉的生产经营,构成破坏生产经营罪。

法条链接:
《**刑法**》第二百七十六条　由于泄愤报复或者其他个人目的,毁坏机器设备、残害耕畜或者以其他方法破坏生产经营的,处三年以下有期徒刑、拘役或者管制;情节严重的,处三年以上七年以下有期徒刑。

2008年最高人民检察院、公安部《关于公安机关管辖的刑事案件立案追诉标准的规定(一)》第三十四条　由于泄愤报复或者其他个人目的,毁坏机器设备、残害耕畜或者以其他方法破坏生产经营,涉嫌下列情形之一的,应予立案追诉:
(一)造成公私财物损失五千元以上的;
(二)破坏生产经营三次以上的;
(三)纠集三人以上公然破坏生产经营的;
(四)其他破坏生产经营应予追究刑事责任的情形。

老人异地打工遭遇老板跑路,刑法该如何应对恶意欠薪?

每到年末,进城务工人员等弱势群体面临的"讨薪难"问题,都会成为舆论焦点。无论是从维护劳动者财产权益的角度,还是从维护社会稳定的角度来看,恶意欠薪都是文明法治社会所不容的行为。近几年,中央和地方政府在治理欠薪乱象方面做了不少努力,恶意欠薪现象较以往已大大减少,但远没到高枕无忧的地步。2011年国家将"恶意欠薪"纳入刑法,自此之后,恶意欠薪的,将构成恶意欠薪罪,受到刑罚处罚。

62岁的李某老家在四川,退休之前是当地的一名语文老师。一辈子待在小村镇的他,也梦想着"能看看外面的世界",在远房亲戚的介绍下,他来到济南一建筑工地看工地、做零活。从2014年5月21日到11月初,老李历经酷暑,熬到冬天,受尽煎熬。工地上灰尘满天,臭气难闻,经常缺水断电,几次板房进水半米之深,这些都无人过问,也难向家里人倾诉。只想着工程结束后,能拿着自己挣的钱回家过年,可没想到自己的辛苦劳动如今换来的只是一张手写的工资表。原来,包工头高某因为私事将工人工资挪作他用,只有一部分人拿到了工资,包括李某在内的17名工人工资未发,总共68万元。经民工多次讨要,县劳动监察大队也责令兑付,高某不但不付给民工工资,而且更换了手机号,逃匿起来,玩起了失踪。后有人报案,高某被抓捕归案,高某将全部工资发给了工人,最终法院以拒不支付劳动报酬罪判决高某有期徒刑一年,缓刑一年。

拒不支付劳动报酬罪,是指以转移财产、逃匿等方法逃避支付劳动者的劳动报酬或者有能力支付而不支付劳动者的劳动报酬,数额较大,经政府有关部门责令支付仍不支付的行为。本罪的行为手段表现为两种形式:以转移财产、逃匿等方法逃避支付劳动者的劳动报酬;有能力支付而不支付劳动者的劳动报酬。

转移财产,是指行为人为逃避支付义务将财产或者经营收益转往他处,以使行政机关、司法机关或被欠薪者无法查找的行为。逃匿,是指行为人为逃避支付义务或者为躲避相关机关的追查而逃离当地或躲藏起来。有能力支付，是指根据行为人现实的企业实力、债权总额、财产状况等综合判断，可以支付劳动者应得的报酬，但拒不支付的。对于确因经营中遇到困难、资金周转不开或经营不善等原因暂时无法支付劳动者劳动报酬的，不属于有能力支付而不支付劳动者的劳动报酬。

劳动报酬主要是工资，但不限于此，还包括奖金、津贴、补贴、延长工作时间的工资报酬及特殊情况下支付的工资等，如：① 社会保险福利费用（丧葬抚恤救济费、生活困难补助费）；② 劳动保护方面的费用（辐射防护费、高温清凉饮料费用）；③ 按规定未列入工资总额的各种劳动报酬及其他劳动收入。拒不支付劳动报酬，必须"经政府有关部门责令支付仍不支付的"，才构成本罪。行为人转移财产、逃匿等方法逃避支付劳动者的劳动报酬或者有能力支付而不支付劳动者的劳动报酬，但经政府有关部门责令支付后即履行支付义务的，不能成立拒不支付劳动报酬罪。

本案中，高某欠李某等人工资，劳动监察大队也责令高某兑付，但为了躲避债务高某更换了手机号，逃匿起来，玩起了失踪，这属于"逃匿"。因此，高某的行为构成拒不支付劳动报酬罪。

法条链接：
《劳动合同法》第三十条 用人单位应当按照劳动合同约定和国家规定，向劳动者及时足额支付劳动报酬。

用人单位拖欠或者未足额支付劳动报酬的，劳动者可以依法向当地人民法院申请支付令，人民法院应当依法发出支付令。

第三十一条 用人单位应当严格执行劳动定额标准，不得强迫或者变相强迫劳动者加班。用人单位安排加班的，应当按照国家有关规定向劳动者支付加班费。

《刑法》第二百七十六条之一 以转移财产、逃匿等方法逃避支付劳动者的劳动报酬或者有能力支付而不支付劳动者的劳动报酬，数额较大，经政府有关部门责令支付仍不支付的，处三年以下有期徒刑或者拘役，并处或者单处罚金；造成严重后果的，处三年以上七年以下有期徒刑，并处罚金。

单位犯前款罪的，对单位判处罚金，并对其直接负责的主管人员和其他直接责任人员，依照前款的规定处罚。

有前两款行为，尚未造成严重后果，在提起公诉前支付劳动者的劳动报酬，并依法承担相应赔偿责任的，可以减轻或者免除处罚。

2013年最高人民法院**《关于审理拒不支付劳动报酬刑事案件适用法律若干问题的解释》第一条** 劳动者依照《中华人民共和国劳动法》和《中华人民共和国劳动合同法》等法律的规定应得的劳动报酬，包括工资、奖金、津贴、补贴、延长工作时间的工资报酬及特殊情况下支付的工资等,应当认定为刑法第二百七十六条之一第一款规定的"劳动者的劳动报酬"。

第二条 以逃避支付劳动者的劳动报酬为目的,具有下列情形之一的,应当认定为刑法第二百七十六条之一第一款规定的"以转移财产、逃匿等方法逃避支付劳动者的劳动报酬":

(一)隐匿财产、恶意清偿、虚构债务、虚假破产、虚假倒闭或者以其他方法转移、处分财产的;

(二)逃跑、藏匿的;

(三)隐匿、销毁或者篡改账目、职工名册、工资支付记录、考勤记录等与劳动报酬相关的材料的;

(四)以其他方法逃避支付劳动报酬的。

第三条 具有下列情形之一的,应当认定为刑法第二百七十六条之一第一款规定的"数额较大":

(一)拒不支付一名劳动者三个月以上的劳动报酬且数额在五千元至二万元以上的;

(二)拒不支付十名以上劳动者的劳动报酬且数额累计在三万元至十万元以上的。

各省、自治区、直辖市高级人民法院可以根据本地区经济社会发展状况,在前款规定的数额幅度内,研究确定本地区执行的具体数额标准,报最高人民法院备案。

第四条 经人力资源社会保障部门或者政府其他有关部门依法以限期整改指令书、行政处理决定书等文书责令支付劳动者的劳动报酬后,在指定的期限内仍不支付的,应当认定为刑法第二百七十六条之一第一款规定的"经政府有关部门责令支付仍不支付",但有证据证明行为人有正当理由未知悉责令支付或者未及时支付劳动报酬的除外。

行为人逃匿,无法将责令支付文书送交其本人、同住成年家属或者所在单位负责收件的人的,如果有关部门已通过在行为人的住所地、生产经营场所等地张贴责令支付文书等方式责令支付,并采用拍照、录像等方式记录的,应当视为"经政府有关部门责令支付"。

第五条 拒不支付劳动者的劳动报酬,符合本解释第三条的规定,并具有下列情形之一的,应当认定为刑法第二百七十六条之一第一款规定的"造成严重后果":

(一)造成劳动者或者其被赡养人、被扶养人、被抚养人的基本生活受到严重影响、重大疾病无法及时医治或者失学的;

(二)对要求支付劳动报酬的劳动者使用暴力或者进行暴力威胁的;

(三)造成其他严重后果的。

第六条 拒不支付劳动者的劳动报酬,尚未造成严重后果,在刑事立案前支付劳动者的劳动报酬,并依法承担相应赔偿责任的,可以认定为情节显著轻微危害不大,不认为是犯罪;在提起公诉前支付劳动者的劳动报酬,并依法承担相应赔偿责任的,可以减轻或者免除刑事处罚;在一审宣判前支付劳动者的劳动报酬,并依法承担相应赔偿责任的,可以从轻处罚。

对于免除刑事处罚的,可以根据案件的不同情况,予以训诫、责令具结悔过或者赔礼道歉。

拒不支付劳动者的劳动报酬,造成严重后果,但在宣判前支付劳动者的劳动报酬,并依法承担相应赔偿责任的,可以酌情从宽处罚。